Second Edition

WRITER'S MANUAL
FOR
MODELOS

AN INTEGRATED APPROACH FOR PROFICIENCY IN SPANISH

Agnes L. Dimitriou
University of California, Berkeley

Frances M. Sweeney
Saint Mary's College of California

Adelaida Cortijo
Slippery Rock University

Juan A. Sempere Martínez
San Jose State University, California

PEARSON

Boston   Columbus   Indianapolis   New York   San Francisco   Upper Saddle River
Amsterdam   Cape Town   Dubai   London   Madrid   Milan   Munich   Paris   Montréal   Toronto
Delhi   Mexico City   São Paulo   Sydney   Hong Kong   Seoul   Singapore   Taipei   Tokyo

Acquisitions Editor: Tiziana Aime
Editorial Assistant: Gayle Unhjem
Director of Marketing: Kris Ellis-Levy
Marketing Coordinator: Bill Bliss
Senior Managing Editor for Product Development:
  Mary Rottino
Associate Managing Editor (Production):
  Janice Stangel
Senior Production Project Manager: Nancy Stevenson
Executive Editor, MyLanguageLabs: Bob Hemmer

Senior Media Editor: Samantha Alducin
Operations Specialists: Brian Mackey/Christina Amato
Full-Service Project Management: Heidi Allgair,
  Element-Thomson North America
Composition: Element-Thomson North America
Printer/Binder: Edwards Brothers
Cover Printer: Lehigh-Phoenix Color
Cover Image: luvhotpepper/iStockphoto
Publisher: Phil Miller

This book was set in 11/13 Sabon.

10 9 8 7 6 5 4 3 2 1

PEARSON

ISBN-10:   0-205-76759-1
ISBN-13: 978-0-205-76759-5

CONTENIDO

GUIDE TO MODELOS WRITER'S MANUAL, SECOND EDITION

The **Modelos Writer's Manual** is just that: a manual for learning to write. This is where students can comfortably practice their skills in speaking, writing, and editing; the writing samples provided are from other university level students, which should allow students to learn critical skills of editing another text before they do peer or self-editing. These models should also give them some sense of what other student peers are able to achieve in writing. The order of division into three sections aligns with that of the text, with explicit connections between the two.

Paso 1, *¡A conversar!,* is designed to promote conversation; this section complements PASO 1 of the text by containing exercises that incorporate the vocabulary and topics found in the readings.

Paso 2, *¡A redactar!,* is designed to continue the focus on writing through redaction. Student models are used to help students learn to read and edit peer models without feeling self-conscious or hesitant about providing feedback; these are meant to be used for individuals or in pairs and groups.

Paso 3, *¡A mejorar!,* offers a review of Spanish grammar. This section can be reviewed systematically by the group, or assigned to those who need to review a particular item. The grammar review is written with intermediate/advanced learners in mind. An Answer Key is included in the appendices.

Appendices. Modelos has seven appendices that provide useful review of grammatical forms as well as seldom-found resource lists that cover abbreviations, verb paradigms, numbers, punctuation, and nationalities. This manual should serve as a tool for students beyond the course itself.

¿Yo, escritor/a? Identidades y reflejos

PASO 1 ¡A CONVERSAR!

Ampliar el vocabulario

Ejercicios basados en la lectura de José Martí, "Versos sencillos".

A. *Identificar los sinónimos.* Teniendo en cuenta el texto de Martí, busca un sinónimo para las siguientes palabras sin cambiar el significado del texto. Después escribe oraciones con las nuevas palabras. Compara los resultados con un compañero de clase.

1. engaño: _____

_____

2. lumbre: _____

_____

3. escombro: _____

_____

4. puñal: _____

_____

5. surtidor: _____

_____

6. amparo: _____

_____

7. sublime: _____

_____

B. *Identificar los antónimos.* Busca un antónimo para las siguientes palabras y da un ejemplo en contexto.

1. engaño: _____

_____

2. sincero: _____

_____

3. valiente: _____

_____

4. breve: _____

_____

5. belleza: _____

_____

6. extraño: _____

_____

C. *Los sentidos.* Elige uno de los cinco sentidos que mejor te describa (vista, oído, gusto, tacto, olfato). Ahora trata de buscar adjetivos que correspondan al sentido que tú has elegido. ¿Cómo te describirías tú a través del sentido que has seleccionado? Trata de utilizar la mayor cantidad de adjetivos posible. En parejas, repite el ejercicio, haciéndole preguntas a un compañero.

Modelo: **Vista:** soy una persona intuitiva, juiciosa, visual...

Hablemos personalmente: ¿Tienes una identidad fija o te pareces a un camaleón?

Explora estas ideas con un/a compañero/a:

1. Túrnense y describan el lugar o la tierra de donde vienen. ¿Cuáles son las características de ese lugar? ¿Cómo es la gente? Mencionen rasgos positivos y negativos de su comunidad. Haz una lista de las ideas principales sobre el tema. Comparte tu información y la de tu compañero con el resto de la clase.
2. Comparen la visión de la tierra que nos presenta Martí con las características de los lugares elegidos por otros estudiantes. ¿Cuáles son las diferencias de enfoque? ¿Qué rasgos indican el patriotismo que expresa el poema? ¿Hasta qué punto se consideran ustedes personas patrióticas o no?
3. La manera de presentarse ante el público varía dependiendo de nuestros lectores. Por ejemplo, es diferente la forma que tenemos de actuar ante una persona desconocida, al solicitar una beca o un trabajo o en una reunión familiar. En grupos, hablen de las posibles diferencias según las distintas situaciones. Hagan una lista del vocabulario que utilizarían según el público destinatario.

Ejercicios basados en la lectura de Julio Cortázar, "Preámbulo a las instrucciones para dar cuerda al reloj".

A. Reescribe el texto de Cortázar sustituyendo las palabras en cursiva por otras sinónimas de tu elección.

Piensa en esto: cuando te regalan un reloj te regalan un *pequeño infierno florido*, una cadena de rosas, un *calabozo de aire*. No te dan solamente el reloj, que los cumplas felices y esperamos que te dure porque es de buena marca, suizo con áncora de rubíes; no te regalan solamente ese *menudo picapedrero* que te atarás a la muñeca y pasearás contigo. Te regalan —no lo saben, lo terrible es que no lo saben—, te regalan un nuevo *pedazo frágil y precario* de ti mismo, algo que es tuyo pero no es tu cuerpo, que hay que atar a tu cuerpo con su correa como *un bracito desesperado colgándose de tu muñeca.* Te regalan la necesidad de darle cuerda todos los días, la obligación de darle cuerda para que siga siendo un reloj; te regalan...

1. pequeño infierno florido: _____

2. calabozo de aire: _____

3. menudo picapedrero: _____

4. pedazo frágil y precario: _____

5. un bracito desesperado colgándose de tu muñeca: _____

_____

B. Comenta las siguientes expresiones del texto con tus propias palabras.

1. pequeño infierno florido

2. cadena de rosas

3. calabozo de aire

4. menudo picapedrero

5. bracito desesperado colgándose de tu muñeca

6. tú eres el regalado, a ti te ofrecen para el cumpleaños del reloj

C. *Lluvia de ideas.* Elige un objeto de los que te presentamos a continuación (televisión, teléfono celular, ipod, coche). Siguiendo el modelo de Cortázar, escribe en forma de metáfora al menos 5 frases originales que describan estos objetos de la mejor manera posible.

D. *Epílogo.* El epílogo es la última parte de una obra, y en la cual se representa una acción o se refieren sucesos que son consecuencia de la acción principal o están relacionados con ella. (*Diccionario de la Lengua Española*). Utilizando el objeto que hayas seleccionado en el ejercicio anterior, escribe un párrafo a manera de epílogo. Utiliza metáforas, símiles y adjetivos que describan el objeto seleccionado.

_____

_____

_____

_____

_____

Hablemos personalmente: ¿Te defines por los accesorios?

Explora las siguientes ideas con un/a compañero/a:

1. Todos tenemos objetos favoritos; unos nos facilitan la vida y son necesarios, y otros resultan atractivos pero son innecesarios. Con compañero, describe algunos objetos de tu vida. ¿Cuáles son necesarios y cuáles son superfluos? ¿Cuáles son las características que tienen en común y cuáles son las diferencias?

2. ¿Cuál es la actitud de Cortázar hacia el reloj? Selecciona palabras que representen su actitud. ¿Estás de acuerdo con él? ¿Llevas reloj? ¿Conoces a alguien que tenga muchos relojes? ¿Cuántos? ¿Qué representa tener muchos relojes? El reloj, ¿es un objeto de utilidad o un objeto de joyería? ¿Por qué? ¿Qué opinas de la radio electrónica que algunos llevan a todas partes?

3. ¿Tienes teléfono celular? ¿Lo llevas a todas partes? ¿Lo consideras un objeto superfluo o de utilidad? ¿Quizás una combinación de las dos cosas? ¿Crees que el teléfono celular representa una revolución cultural? ¿Qué simboliza?

4. ¿Cuáles son las funciones útiles del teléfono celular?

PASO 2 ¡A REDACTAR!

Estrategias para editar: Crear la clave editorial

¿Cómo distinguimos si un ensayo es "bueno" o si necesita revisiones? Es muy difícil saber editar porque hay muchos aspectos en los que enfocarnos. Es posible que tanto el escritor como el instructor tengan ideas diferentes sobre qué aspectos de la escritura son más importantes o necesarios. Sin embargo, es muy importante realizar un buen trabajo de edición para mejorar tu escritura y ayudar a los otros escritores de la clase.

En este capítulo, vamos a diseñar una clave editorial que puedes utilizar todo el semestre para tu clase.

1. Escribe una lista de los elementos que te parezcan importantes en la lectura de un texto: el título, la tesis, la organización y el estilo. También piensa en los aspectos gramaticales, como la ortografía y la concordancia.

   _____

   _____

   _____

2. Piensa en tus metas personales para este curso con respecto a la lectura y la escritura. ¿Hay algunas que correspondan con lo que debe incluirse en la clave editorial, especialmente las ideas relacionadas con la escritura y la redacción? Identifícalas.

   _____

   _____

   _____

3. En grupo, escriban las ideas en la pizarra. Deben separar las ideas por categorías según se relacionen con la presentación, el contenido, la gramática o el estilo en general.
4. Usando todas las ideas de los diferentes grupos, diseñen una clave editorial, utilizando símbolos que identifiquen cada categoría. Es conveniente utilizar símbolos para los comentarios positivos también. Por ejemplo, "BP" = buena palabra; "_____" (subrayar) = buena oración.
5. Compara su clave con las dos que ofrecemos aquí. Utilizando la clave que les proponemos, repasen la suya propia. ¿Están todos de acuerdo con el propósito y el formato? Cuando hayan llegado a un acuerdo, pueden distribuir copias de la clave a todos los compañeros para usarla durante todo el curso.

A continuación encontrarán dos modelos para editar una composición.

Clave editorial (modelo uno)

G	Error de género	la problema
=	Error de concordancia	una muchacha simpático
OR	La ortografía no es correcta	un ombre alto
SV	Error de concordancia entre sujeto y verbo	Ellos está contentos.
C	La conjugación no es correcta	Nosotros tienemos
T	El tiempo del verbo no es correcto	Tu fuiste mañana.
M	El modo del verbo no es correcto	Veo que tu hagas todo.
ANG	Anglicismo inaceptable	Vamos a pegar el camino.
¿?	No se entiende	

Clave editorial (modelo dos)

LENGUAJE Y GRAMÁTICA

TV	tiempo verbal incorrecto
P	uso de pronombres
C	falta de concordancia
O	error de ortografía

CONTENIDO

Amp	Ampliar esta idea
Apoyo	Apoyar mejor la idea
Tesis	Clarificar la tesis
Org	Buena/Mala organización

ESTILO

BP	Buen uso de vocabulario
R	Demasiada repetición/redundancia
C	Muy creativo

Práctica de redacción

A continuación se presenta un modelo estudiantil. Este ejemplo sirve como práctica para leer con ojo crítico tanto el escrito de un compañero como el propio. Las siguientes preguntas pueden servirte de guía tanto en tu papel de editor como en el de escritor.

El siguiente escrito corresponde a la versión de un estudiante universitario del texto de Martí. Al leer, piensa en estas dos ideas: ¿Presenta el autor una descripción completa de esta persona? ¿Ha escrito imágenes claras?

Un estudiante monstruo

Yo soy un estudiante frustrado, de donde vienen las notas.
Estoy aquí en la escuela, estudiando como loco.
Yo soy un loco perdido, entre las páginas de Homero,
de Platón, y de la historia, el español y la psicología.

Yo soy un hombre perdido, un monstruo simpático
Me gustaría escribir canciones en mi guitarra (de mujeres)
en vez de composiciones aburridas.
Escucho el susurro de los profesores
pero oigo la poesía de MTV.

Yo soy un amigo bueno, de donde existen amistades
Como una telenovela, dirijo mi vida
el futuro no me llama la atención todavía.

Práctica

Paso 1   Usando la clave editorial, utiliza los símbolos para editar el ensayo.

Paso 2   Contesta las siguientes preguntas después de haber editado el texto.

1. ¿Cuál es la idea principal del texto? _____

   _____

2. ¿Qué palabras del texto tienen un impacto positivo? ¿Cuáles podríamos cambiar?

   _____

3. Estas ideas, ¿te convencen intelectual o emocionalmente?

   _____

4. ¿Ofrece el autorretrato aspectos claros del autor?

   _____

5. ¿Cómo se podría mejorar la próxima versión? ¿Qué otros aspectos incluirías en el autorretrato?

   _____

La nota de evaluación: Evaluar un ensayo

En páginas anteriores hemos explorado el uso de la clave editorial para evaluar un ensayo. Después de terminar la redacción de un escrito, tenemos que calificarlo. ¿Has pensado en cómo los profesores evalúan una composición? ¿Cuál es la diferencia entre un ensayo que recibe una "A", una "B", una "C", una "D" o una "F"? A continuación se ofrecen las claves para la evaluación de un ensayo. Léelas detenidamente para tener un mejor conocimiento de cómo se califica un ensayo según su contenido y organización.

Un ensayo que recibe una A

Es una obra excelente para el nivel. Presenta una tesis clara, compleja y llamativa. Presenta una estructura lógica y coherente, con suficientes ideas de apoyo. El desarrollo muestra un trabajo diligente a la hora de explorar y analizar el tema sin presentar un resumen. La conclusión contiene interpretaciones del tema y no es una repetición de la introducción. El ensayo muestra un uso correcto y apropiado del lenguaje, con indicaciones de cierto toque personal que reflejan un interés en el tema y el contenido, así como en su presentación por parte del escritor.

Un ensayo que recibe una B

Es una obra recomendable. En muchas formas se parece a un ensayo que recibe una A, pero su tesis y desarrollo están menos formulados. Este escrito presenta una estructura organizada con suficiente apoyo. El ensayo muestra una cuidada atención al contenido, la presentación y el uso de un lenguaje apropiado. La diferencia entre un ensayo que recibe una A y el que recibe una B es que éste si bien tiene toda la información y la argumentación de aquél, no muestra el mismo ínteres ni atención al uso del lenguaje. Logra cumplir bien con el cometido de la tarea, pero no está tan pulido como el ensayo que recibe una A.

Un ensayo que recibe una C

Es una obra admisible. Este ensayo cumple con la asignación pero de manera rutinaria, no excepcional. La tesis y el desarrollo se adecúan al tema, pero hay vacíos en el argumento. No muestra una atención al tema, a la estructura o a la conclusión. El lenguaje utilizado es aceptable, pero refleja un descuido en los aspectos gramaticales o estilísticos. El ensayo, aunque cumple la tarea, no atrae la atención del lector.

Un ensayo que recibe una D

Es una obra deficiente. Este ensayo se parece a un ensayo que recibe una C, sin la misma competencia en el argumento o la presentación. La tesis es vaga o general. No hay un apoyo suficiente de las ideas ni éstas están desarrolladas de manera correcta. Hay errores en la organización, el desarrollo y la resolución del argumento. Este ensayo se ajusta al tema e intenta cumplir con el trabajo, pero de una manera incompleta.

Un ensayo que recibe una F o el que no recibe calificación

Puede haber muchas razones para no recibir crédito: l. El ensayo resulta ser un resumen en vez de un análisis completo. 2. No hay tesis ni argumento. 3. El ensayo muestra una completa falta de comprensión de la lectura o un mal uso de las ideas de apoyo. 4. El ensayo parece ser una obra de plagio. 5. Al ensayo le falta el manejo apropiado del lenguaje.

Práctica

Vuelve a leer los modelos universitarios y pon una nota de evaluación. Ofrece un comentario escrito de acuerdo a la calificación dada.

ACTFL Guidelines for Proficiency

Se pueden encontrar las *ACTFL Guidelines for Writing Proficiency* en los apéndices. Para terminar la discusión sobre la evaluación de la escritura, se recomienda el repaso de las explicaciones de los distintos niveles de aprendizaje en la escritura. Cada uno puede evaluarse según las descripciones ofrecidas por ACTFL para después determinar las metas personales del curso. Recordemos que cada estudiante es agente de su propia escritura y desarrollo. En los capítulos que siguen, estudiaremos cuatro áreas de la composición: el propósito del ensayo (el tema y la tesis), la organización y el desarrollo del ensayo, la selección de lenguaje (el estilo y la coherencia) y el uso correcto del lenguaje.

Práctica

1. Después de leer las explicaciones de cada nivel de aprendizaje, ¿cómo te caracterizas como escritor? Haz un breve comentario sobre tu nivel de aprendizaje.

_____

_____

_____

_____

2. Considerando tu nivel de aprendizaje, ofrece una lista de metas personales para este curso. Trata de ofrecer metas específicas dentro de las cuatro áreas que vamos a explorar: propósito, organización y desarrollo, estilo y selección del lenguaje y uso correcto del mismo.

_____

_____

_____

_____

PASO 3 ¡A MEJORAR!

Repaso de gramática

I. Presente de indicativo

Los tiempos del presente en español cumplen la misma función que en inglés. No obstante, hay algunas particularidades que deben tenerse en cuenta. (En el apéndice hay formas de los tiempos del presente y de los verbos irregulares.) Las formas de los verbos regulares son:

VERBOS ACABADOS EN –AR		VERBOS ACABADOS EN –ER		VERBOS ACABADOS EN –IR	
-o	-amos	-o	-emos	-o	-imos
-as	-áis	-es	-éis	-es	-ís
-a	-an	-e	-en	-e	-en

Algunas formas son irregulares solamente en la primera persona del singular.

Los verbos terminados en **-cer** y **-cir** tienen las siguientes formas:

conocer > conozco	agradecer > agradezco	traducir > traduzco

Los siguientes verbos también son irregulares en la primera persona del singular:

tener > tengo	valer > valgo	salir > salgo	poner > pongo
decir > digo	traer > traigo	oir > oigo	hacer > hago
caber > quepo	saber > sé	dar > doy	ser > soy

Usos del tiempo presente:

1. En español el presente se puede usar para indicar acciones futuras:

> Mañana salgo para México.
> *Tomorrow I leave for Mexico.*
> Te mando la transferencia bancaria el mes que viene.
> *I'll send you the bank transfer next month.*
> Si me doy prisa, acabo el proyecto en un año.
> *If I hurry, I'll finish the project in one year.*

2. El presente en español contrasta a menudo con acciones para las cuales se necesitaría el presente progresivo en inglés:

> Este semestre estudio cálculo. *This semester I'm taking calculus.*
> Ya se duerme el niño. *The child is already falling asleep.*

3. Para hechos que se iniciaron en un pasado y cuyo efecto continúa en el presente se utiliza el presente en español y el pretérito perfecto en inglés:

> Vivo en los Estados Unidos desde hace diecisiete años.
> *I have lived in the United States for seventeen years.*
> Asisto a esta universidad desde el año pasado.
> *I have been attending this university since last year.*

4. En acciones no terminadas en las que el inglés utiliza *almost* y el español **casi, por poco, de a poco,** el español emplea el presente y el inglés el pretérito:

> Casi me caigo. *I almost fell.*
> Por poco marca un gol. *He almost scored a goal.*

5. El tiempo presente en español se usa en situaciones que el hablante considera actuales o habituales, así como en sugerencias.

> ACTUAL: Ahora son las tres de la tarde.
> *It's three in the afternoon now.*
> HABITUAL: Todos los días escribo en mi diario.
> *Every day I write in my diary.*
> SUGERENCIA: ¿Me llevas al estadio?
> *Will you take me to the stadium?*

6. El presente progresivo en español coincide con el uso del presente progresivo en inglés:

> Estoy comiendo ahora. *I am eating now.*

7. No obstante, en español no se suele usar el presente progresivo para acciones en el futuro.

> El mes que viene viajaré/viajo a México. *Next month I'm travelling to Mexico.*

Ejercicios

A. Completa las oraciones con la forma apropiada del verbo en presente.

A veces yo (1)_____ (ir) a los baratillos —*flea markets*— y a las ventas de garajes. Yo no (2)_____ (conocer) a mucha gente a la que le guste levantarse a las seis de la mañana los fines de semana, pero es la única manera de encontrar gangas —*good deals*—. Normalmente, yo no (3)_____ (tener) mucho tiempo y sólo (4)_____ (yo/estar) un par de horas en los baratillos. Me gusta comprar ropa de los años sesenta, pues yo ya no (5)_____ (caber) en la que usaba cuando era más joven.

B. Completa las oraciones con la forma adecuada del presente de indicativo:

(1)_____ (yo/tener) 20 años y (2)_____ (yo/estudiar) español. En clase (3)_____ (nosotros/aprender) mucho, pero la profesora siempre (4)_____ (ella/decir) que (5)_____ (nosotros/deber) practicar también fuera de la clase. (6)_____ (yo/creer) que eso es cierto. Hoy, por ejemplo, (7)_____ (yo/ir) a ver una obra de teatro en español. No (8)_____ (yo/conocer) al autor ni (9)_____ (yo/saber) de qué trata. Pero (10)_____ (yo/tener) mucho interés en asistir al teatro. Mis amigos me han invitado a ir con ellos en su auto. (11)_____ (ellos/decir) que (12)_____ (nosotros/caber) todos en el carro, pero (13)_____ (yo/creer) que (14)_____ (yo/no caber). En realidad (15)_____ (yo/preferir) ir en autobús porque a esas horas el tráfico (16)_____ (estar) imposible.

C. Vas a una fiesta y le describes a una amiga lo que piensas hacer. No te limites a los verbos indicados.

dar	conducir	decir	bailar	ir	traer
tener	poner	ser	cantar	comer	tomar

D. Con un compañero, describe un día de tu vida diaria. ¿Cuándo te levantas?, ¿qué comes?, ¿cuándo y dónde trabajas y estudias? Concluye con el final del día cuando te acuestas.

Por ejemplo:

"Cada día me despierto a las 7:00. . ."

II. Los adjetivos

Los adjetivos son palabras que acompañan al nombre, describiéndolo y modificándolo. En español, la regla general consiste en situar los adjetivos después del nombre, aunque hay excepciones gramaticales y estilísticas. Leyendo el párrafo de Julio Cortázar de "*Preámbulo a las instrucciones para dar cuerda al reloj*", podemos observar algunas de esas excepciones. Por ejemplo: **Te regalan un pequeño infierno florido.**

1. Normalmente, un adjetivo como **pequeño** sigue al nombre: "un hombre pequeño", "una casa pequeña". En la frase de Cortázar tenemos dos adjetivos, "pequeño" y "florido"; la combinación, como la ha hecho el escritor, pone énfasis en "florido", dejando el adjetivo "pequeño" a un nivel secundario en importancia temática.

2. Hay algunos adjetivos que normalmente preceden al nombre: **buena, buen, mala, mal, mejor y peor:**

Es de buena marca.	Ha sido la peor experiencia.
un buen chico	un mal hombre
una mala acción	la mejor paella

3. Existen además una serie de adjetivos que cambian el significado según se pongan antes o después del sustantivo:

Nuevo: Mi auto nuevo (acaba de salir de la fábrica).
Mi nuevo auto (lo acabo de comprar, aunque sea de segunda mano).
Grande: Son unos libros grandes (voluminosos).
Son grandes libros (importantes).
Viejo: Mi amigo viejo (es un anciano).
Mi viejo amigo (es joven, pero hace mucho tiempo que lo conozco).
Pobre: ¡Pobre hombre! (Aunque sea rico no es feliz).
No puede alquilar un piso porque es un hombre pobre. (No tiene dinero).

4. Los adjetivos califican a los nombres y en ocasiones ellos mismos se convierten en nombres.

Un (artículo)	hombre (nombre)	valiente. (adjetivo)	*A brave man.*
Un (artículo)		valiente (nombre)	*A brave (man).*

5. Recordemos que es obligatoria la concordancia en género (masculino o femenino) y en número (singular o plural) entre el artículo, el nombre y el adjetivo en la oración.

El libro antiguo	Los libros antiguos
La cama antigua	Las camas antiguas

6. También hay adjetivos que limitan o determinan el nombre.

Mis (adjetivo posesivo)	cuadernos (nombre)	son (verbo)	azules. (adjetivo calificativo)
El (artículo)	quinto (adjetivo numeral)	piso (nombre)	
Esa (adjetivo demostrativo)	silla (nombre)	es (verbo)	cómoda. (adjetivo calificativo)

Ejercicios

A. Prepara una descripción de una persona bien conocida para presentar en clase.

B. Rellena los espacios en blanco con un adjetivo:

En un país muy (1)_____ había un niño (2)_____ que se llamaba Aladino. Un día, mientras caminaba por la playa, Aladino encontró una lámpara (3)_____ que tenía un genio (4)_____. Al frotarla salió el genio de la lámpara y habló con voz (5)_____. Aladino se asustó al principio, pero pronto se animó y le pidió al genio un deseo (6)_____. Inmediatamente, el genio le concedió lo que había pedido y Aladino se vio convertido en un príncipe muy (7)_____ y (8)_____. Entonces conoció a la (9)_____ princesa del lugar y se enamoró de ella. Cuando por fin Aladino consiguió su (10)_____ deseo decidió utilizarlo para liberar al (11)_____ genio de la lámpara.

C. Solos o en parejas: Describan dos de los siguientes lugares o situaciones según los hayan visto o según se los imaginen.

1. El Gran Cañón de Colorado
2. La ciudad de Nueva York o cualquier ciudad grande
3. Tijuana
4. El Museo del Prado
5. Un partido de béisbol
6. Una corrida de toros
7. Una fiesta de quinceañera
8. Un baile de fin de curso en la escuela
9. El Día de los Muertos en México

D. En parejas: Escoge un adjetivo calificativo y pídele a tu pareja que diga un sinónimo o un antónimo. La persona que no recuerde un sinónimo o un antónimo recibe un punto de penalización y la que llegue a acumular 10 puntos pierde el juego.

Por ejemplo:

Juan: ¡Bonito!

Luisa: ¡Lindo! (sinónimo) o ¡Feo! (antónimo).

2

Escritor fotógrafo

PASO 1 ¡A CONVERSAR!

Ampliar el vocabulario

Ejercicios basados en la lectura de Ulibarrí, "Mi tío Cirilo".

A. Haz una lista de adjetivos, nombres y verbos que demuestran la animalización de los personajes de la lectura.

Cirilo   monja

_____   _____

_____   _____

_____   _____

_____   _____

_____   _____

B. Busca los sinónimos y los antónimos de las siguientes palabras.
   1. feroz: _____ _____
   2. facha: _____ _____
   3. fulminar: _____ _____
   4. algazara: _____ _____
   5. apaciguar: _____ _____
   6. bufar: _____ _____

C. *Palabras que cambian su significado según el contexto.* Algunos de los adjetivos utilizados para caracterizar a los personajes de la lectura se utilizan en otros contextos. Explica qué otros significados tienen las siguientes palabras o con qué situaciones o animales se identifican. Escribe una frase para cada nuevo significado de las siguientes palabras.
   1. sombrío: _____
   2. tronar: _____
   3. ventarrón: _____

4. bufar: _____

5. chorro: _____

6. fiero: _____

D. Expresa con tus propias palabras el significado de las siguientes expresiones.

1. "... unos dientes que yo me imaginaba eran feroces"

2. "... esa fama era su escudo de armas"

3. " Entre la gente estaba el malvado muy ufano contemplando aquel feroz servicio religioso..."

4. "De pronto el pobre reo se quedó solo y mondo..."

5. "Tenía una varilla, seca y fuerte, con la que nos demostraba que este mundo es un valle de lágrimas"

Hablemos personalmente: Las figuras impresionantes

Explora estas preguntas con un/a compañero/a:

1. ¿Cuáles son las características del tío Cirilo que admira su sobrino? ¿Son características que admiramos hoy en día? Justifica la respuesta.

2. ¿Cuáles son las características más sobresalientes del sobrino? ¿Cómo lo imaginas de adulto? ¿Por qué?

3. ¿Hay alguien en tu vida que te haya impresionado como el tío Cirilo? ¿Quién? El tío Cirilo es una figura impresionante por distintas razones complejas; ¿ocurre así con la persona que has elegido? ¿Cuál sería la reacción de la persona descrita si pudiera leer la descripción que has hecho de ella? ¿Por qué?

4. ¿Qué características respetas más en otra persona? ¿Cuáles son las características más importantes de los amigos o de un candidato político en las elecciones?

PASO 2 ¡A REDACTAR!

Estrategias para editar: Identificar la tesis y asegurarse de la coherencia de ideas

Dos pasos importantes en la redacción son identificar la tesis y asegurarse de la coherencia de las ideas.

1. *Identificar la tesis.* La tesis es el argumento principal del ensayo, el mensaje o la perspectiva que quiere transmitir el escritor. Al sacar fotos, los fotógrafos tienen que enfocar bien la cámara. Tienen que escoger el enfoque del primer plano. El escritor tiene que pensar igual; no puede incluir cada detalle sino que tiene que decidir qué aspecto quiere captar del sujeto. En el capítulo siguiente, estudiaremos la diferencia entre tesis, tema y apoyo así como la importancia de cada uno en la escritura. Por ahora, es necesario saber destacar una sola tesis en el ensayo, esto es, el mensaje principal. La tesis debe expresarse en una sola oración. No es una sola palabra, ni una sola idea, sino una oración que contesta la pregunta, "¿Qué mensaje nos quiere transmitir el escritor? ¿De qué quiere que se den cuenta?"

2. *Asegurarse de la coherencia de las ideas.* Además de la tesis que identifica la idea principal, el ensayo consta de oraciones y párrafos que dan vida al tema. Como el fotógrafo, el escritor necesita usar un lenguaje y unas ideas que representen una imagen viva y dinámica. En definitiva, es importante mantener una coherencia de ideas en un ensayo, desde el primer párrafo hasta la conclusión. Al redactar, es necesario leer cada oración para cerciorarse de que la idea se relacione con la tesis expuesta. También es importante asegurarse que las ideas fluyan de forma lógica. Un trabajo común en las etapas iniciales de un ensayo es tener que reordenar las ideas; otro es tener que añadir algún detalle sin el cual no se entiende la tesis. ¿Has tenido la experiencia de ver una foto sin entenderla porque no sabías nada del contexto? En resumen, redactar es confirmar que la tesis y las ideas del ensayo crean un solo contexto coherente.

Práctica de redacción

Vamos a leer unos modelos estudiantiles de descripciones de los padres, para evaluar el nivel de coherencia. Incorporemos la clave editorial que creamos en el Capítulo 1, señalando los aspectos sintácticos y estilísticos. Intentemos identificar también la tesis y prestemos atención para ver si las ideas se relacionan con ella.

A. El rito de la mañana de mi padre

Mi padre se despierta y se levanta a las seis y media todas las mañanas. A las siete menos cuarto se lava en la ducha durante—exáctamente—diez y ocho minutos. Luego se afeita durante siete minutos, siempre deja chorrear el agua en el lavabo. Primero se afeita el lado derecho; entonces el otro. En seguida se pone *Old Spice* —siempre *Old Spice*—, mientras los dientes están limpiándose en un vaso. A las siete y veinte, en punto, se pone los dientes y usa el cepillo y entonces se pone una camiseta sin desarreglarse el pelo. Limpia el cuarto de baño y cuelga la toalla. Se pone la ropa y se pone las zapatillas y va a la sala y mira afuera para ver el día. Mete agua caliente en el horno de microondas por dos minutos precisamente, para su café. Lo sitúa en medio del microondas porque cree que así es mejor para tener el agua a la temperatura perfecta. Mientras el agua está aquí, va a la puerta para recoger el periódico de la mañana. Antes de que el café esté listo, prepara su tostada. Son las siete y media y él pone la radio y escucha las noticias mientras prepara la comida. Él pone dos paquetes de azúcar y mucha leche en su café. Pone mantequilla en su tostada. Cuando termina el desayuno a las ocho en punto, limpia la cocina y el horno de microondas. Luego, comienza a leer el periódico de cabo a rabo, incluidos los anuncios. A las nueve y media va afuera y entra a su jardín y comienza a pensar en su horario del día.

B. Polvo blanco

Cada sábado, a las diez
fuimos al *Cinema Café*
a veces pedí huevos, a veces sólo café.
Después fuimos a la galería para un juego de Pac-Man.
Recuerdo que éramos mejores amigos.
Recuerdo que él permitía que yo ganara.
No he visto a mi padre por muchos sábados.
Tal vez vaya a verlo el sábado que viene.
Hay una silla vacía en mi casa
la que está enfrente del escritorio en la sala.
Cuando pienso en esta silla... tengo recuerdos.
En esta silla mi padre nos estaba esperando
a las tres,
cuando termina la escuela
Mi padre siempre quería ayudarnos con nuestra
tarea o problemas del día.

Es una persona débil
Egoísta y débil
Pero yo sé que tiene
corazón bueno.
La verdad le está circulando
mientras está sólo.
Una barba le cubre la cara
Las drogas le ciegan los ojos, y su
abogado recomienda que me llame.
¡Llámame!
¡No grites más!
¡No es mi culpa!
¡Ojalá que yo pueda amarte!
Es guai… dicen mis amigos.
Sólo un hábito de los fines de semana.
Di "discúlpame" si ella se enoja
cuando estás violento.
El es medio alto.
Es guapo
(considerando que tiene cincuenta años).
Media vida.
Pensaba que él era un experto.
Y que mi familia era fuerte…
Como las pirámides. Los que se ven
por ser indestructibles y viejos.
Media.
Tiene su doctorado en la administración de los negocios.
Quizás su consejera no pueda detectar
sus bromas y maneras de guardar…
sus dulces
su vida
su subcultura
sus amigos
su método de sobrellevar
sus drogas
en el baño
con la puerta cerrada
a la medianoche
existe mi padre.

Práctica

1. Escoge el ensayo A o B y reléelo.
2. Contesta las preguntas: ¿Qué me sugiere este escritor? ¿Cuál es la tesis? ¿Ofrece el párrafo una buena idea de la persona? ¿Mantiene coherencia?
3. Usando la clave editorial, escribe una crítica de este ensayo. ¿Cuáles son los aspectos positivos? ¿Qué oraciones cambiamos o eliminamos?
4. Nota la manera de escribir del autor y cómo ha intentado usar la descripción y la comparación. ¿Piensas que el escritor ha creado un ensayo coherente o ha incluido ideas superfluas? ¿Hay descripciones vivas e imágenes detalladas? ¿Hay palabras u oraciones irrelevantes en la descripción?
5. Subraya las palabras, cláusulas u oraciones que sean adecuadas. Circula las palabras, cláusulas y oraciones que puedan mejorarse.

6. Elige algunas de las oraciones que señalaste en el paso 5 y reescríbelas para mejorar la descripción.

7. Resumen editorial: basándote en los comentarios que has hecho del uso de las descripciones y las comparaciones, y consciente de la lista de verificación del texto, ofrece un resumen de tus observaciones y una nota de evaluación.

PASO 3 ¡A MEJORAR!

Repaso de gramática

I. Los verbos "ser" y "estar"

"Ser o no ser, ésa es la cuestión."

1. En la traducción de esas famosas palabras de Shakespeare, constatamos que **ser** es el verbo fundamental en español para traducir *to be*. Aunque también debemos contar con **estar**. ¿Cuál usamos? Depende del significado. **Ser** indica esencia inherente, o sea característica intrínseca.

> Elena es alta (ésa es su característica intrínseca).
> Pedro es simpático (ésa es una característica o la esencia de su carácter).

> Claro que podemos decir:
> Elena está alta.
> Pedro está simpático.

Pero en estos casos nos referimos a la condición actual de Elena y Pedro. Tal vez Elena se ha puesto zapatos de tacón alto y la percibimos más alta que de costumbre. Por eso decimos que "está alta" (*she looks tall*). Igualmente, Pedro, que suele ser serio y reservado, hoy cuenta chistes y sonríe. Entonces decimos que "está simpático". Así mismo podemos referirnos a cosas:

> El lago Tahoe es hondo (característica intrínseca).

> *Lake Tahoe is deep.*

> El lago Tahoe está hondo (cambio que se percibe después de haber llovido mucho durante el año y el nivel de las aguas está más alto).

> *Lake Tahoe is deep right now.*

2. Al referirnos al lugar donde alguien o algo se sitúa usamos **estar**.

> Los estudiantes están en la clase. *The students are in class.*
> Montreal está en Canadá. *Montreal is in Canada.*

3. Sin embargo, al referirnos al lugar donde ocurre un evento utilizamos **ser**.

> ¿Dónde es la clase de español? *Where is the Spanish class (held)?*

> Notamos el contraste con:
> ¿Dónde están los alumnos? *Where are (located) the students?*

4. Es muy importante recordar que verbos como **hacer**, **haber** y **tener** cumplen la función de *to be* en algunos casos. Por ejemplo:

Hace calor.	*It's hot.*
Hace viento.	*It's windy.*
Tengo miedo.	*I'm afraid.*
Hacía 90 grados y yo tenía calor.	*It was 90 degrees and I was hot.*
Esta noche hay luna llena.	*There's a full moon tonight.*
Hay doce capítulos en el libro.	*There are twelve chapters in the book.*

5. Otros adjetivos cambian su significado idiomático según usemos **ser** o **estar**.

Ricardo es listo. (inteligente)	Ricardo está listo. (preparado)
La comida es buena. (saludable)	La comida está buena. (sabrosa)
La niña es mala. (comportamiento)	La niña está mala. (salud)

6. Hay algunos adjetivos que dependen de cómo ven los hablantes la duración o temporalidad de la condición adjetival. Así, pues, **sincero** se usa regularmente con **ser**, pues se supone que se trata de una cualidad intrínseca de la persona. No obstante, existen adjetivos que se prestan al uso de uno u otro verbo según se perciba un cambio en la temporalidad.

Ana es delgada. (Ésa es una de sus características físicas.)
Ana is thin.
Ana está delgada. (Observamos un cambio en su condición física.)
Ana is thin now.   Anna looks thin (today).
Jesús es simpático. (Ésa es una de sus características psicológicas.)
Jesús is nice.
Jesús está simpático esta tarde. (Observamos un cambio. Normalmente Jesús no habla mucho y se mantiene reservado. Pero esta tarde se muestra simpático.)
Jesús is (surprisingly) nice/animated this afternoon.

Ejercicios

A. En los años setenta había unas pegatinas (*stickers*) que definían los sentimientos. Por ejemplo: "El amor es saber perdonar". Completa las siguientes definiciones de forma lógica:

1. El amor es _____.

2. La amistad es _____.

3. La felicidad es _____.

4. Vivir bien es _____.

5. Divertirse es _____.

B. Combina las palabras de la columna de la izquierda con las de la derecha de forma lógica.

Modelo: Mi dinero   ser/estar   en el banco
Mi dinero está en el banco.

1. Mi casa	ser/estar	en el archivo
2. La clase de español		en el teatro
3. El auto de mis padres		en el cajón
4. La Casa Blanca		en el garaje
5. La película		en el edifício H
6. La biblioteca		en Washington
7. La fiesta		en el aula
8. El concierto		en la mesa
9. La entrevista		en el cine
10. Los libros		al aire libre

C. Explica cuál es la diferencia de significado entre las siguientes frases:

1a. El almuerzo es en mi casa.	**b.** El almuerzo está en mi casa.
2a. María es alta.	**b.** María está alta.
3a. El puente estaba destruido.	**b.** El puente fue destruido.
4a. La comida está excelente.	**b.** Es un muchacho excelente y siempre lo será.
5a. Es profesora.	**b.** Está de profesora.
6a. Está aburrido.	**b.** Es aburrido.

D. En parejas.

1. Pregúntale a otro estudiante dónde se encuentran los lugares más importantes de la ciudad: la oficina de correos, el museo arqueológico, la estación de autobuses, el aeropuerto. Apunta las respuestas y presenta la información oralmente al resto de la clase.
2. Pregúntale a tu interlocutor cuáles son los lugares más interesantes de la ciudad y por qué. Apunta las respuestas y presenta la información oralmente al resto de la clase.

II. Las comparaciones

1. Se usa **menos** para indicar inferioridad, **más** para expresar superioridad y **tan... como** para señalar igualdad.

   La Estatua de la Libertad es menos alta que la Torre Eiffel.
   The Statue of Liberty is shorter than the Eiffel Tower.

   La Torre Eiffel es más alta que la Estatua de la Libertad.
   The Eiffel Tower is taller than the Statue of Liberty.

   La vida está tan cara en Madrid como en París.
   Life is as expensive in Madrid as in Paris.

2. Cuando **como** va precedido inmediatamente por **tan**, este último se substituye por **tanto, -a, -os, -as.**

   No es tanto como pensaba.
   It's not as much as I thought/I was thinking it would be.

   Han llegado tantas personas como suponíamos.
   As many people we thought would arrive have arrived.

3. En algunos dialectos del español **qué tan** se emplea en preguntas directas e indirectas acerca de medidas, como la altura, o bien otras características inherentes de personas u objetos.

   ¿Qué tan lejos se encuentra la playa? *How far away is the beach?*
   En otros dialectos se diría:
   ¿A qué distancia queda la playa? *How far away is the beach?*

4. El superlativo de adjetivos y adverbios se forma con el artículo determinado seguido del nombre y del adverbio **más** o **menos:**

   Pelé es **el** futbolista **más** famoso de todos los tiempos.
   Pelé is the most famous soccer player of all time.

   La Antártida es **el** continente **menos** conocido.
   Antarctica is the least known continent.

5. Si los adverbios de cantidad **más** o **menos** van seguidos de una cifra, usaremos entonces la preposición **de.**

   Esta casa tiene más de 150 años.
   This house is more than 150 years old.

Me quedan menos de diez pesos.
I have less than ten pesos left.

III. El comparativo de igualdad

1. Cuando el adverbio de cantidad **tanto** va seguido de un adjetivo, debe ser substituído por **tan**, para formar el comparativo de igualdad.

   Elena es **tan** alta **como** su hermana.
   Elena is as tall as her sister.

   Si por el contrario, **tanto** va seguido de un sustantivo, el adverbio no varía al formar el comparativo de igualdad.

   En Madrid hace **tanto** calor **como** en Nueva York.
   Madrid is as hot as New York.

2. Observemos la concordancia de género y número:

   El Puebla tiene **tantas** posibilidades de ganar la liga de fútbol **como** el Guadalajara.
   Puebla has as much chance to win the soccer league as does Guadalajara.

   Hay **tantos** vuelos a Lisboa **como** a Madrid.
   There are as many flights to Lisbon as there are to Madrid.

3. Algunos adjetivos y adverbios forman el comparativo y el superlativo de forma irregular:

FORMAS BÁSICAS	COMPARATIVOS	SUPERLATIVOS
bueno/bien	mejor	el/la mejor; los/las mejores
malo/mal	peor	el/la peor; los/las peores

4. Los adjetivos **mayor** y **menor** pueden substituirse por **más grande** y **más pequeño**, respectivamente. También se puede oír en el lenguaje coloquial **más bueno** y **más malo**, pero no se recomienda su uso formal.

Ejercicios

A. Usa la forma adecuada en los espacios en blanco escogiendo entre las siguientes palabras: **más, menos, de, que, como, tan, tantos, tanta, tanto.**

Tradicionalmente, Estados Unidos ha sido un país de muchas oportunidades de empleo. Casi siempre hay (1)_____ trabajo (2)_____ en muchos otros países y en algunos estados se registran menos (3)_____ cuatro desempleados por cada 100 personas. Naturalmente, no todos los sectores ofrecen (4)_____ oportunidades (5)_____ la industria de la tecnología electrónica. En los Estados Unidos, la demanda de ingenieros es (6)_____ elevada (7)_____ en cualquier otro país, pero en ningún estado de la Unión llega a ser esa demanda (8)_____ aguda (9)_____ en California. Allí (10)_____ de diez mil ingenieros de electrónica llegarán de otros países para incorporarse a puestos de trabajo donde, por lo general, ganan un salario mucho (11)_____ alto (12)_____ en sus países de origen.

B. Compara con tus compañeros los estudios y la vida en tu escuela actual con los de la escuela anterior (por ejemplo, la escuela secundaria con la universidad). Después escribe un párrafo breve explicando las comparaciones más relevantes.

C. Compara la generación de tus padres con la tuya y explícales a tus compañeros las diferencias utilizando comparaciones. Después, escribe un diálogo imaginario entre tú y tus padres acerca de tus diferencias generacionales.

D. *Metáforas como comparaciones.* ¿Recuerdas el uso de sinónimos en el Capítulo 1? Pues, además de los sinónimos, utilizamos los símiles para describir puntualmente una cosa, incorporando los verbos **ser** y **estar**, y el adverbio **como**. Crea un símil para cada adjetivo, o dos si se te ocurre más de uno.

Modelo: inteligente como un búho o astuto como un zorro

1. simpático _____
2. antipático _____
3. alto _____
4. generoso _____
5. viejo _____
6. responsable _____
7. perezoso _____
8. delgado _____
9. joven _____
10. estúpido _____

E. *Más metáforas.* Rellena los espacios.

OBJETO #1	TIPO DE COMPARACIÓN	OBJETO #2
mi coche	animal	lento como una tortuga o _____
mi coche	sonido	susurra como un gatito o _____
andar	animal	como un pájaro o _____
comer	sonido	ruidosamente como una vaca o _____
mis ojos	elemento	azules como el mar o _____
llaves	sonido	_____
zapatos	_____	_____
estudiar	_____	_____
familia	_____	_____
el pelo	objeto	suave como la seda o _____
trabajar	_____	_____

F. En parejas: Cada pareja debe escoger dos de las siguientes opciones para crear comparaciones; también traten de incorporar metáforas. Comparen sus respuestas con el resto de la clase.

1. comida de casa y comida universitaria
2. clases de la mañana y clases de la tarde
3. formas de ejercicio: correr, caminar, hacer ejercicios aeróbicos
4. fútbol norteamericano y básquetbol
5. mirar la televisión, ver una película en el cine, ver un video
6. hablar por teléfono y escribir una carta
7. trabajar y asistir a la universidad
8. vivir en una residencia, vivir en una casa, vivir en un apartamento

IV. Las preposiciones

1. La conexión de unas palabras con otras, ya sean sustantivos, adjetivos o verbos, se realiza en español por medio de las preposiciones.

> Mis amigos volaron desde San Francisco hasta Amsterdam.
> *My friends flew from San Francisco to Amsterdam.*

Aquí **desde** conecta el verbo "volaron" con el sustantivo "San Francisco", mientras que **hasta** relaciona los sustantivos "San Francisco" y "Amsterdam".

2. En español, las principales preposiciones son las siguientes.

a	*to*
ante	*before*
bajo	*under, underneath*
con	*with*
contra	*against*
de	*of, from*
desde	*from, since*
en	*in*
entre	*between, among*
hacia	*to, towards*
hasta	*to, until*
para	*for, to*
por	*for, by, to, through*
según	*according*
sin	*without*
sobre	*about, on*
tras	*behind*

3. Además, existen preposiciones compuestas que están combinadas con otras preposiciones o con adverbios, como **delante de**, **en frente de**, **frente a**, **encima de**, entre otras, y sirven para conectar o relacionar los elementos gramaticales que se mencionan.

> El taxi se detuvo **frente a** la estación.   *The taxi stopped in front of the station.*

4. Las preposiciones del español suelen tener sus equivalentes en inglés. Pero, ocasionalmente el paralelismo se rompe y encontramos diferentes preposiciones en la traducción.

> Todo depende **de** ella.   *All depends on her.*

5. En este capítulo se encuentra una lista de los principales verbos con preposición del español y de sus equivalencias en inglés. Por otra parte, el inglés utiliza a veces verbos con preposición, mientras que el español requiere un verbo transitivo, acompañado de la obligatoria **a** personal si el complemento directo es de persona.

Veamos unos ejemplos:

Esperar:	Esperamos el autobús de las cinco.
	*We are waiting **for** the five o'clock bus.*
Pedir:	Haz el favor de pedirles el presupuesto.
	*Please, ask them **for** the budget.*

Buscar:	Buscaban refugio.
	*They were looking **for** shelter.*
Parecer:	Parece un payaso.
	*He looks **like** a clown.*
Pagar:	Yo pagaré los gastos.
	*I'll **pay for** the expenses.*
Aguantar:	Aguantaron las críticas sin rechistar.
	*They put up **with** the criticism without a word.*
Visitar a alguien:	La visitaré cuando viaje a San Francisco.
	*I'll call **on** her when I travel to San Francisco.*
Atravesar:	El clavo atravesó la pared.
	*The nail went **through** the wall.*

V. La preposición "a"

A. La "a" personal

1. El español añade la preposición a si el complemento directo del verbo es una persona o si se le confieren atributos humanos.

Escucho la música. Escucho **a** la cantante.
Veo pasar los barcos. Veo pasar **a** los niños.

2. No obstante, la **a** se omite si se desconoce la existencia de la persona que funciona como complemeto directo.

Necesitan un cocinero que sepa hacer paellas.
Se busca un mecánico con experiencia.

3. No se emplea la **a** personal con el verbo **tener**, excepto cuando el sustantivo va modificado por un adjetivo.

Tengo dos hermanos. Tengo **a** mi hermana enferma.

4. La personificación de sujetos, animales o lugares requiere también el uso de la **a** personal.

En Disneylandia vi **al** ratoncito Mickey.

5. También se incluye la **a** personal si las acciones que realizan los animales son propias del ser humano.

El gorrión alimentaba **a** su cría. El pez grande se come **al** chico.

B. La preposición "a" del complemento indirecto

1. No debemos confundir la **a** personal del complemento directo con la preposición **a** del complemento indirecto.

la preposición **a** personal antes del objecto directo: Invito **a** mi hermano
la preposición **a** del complemento indirecto: Le doy la invitación **a** mi hermano.

C. La preposición "a" con numerales

Se fueron **a** las tres.
Terminó el doctorado **a** los veintidós años.
Guadalajara está **a** 130 kms. de aquí.

D. La preposión "a" con verbos de movimiento

1. Verbos tales como **ir, marcharse, entrar, venir, descender, bajar, subir, entrar, dirigirse, viajar,** requieren el uso de la preposición **a.**

Se dirigen **a** la casa.

Entraron **a** la tienda. (También: Entraron en la tienda).

2. Igualmente con verbos de movimiento, como **llegar, entrar, salir,** seguidos de expresiones de tiempo (**las dos, la hora, tiempo, minuto,** etc.,) la preposición **a** es de uso obligado.

E. La preposición "a" con medios de locomoción. Se utiliza con expresiones como **"a pie"**, **"a nado"** y **"a caballo"**. No se utiliza, sin embargo, con todos. Notemos el uso de la preposición **"en"** como **"en coche"**, **"en barco"**, **"en avión"** y **"en autobús"**.

VI. La preposición "de"

A. Vale notar el distinto uso idiomático entre el español y el inglés de la preposición **de**.

La señora **del** vestido azul es mi tía.

*The lady **in** the blue dress is my aunt.*

"El hombre **de** la pistola de oro" es una película del agente 007.

*"The Man **with** the Golden Gun" is a movie with agent 007.*

B. Otros usos de la preposición "de"

1. Para indicar origen:

No soy **de** aquí ni soy **de** allá.
I'm not from here nor from there.

2. Para indicar condición u oficio:

Estamos **de** ayudantes en el laboratorio.
We are lab assistants.
De mayor, la niña quiere ser abogada.
As an adult, the girl wants to be a lawyer.

VII. La preposición "en"

En inglés se utilizan principalmente tres preposiciones que equivalen a la preposición **en** del español: *in, on* y *at,* según el contexto. Depende del contexto de la oración.

El electricista está **en** el edificio.	*The electrician is **in** the buiding.*
	*The electrician is **on** the buiding.*
	*The electrician is **at** the buiding.*

VIII. Las preposiciones "por" y "para"

La preposición **por** se usa esencialmente para indicar motivo, causa o razón y equivale al inglés *because of.*

Por otra parte, **para** se usa principalmente para indicar propósito, beneficio o destino.

Lo hice todo **por** ella.	*I did everything for (because of) her.*
Lo hice todo **para** ella.	*I did everthing for her (on her behalf).*

La diferencia es sutil entre la oración con **por** y la oración con **para**. Sin embargo, la diferencia de significado existe y es evidente en la mente de los hablantes.

En la primera oración el hablante afirma que lo hizo todo debido a ella, a causa de ella, mientras en la segunda oración, el hablante transmite la idea de que lo hizo todo en beneficio de ella. Para ilustrar lo dicho, veamos otro ejemplo. Supongamos que un carpintero recibe el encargo de construir una silla especial para una señora llamada María. Una vez terminada la silla, si alguien le pregunta al carpintero por qué la construyó, éste podría decir:

La construí **por** María. (La construí a causa de ella).

La construí **para** María. (La construí destinada a ella).

A. Los usos de "para"

destinatario	Lo hice para ella.
intención o propósito	Estudio para aprender.
destino	Me voy para el pueblo.
plazo	El manuscrito se debe tener listo para agosto.
opinión	Para mí, el paquete no llegará esta semana.
acción inminente	El avión está para despegar.
comparación	Habla español bien, para haberlo estudiado solamente un año.

B. Los usos de "por"

causa, motivo o razón	Lo hice por ella. No salimos de casa por la lluvia. (No salimos de casa porque llovió)
en sustitución de algo o alguien	Yo fui a dar la cara por ti.
en el agente de la voz pasiva	La película fue dirigida por el protagonista.
intercambio o pago	Pagué 70 dólares por estos zapatos. Te cambio el diccionario por el disco.
sustitución	¡Vaya! Se equivocaron y me dieron naranjas por mandarinas.
decisión inconclusa	Estoy por apuntarme en el curso de bailes de salón.
intención de conseguir algo	Tengo que salir por gasolina.
a través de	Dimos un paseo por la ciudad.
quehaceres pendientes	¡Las camas aún están por hacer!
medios	La carta va por avión. Enviamos la respuesta por fax. Nos informaron por correo electrónico. Me llamaron por teléfono, pero tenía el móvil desconectado.
acción inminente	El avión está por despegar. (Igual que "para despegar").

1. Finalmente, recordemos que al contrario del inglés, la preposición nunca cierra la oración en español. No sería correcto utilizar construcciones del tipo:

   *Ése es el muchacho que sale con.

   *Aquélla es la amiga de la que te hablé de.

IX. Verbos con preposición

1. El inglés tiene verbos con preposiciones que no tienen correlación en español y viceversa. Así, por ejemplo, en inglés se necesita la preposición *for* en los verbos *to look for* y *to wait for,* mientras que en español no es necesario el uso de preposición con los verbos **buscar** y **esperar**.

Busco a María		*I'm looking **for** María.*
Esperan el tren.		*They are waiting **for** the train.*

2. En primer lugar se tendrá en cuenta que todos los verbos transitivos llevan la preposición **a** cuando el complemento directo es una persona (**a** personal).

Visito a mis tíos.	Pero: Visito las pirámides de Egipto.
Escucharon al conferenciante.	Pero: Escucharon el concierto.

3. A continuación, presentamos una lista de los verbos con preposición más comunes en español. Excluimos los verbos cuya preposición tiene su equivalente en el inglés.

alejarse **de**:	*to go away **from***	El tren se alejó de la estación.
darse **a**:	*to take (oneself) **to***	Tras el fracaso, se dio a la bebida.

Considerando que **de** y **a** se traducen al inglés como *from* y *to* respectivamente, sería innecesario incluir éstas y otras construcciones análogas.

VERBO EN ESPAÑOL	VERBO EN INGLÉS	EJEMPLO
acabar de	*to have just*	Los invitados acaban de llegar.
acordarse de	*to remember*	Me acuerdo de mi infancia.
		No se acordaron de apagar la luz
afanarse en/por	*to strive*	Se afanó en terminar el trabajo.
aguardar a	*to wait for*	Aguardé a que amaneciera.
alegrarse de	*to be glad*	Me alegro de conocerlo.
apostar a	*to bet*	Apuesto a que llegamos antes que tú.
apuntarse a	*to sign in*	Me he apuntado a una clase de karate.
apurarse por	*to worry about*	Me dijo que no me apurase por eso.
armarse de	*to arm oneself with*	Me armé de valor y lo hice.
arriesgarse a	*to risk*	A tal velocidad se arriesga a chocar.
arrojar por	*to throw off*	Arrojaron el lastre por la borda.
asistir a	*to attend*	Asistiremos a la gala de clausura.
asomarse a/por	*to look out of*	Al oír la serenata, se asomó al balcón.
		Se asomó por la ventana para mirar.
asombrarse de	*to be amazed*	Se asombró de la noticia.
caer en	*to realize*	Ahora caigo en lo que quiso decir.
cambiar de	*to change*	Cambié de colchón y ahora duermo mejor.
carecer de	*to lack*	Ese hotel carece de condiciones.
casarse con	*to get married to*	El príncipe se casó con una actriz.
cesar de	*to stop*	Ordenó que cesaran de disparar.
compadecerse de	*to sympathize with*	Me compadezco de los huérfanos.
comprometerse con	*to be committed to*	Estoy comprometido con la editorial.
condolerse de	*to sympathize with*	Se condolieron de ella.
confiar en	*to trust*	Confío en que la economía mejorará.
conformarse con	*to conform to*	Me conformo con lo que me den.
consentir en	*to consent to*	Consintieron en dejarla viajar a París.
consistir en	*to consist of*	El juego consiste en llegar el primero.
consumirse de	*to be eaten up with*	Se consume de celos.

VERBO EN ESPAÑOL	VERBO EN INGLÉS	EJEMPLO
contar con	*to count on*	Si haces deporte, contamos contigo.
convenir en	*to agree to*	Convinieron en montar la empresa.
cubrirse de	*to cover oneself with*	El aviador se cubrió de gloria.
cumplir con	*to fulfill*	El niño cumplió con lo que le ordenaron.
dar a	*to face*	El balcón da al mar.
dar con	*to run into*	Di con él al doblar la esquina.
decidirse por	*to decide on*	Se decidió por un coche deportivo.
dejar de	*to stop*	¡Deja de llorar! Eso no tiene remedio.
depender de	*to depend on*	El resto depende de Ud.
desconfiar de	*to distrust*	¡Desconfíe de las imitaciones!
despedirse de	*to say goodbye to*	Se despidieron de sus amigos.
disfrutar de	*to enjoy*	Disfrutamos de unas buenas vacaciones.
divertirse con	*to have a good time*	Se divirtió con los dibujos animados.
dudar de	*to doubt, to question*	No dudaban de su talento.
dudar en	*to hesitate to*	Dudó mucho en aceptar el trabajo.
empaparse de	*to soak up, to absorb*	Me he empapado de todo lo que dijo.
enamorarse de	*to fall in love with*	Romeo se enamoró de Julieta.
encargarse de	*to take charge of*	Yo me encargo de traer el pan.
encontrarse con	*to meet (encounter)*	Se encontraron con ella paseando.
enfrentarse con	*to face up to*	Hay que enfrentarse con la realidad.
entender de	*to know about*	Entiende mucho de mecánica.
entretenerse en	*to amuse oneself*	Se entretiene en coleccionar vitolas.
esforzarse en/por	*to strive to*	Se esforzó en lograr su objetivo.
extrañarse de	*to be surprised at*	Me extrañé de que no viniera.
faltar a	*to fail to appear/do*	Falta a clase a menudo.
fiarse de	*to trust*	No me fío de la carretera mojada.
fijarse en	*to notice*	Se fijó en el elegante vestido.
gozar de	*to enjoy*	Goza de muy buena salud.
guardarse de	*to take care not to*	¡Guárdate de las malas compañías!
gustar de	*to enjoy something*	¿Gusta de unos dulces?
haber de	*to have to*	He de salir de viaje.
hartarse de	*to be fed up with*	Estoy harto de tanto tránsito.
ilusionarse con	*to get excited about*	Está muy ilusionada con el viaje.
incomodarse con	*to be upset at*	Se incomodó con los vecinos.
indignarse por	*to get angry about*	Me indigné por el mal servicio.
influir en	*to influence*	Su conducta influyó en la votación.
irse de	*to leave*	Se fue de aquí a las tres de la tarde.
jugar a	*to play (games)*	Juegan a las cartas todos los viernes.
llenarse de	*to fill up with*	La pared estaba llena de fotos.
marcharse de	*to leave*	Se marchó de casa muy joven.
meterse a	*to become*	La joven se metió a monja.
meterse con	*to pick on somebody*	El público se metió con el jugador.

VERBO EN ESPAÑOL	VERBO EN INGLÉS	EJEMPLO
molestarse en	*to take the trouble to*	No se moleste en cerrar la puerta.
negarse a	*to refuse to*	Se negó a que le hicieran el análisis.
ocuparse de	*to busy oneself with*	¡Ocúpese de que estén cómodos!
oler a	*to smell like*	En esa cocina siempre huele a ajos.
olvidarse de	*to forget*	Me olvidé de cerrar con llave.
opositar a	*to try for a job*	Opositó al puesto y se lo dieron.
pasar de (España)	*to ignore*	Pasaron de mí olímpicamente.
pasarse de	*to go too far*	No hay que pasarse de listo.
pensar de	*to think (opinion)*	No me importa lo que piensen de mí.
pensar en	*to think about*	Siempre pienso en mi familia.
plantarse en	*to get to*	Se plantó en Barcelona en tres horas.
preceder a	*to precede*	El sujeto precede al verbo.
preocuparse por	*to worry about*	Se preocupan por su empleo.
prescindir de	*to get rid of*	Prescindieron de todos los lujos.
presumir de	*to show off*	Dime de qué presumes y te diré de qué careces.
quedar en	*to agree to*	Quedaron en comprar la casa.
quedar por	*to remain to be*	Aún queda por firmar el contrato.
reírse de	*to laugh about*	Se ríen de las travesuras de los nietos.
renunciar a	*to give up*	Ellos renunciaron a su nacionalidad.
reparar en	*to notice*	No reparó en el obstáculo.
resarcirse de	*to make up for*	Pronto se resarció de lo perdido.
resentirse de	*to suffer from*	Después del accidente, quedé resentida del pie.
rodearse de	*to surround oneself with*	Se rodea de buenos amigos.
saber a	*to taste like*	El pastel sabe a limón.
salir de	*to leave*	El tren sale de la estación a las tres.
salir de	*to dress as, to act as*	Mi tío salió de extra en una película.
separarse de	*to come apart*	El reactor se separó de la nave.
servir de	*to serve as*	La navaja sirve de abrelatas.
servirse de	*to make use of something*	Se sirvió de su pericia para componer la maquinaria.
someterse a	*to undergo*	Se sometió a un estricto régimen.
soñar con	*to dream of*	Anoche soñé contigo.
sorprenderse de	*to be surprised at*	Me sorprendí de ganar la lotería.
subir a	*to go up*	Subieron a su piso.
subirse a	*to go to*	La cerveza se le subió a la cabeza.
tardar en	*to delay*	¡No tardes en acostarte!
tenerse por	*to consider oneself to be*	El ajedrecista se tiene por un genio.
terminar de	*to finish*	Ya terminamos de veranear.
terminar por	*to end up by*	Terminé por vender mis pirañas.

VERBO EN ESPAÑOL	VERBO EN INGLÉS	EJEMPLO
tomar por	*to mistake for*	Me tomaron por mi hermano.
tratar de	*to endeavor to*	Traté de encontrarlo pero no pude.
tratarse de	*to be about*	Se trata de un romance.
velar por	*to look after*	La abuela velaba siempre por ellos.
vestirse de	*to wear/dress in*	La novia se vistió de blanco.

Ejercicios

A. Substituye las siguientes preposiciones o frases en negrita con **por** o **para**, según se requiera.
1. Me voy **hacia** el pueblo, hoy es mi día.
2. **Según** él, no hay nada mejor que jugar con videoconsolas.
3. Entró **a través de** la ventana del baño.
4. Le di unos pesos a **cambio** de los elotes.
5. Tuvieron que abandonar su casa **a causa de** la inundación.
6. Salió **en busca de** alimentos.
7. Les comunicaremos la decisión **a través del** correo certificado.
8. **A pesar de** sus pocas horas de vuelo, el piloto se desenvuelve con soltura.
9. Estoy **pensando en** decirle que la amo.
10. Se creía muy listo, pero le dieron gato **en vez de** liebre.

B. Completa las oraciones siguientes escogiendo la preposición que mejor corresponda.
1. La novela *Viaje al centro de la tierra* fue escrita (de/por) Julio Verne.
2. (Para/En) ser una localidad tan pequeña, produce y exporta muchísimo.
3. Estaban (con/por) llamar a los niños cuando éstos llegaron.
4. (Por/Para) mí, que va a llover esta tarde.
5. No puedo salir porque tengo todavía mucho (a/por) hacer.
6. El mecánico me ha dicho que la camioneta estará lista (para/en) las cinco.
7. Queríamos llegar a la costa (a/en) nado, pero fuimos (a/en) barca.
8. El equipo (en/de) verde es el de México.
9. La tarea debe estar lista (para/por) mañana.
10. Los vaqueros montan (en/a) caballo a diario.

C. Completa las oraciones con preposiciones apropiadas (simples o compuestas).
Aitana salió (1) ___de___ la casa y se dirigió (2) ___hacia___ la estación. Debía darse prisa si quería llegar (3) ___a___ tiempo (4) ___para___ recibir (5) ___a___ su primo. No lo había visto (6) ___desde___ que eran niños y se preguntaba si lo conocería ahora (7) ___después de___ tantos años. Corrió (8) ___por___ el paseo (9) ___para___ buscar un taxi. Sin embargo, no quedaba ninguno (10) ___en___ la parada y tuvo que buscar uno (11) ___entre___ los que circulaban (12) ___por___ la avenida. Finalmente, divisó la lucecita indicadora (13) ___de___ un taxi libre y levantó el brazo agitándolo, mientras gritaba "¡taxiiiii!". Subió y se sentó (14) ___en___ el asiento trasero. Al llegar (15) ___a___ la estación, pagó (16) ___por___ el viaje y le pareció excesiva la tarifa (17) ___por___ un trayecto tan corto. Bajó del taxi, entró (18) ___a___ la estación y caminó (19) ___entre___ la multitud de viajeros.

Cruzó (20) _____por_____ los andenes y llegó justo (21) ____en____ el momento (22) ____en____ que se abrían las puertas de los vagones. (23) _Delante de_ ella se encontraba un muchachote alto, fornido y (24) ____con____ aspecto (25) _de_____ turista, debido (26) _____a_____ la ropa que llevaba. Sí, su primo había crecido y era todo un hombre, pero sus ojos todavía conservaban ese brillo que, (27) ___Según___ ella, no había cambiado. Se abrazaron, se saludaron e inmediatamente salieron (28) ____a____ la calle.

Escritor reportero

PASO 1 ¡A CONVERSAR!

Ampliar el vocabulario

Ejercicios basados en la lectura, "El corrido de Gregorio Cortez".

A. *Reescritura*. El corrido de Gregorio Cortez está escrito desde la perspectiva del malhechor. Escribe el corrido desde la perspectiva americana.

B. *Ampliar el vocabulario*. Explica el significado de las siguientes palabras.

1. aprehender: _____

_____

2. malhechor: _____

_____

3. platicar: _____

_____

4. huella: _____

_____

5. corral: _____

_____

6. insortar: _____

_____

C. Anglicismos: Busca los anglicismos que hay en el texto.

D. Explica con tus palabras las siguientes locuciones.

1. "Decía Gregorio Cortez/con su alma muy encendida:/—No siento haberlo matado/la defensa es permitida".

2. "Venían los perros jaunes/venían sobre la huella/pero alcanzar a Cortez/era alcanzar a una estrella".

3. "En el redondel del rancho/lo alcanzaron a rodear,/poquitos más de trescientos/y allí les brincó el corral".

4. "Ya con esto me despido/con la sombra de un Ciprés,/aquí se acaba cantando/la tragedia de Cortez".

Hablemos personalmente: El objetivismo

Explora las siguientes preguntas con un/a compañero/a:

1. Discutamos el objetivismo: ¿Hasta qué punto necesita mantener el reportero cierta objetividad? Piensa en varios tipos de artículos periodísticos: ¿Existe el objetivismo en la prensa? Y en las noticias televisivas, ¿utilizan un tono particular o mantienen un estilo impersonal y objetivo?

2. Al relatar tu vida, ¿has cambiado alguna vez el tono o los hechos de una historia más allá de lo verdadero para alcanzar cierto propósito? Menciona un ejemplo reciente de tu vida. Cuando alguien te relata un suceso, ¿cómo juzgas la veracidad de lo que te cuenta? ¿Siempre te dice la verdad o hay exageraciones? ¿Es posible evitarlas?

PASO 2 ¡A REDACTAR!

Estrategias para editar: La selectividad, la precisión y la concisión: la elección de verbos y el uso de adverbios

Como hemos visto, iniciar la escritura narrativa no significa que olvidemos la capacidad descriptiva. Redactar adecuadamente consiste en saber ser selectivo, es decir, escribir con precisión y de manera concisa. Recuerda que la precisión consiste en escoger la palabra que mejor represente la idea y la concisión es saber omitir palabras innecesarias. Hay que decidir cuáles son las ideas más sobresalientes y cuáles son las menos relevantes, tal como hacen los reporteros. En cada ensayo que escribimos—con la escritura descriptiva, analítica o literaria—necesitamos desarrollar nuestro hábito de selección.

No olvidemos tampoco el principio de variedad léxica, el cual es sumamente importante a la hora de crear borradores como al editar. La variedad puede lograrse por medio de la elección de verbos y el uso de adverbios.

I. La elección del verbo

A este nivel de escritura, ya debemos esforzarnos en utilizar un léxico amplio. Debemos evitar el uso de las mismas palabras una y otra vez. Muchas veces, un vocablo específico puede reemplazar tres o cuatro palabras más generales. En la oración, el uso del verbo ayuda a expresar la idea de manera más precisa. Lee otras composiciones tuyas. ¿Has variado los verbos o no? En los modelos de este capítulo, y en los de los capítulos anteriores, notamos que no hay mucha repetición verbal. Sabiendo que cada palabra afecta el significado de la historia, los autores optan por la mayor variedad posible. En tus composiciones, debes asegurarte que no hay palabras superfluas. Vamos a empezar con el uso de los verbos.

II. El uso de adverbios

Pasamos ahora al estudio de las formas adverbiales. En el Paso 3 encontrarás un repaso de las formas adverbiales y su uso. Aquí repasamos las principales razones estilísticas para incorporar adverbios a las composiciones. Al igual que los adjetivos sirven para modificar los sustantivos, los adverbios sirven para modificar el verbo de una frase, expresando tonos y matices diferentes. Mientras que el verbo representa la acción de una oración, el adverbio amplia el mensaje del verbo para contestar a cómo y cuándo ocurrió la acción. Pueden usarse como modificadores del verbo en frases sencillas o como conjunción en oraciones más extensas, coordinadas o subordinadas. El adverbio añade una connotación al verbo. Puede servir para darle un significado puntual a la acción, por ejemplo:

> El estudiante aprendió.
> El estudiante aprendió un poco.
> El estudiante aprendió de prisa.
>
> El anciano caminaba…
> El anciano se movió lenta y pausadamente, apoyándose cuidadosamente en su bastón.
>
> Los niños corrían…
> Los niños traviesos corrían apuradamente a la escuela pero raras veces llegaban a tiempo.

Práctica

A. Lee las siguientes cláusulas e intenta expresar la misma idea con menos palabras, teniendo presentes los conceptos de la precisión y la concisión. Hay más de una posibilidad.

Modelo: Anoche cuando hacía la tarea > anoche cuando estudiaba
me sentía muy cansado. > me cansaba.

1. Anita estaba muy enojada.
2. Roberto no le dio el anillo como regalo.
3. Roberto no me llamó por teléfono.
4. Roberto se sintió frustrado.
5. Anita fue a comer el desayuno.

B. Para ampliar el vocabulario, intenta dar una palabra descriptiva de los siguientes objetos usando las distintas letras del alfabeto. El estudiante que encuentre más palabras en tres minutos "gana".

Modelo: coche usado
auto, barato, conducir, despacio/desarreglado/deportivo, económico, fugarse, ganga/gasolina/gasolinero

1. un collar
2. un libro
3. una chaqueta
4. los zapatos tenis
5. el teléfono celular
6. la música
7. estudiar
8. la habitación

C. *La descripción comprensiva.* Para describir una idea o un objeto, normalmente procuramos buscar un adjetivo adecuado. Además de usar adjetivos, vamos a describir un objeto o un concepto utilizando varias partes de la oración.

1. En parejas, hagan una lista de palabras que describan el objeto, procurando usar adjetivos, susantivos, verbos y hasta metáforas.

2. Con la lista de palabras, intenten escribir una oración. No es necesario utilizar todas las palabras; lo importante es pensar en un uso del objeto y crear una descripción adecuada.

> **Modelo:** los zapatos
> **Palabras:** grandes, caros, los tacones, bailar, elegante, Fred Astaire
> **Oración:** Mis tacones representan las llaves de mi libertad cada viernes cuando me convierto en Fred Astaire hasta el amanecer.

> **1.** la televisión
> **2.** el avión
> **3.** una chaqueta de cuero
> **4.** una taza de café
> **5.** el régimen y el ejercicio

D. *A jugar al pasapalabra.* De la siguiente lista, escoge una ocupación sin revelársela a tu compañero. Piensa en palabras que describan la profesión. Menciona una de esas palabras. Tu compañero tiene que adivinar la profesión.

> **Modelo:** actriz: las películas... mujer... hacer el papel... el cine...

abogado/a	bombero/a	mecánico/a
profesor/a	escritor/a	policía
hombre/mujer de negocios	político/a	cirujano/a
reportero/a	juez	vendedor/a de coches
pintor/a	dentista	bibliotecario/a
ingeniero/a	lector/a	atleta

Práctica de redacción

A continuación se presenta un modelo estudiantil. En esta narrativa, observemos la diferencia entre el tema y la tesis, el uso de apoyo en cada párrafo y la incorporación de lenguaje descriptivo dentro de la narrativa. Prestemos atención a la incorporación de la precisión y la concisión.

Instrucciones

1. Lee el ensayo.
2. Usando la clave editorial, ofrécele consejos a la autora sobre **a)** el contenido, **b)** el uso del lenguaje, **c)** el estilo. Escribe los consejos en el ensayo.
3. Contesta las preguntas que siguen al ensayo.

A. Pistolas de flores

¶1. Capitán o teniente, detective o carcelero, el policía durante los años ha adquirido una fama de ser una persona dominante, reservada y creída. Plantado en un afán de ser poderoso, se esconde detrás de su pistola para poder crear una sensación de terror en los ciudadanos para asegurase que en realidad sí es muy poderoso. El policía está tan preocupado por su apariencia y su poder, que a veces se olvida de sus deberes hacia la comunidad. Conduce su vida como si fuera dueño del universo, en el cual siente que tiene derecho de usar su poder de policía cuando se le antoje. Sus acciones están llenas de una confianza en sus derechos como policía que a veces cruza la línea entre justicia y abuso de poder. Todos los días se trata de convencer que es invencible sin darle consideración al peligro que se encuentra todos los días cuando trata de producir justicia en su sociedad. Pero, en su deseo de ser poderoso, se convierte en un ser creído que piensa que es mejor que el ciudadano común. Se convierte reservado por la desconfianza que le tiene a otros en que piensa que están tratando de quitarle su poder, por su deseo de ser más poderoso que sus otros compañeros se aleja de ellos. Conduce su vida con la constante idea de que es mejor que cualquier otra persona y está en una constante lucha en su deseo por ser más poderoso. El policía siempre está confiado en sí mismo, pensando que su poder como policía no tiene límites.

¶2. La reserva es un recurso que los policías usan para poder tratar de convertirse en un policía dominante y más poderoso que sus demás compañeros. Tratan de competir con sus mismos compañeros y desconfían unos de otros por la simple idea de que piensan que alguien más les está tratando de quitar el poder. Porque cada vez que se abren a un compañero, se les hace más difícil competir con un amigo. La confianza es muy peligrosa porque puede ocasionar que compañeros usen información que se compartió en confianza para poder difamar a otro compañero que también está en busca de más poder.

¶3. El policía está en una constante batalla porque como se considera superior a otros por su poder, le tiene temor a la posibilidad de perder el poder que ha adquirido. Por eso las relaciones con otros compañeros es muy profesional porque todos están en una constante batalla por adquirir más poder del que ya tienen. El policía siempre está atento de sus compañeros y de la confianza porque puede ser peligroso en su fin. También se convierte en un ser reservado para que pueda adquirir una imagen de dominante donde es fuerte con la gente y no es una persona a la cual pueden tomarle el pelo. Usa la reserva como una forma de intimidación que le da un cierto nivel de poder porque el resto de la comunidad está aterrorizada.

¶4. El policía vive su vida con la constante idea de que es invencible porque tiene tanto poder y muchas veces no piensa en las consecuencias de sus actos. Por pensarse tan poderoso, en ocasiones se mete en situaciones que son peligrosas para su vida. Piensa que puede enfrentar cualquier problema y vencer a cualquier criminal, y a veces se mete en situaciones que no les puede encontrar una salida. Se cierra a la posibilidad de la ayuda de cualquier compañero porque piensa que puede solucionar cualquier problema él solo. El policía se deja llevar por la superficie, y cuando llega al trabajo y se pone su uniforme, piensa que se puso un uniforme que lo va a proteger de todos los males. Su uniforme es como una capa contra la maldad de la ciudad y se piensa que puede vencer cualquier obstáculo. El policía, aspira a crear un mundo ordenado y justo pero, se deja llevar por la idea del poder y no le da consideración al peligro y el sufrimiento de sus deberes. Y todos los días el policía se esfuerza para jugar el papel del personaje importante en las vidas de los ciudadanos, pero cuando interpreta ese papel se convierte en un ser que a veces es destructible a sí mismo y a su propia comunidad.

¶5. Las complicaciones que hay en el rol y la tradición del policía van más allá de su idea de ser extremadamente poderoso. Se cierran a la idea de tener amigos o crear justicia en una manera que no traiga castigo, sino que trae la oportunidad de aprender de los errores y de la oportunidad de perdonar. El policía tiene una peligrosa inclinación por ser poderoso y que puede controlar a otros, pero lo que a veces ocasiona es la injusticia y el riesgo de poner en peligro a gente inocente. Las luchas de los policías son difíciles porque tienen que actuar con inteligencia para traer justicia pero muchas veces se ciegan por la oportunidad de no tener poder.

Práctica

1. Usa la clave editorial para redactar el ensayo. Luego, prepara un comentario escrito de tus ideas editoriales. ¿Qué oraciones impactan de una manera positiva? ¿Cuáles necesitan más elaboración? ¿Cuáles podríamos cambiar? Como editor, ¿qué consejo le das a este autor?
2. ¿Qué tiene de positivo el contenido de este borrador?
3. Identifica el tema y la tesis.
4. Identifica las oraciones que ofrecen mayor apoyo y las que no lo presentan ¿Qué tipo de cambio recomiendas?
5. Piensa en el uso del lenguaje preciso y conciso. ¿Sugieres alguna modificación?

PASO 3 ¡A MEJORAR!

Repaso de gramática

I. Los adverbios

A. El uso de los adverbios

1. Los adverbios son palabras que pueden calificar o complementar el significado de verbos, adjetivos u otros adverbios. Hay adverbios de modo (**bien, mal, lentamente**), lugar (**aquí, allá, cerca, lejos**), tiempo (**cuando, hoy, entonces, ahora**), cantidad (**cuanto, poco, mucho, más**), orden (**antes, después**), afirmación (**sí, ciertamente**), negación (**no, nunca, tampoco**) y duda (**quizás, acaso, tal vez**).
2. Los adverbios con la terminación en -**mente** (**rápidamente**, por ejemplo) cambian la -**o** final en -**a** antes de añadirles la terminación **mente: rápido > rápidamente , lento > lentamente**.
3. Cuando se combinan en la misma oración dos adverbios con la terminación en -**mente**, solamente el último adverbio de la secuencia mantiene esa terminación.

> El anciano se movió lenta y pausadamente.
> *The elderly man moved slowly and carefully.*
> Los soldados desfilaban elegante, firme, marcialmente.
> *The soldiers marched elegantly, firmly, soldierly.*

4. Algunos adjetivos como **rápido, cierto, profundo, distinto** y **claro** se usan como adverbios también. Así pues, se observan casos como:

Hazlo rápido.	Hazlo rápidamente.
Escribe muy claro.	Escribe muy claramente.

B. Resumen de los adverbios según el significado

ADVERBIOS DE LUGAR	abajo, alrededor, ahí, afuera, fuera, aquí, arriba, allá, delante, junto, acá, atrás, allí, dentro, lejos, adonde, cerca, detrás, debajo
ADVERBIOS DE TIEMPO	ahora, hoy, tarde, anoche, jamás, todavía, temprano, anteanoche, anteayer, mañana, ya, antes, nunca, ayer, pronto, después, recién, entonces, siempre, luego

ADVERBIOS DE CANTIDAD	además, excepto, nada, algo, medio, poco, bastante, menos, sólo, casi, mitad, tan, tanto, cuanto, mucho, muy, demasiado
ADVERBIOS DE MODO	apenas, aprisa, así, bien, como, cómo, despacio, mal, regular
ADVERBIOS DE DUDA	acaso, quizá, quizás, tal vez
ADVERBIOS DE AFIRMACIÓN	asimismo, claro, sí, también
ADVERBIOS DE NEGACIÓN	jamás, nada, no, nunca, tampoco
ADVERBIOS RELATIVOS	como, cuanto, cuando, donde
ADVERBIOS INTERROGATIVOS, ENFÁTICOS Y EXCLAMATIVOS	¿cómo?, cómo, ¡cómo! ¿cuándo?, cuándo, ¡cuándo! ¿cuánto?, cuánto, ¡cuánto! ¿dónde?, dónde, ¡dónde!

Ejercicios

A. Completa los espacios en blanco con el adverbio apropiado.

nunca	pronto	cerca	como	poco
muy	recién	tampoco	dentro	inteligiblemente

En 1995, (1) _____ llegado a Nueva York, recorrí algunos de los barrios de la ciudad. Caminé (2) _____ lejos del centro y muy (3) _____ me di cuenta de que estaba perdido. Entonces decidí llamar un taxi, pero (4) _____ no hablaba inglés (5) _____, no me pude comunicar por teléfono. (6) _____ me había sentido tan confundido. No podía llamar un taxi y (7) _____ tenía el teléfono de mi amigo en Manhattan. Sin embargo, (8) _____ de allí vi llegar un autobús cuyo conductor hablaba español. Tardé (9) _____ en llegar de nuevo al centro y encontré el hotel. Una vez que estuve (10) _____ me sentí mejor.

B. Usa la siguiente lista de adverbios para formular oraciones que sinteticen o interpreten el siguiente enunciado.

Modelo: antes "Antes de salir, el soldado y su novia recordaron la prenda".

1. tal vez _____
2. bastante _____
3. encima _____
4. pronto _____
5. temprano _____
6. lentamente _____
7. bien _____
8. así _____
9. nada _____
10. ya _____

C. Escribe cinco oraciones sobre la vida en el siglo XXII imaginando cómo será y comparándola con el siglo XXI. Después compara tus predicciones con las de tus compañeros y coméntalas con ellos.

Modelo: En el siglo XXII habrá tantos descubrimientos tecnológicos como hay en el siglo XXI.

D. Completa la siguiente composición con un adverbio apropiado.

Eran ya las siete de la mañana y me levanté de la cama (1) _____. Me lavé y me duché (2) _____ y salí de casa (3) _____. Como era tan

(4) _____ temía perder el tren y aceleré para llegar (5) _____. Tan pronto como llegué a la estación me di cuenta de que el tren ya estaba (6) _____ y que los viajeros entraban y se sentaban. (7) _____ bajé del coche, descendí por las escaleras (8) _____ y me metí en el vagón. (9) _____ había llegado a tiempo y estaba de camino hacia mi trabajo. Me relajé y sentí cómo se me cerraban los ojos (10) _____. El viaje transcurrió (11) _____ y me dormí (12) _____. Cuando por fin desperté y abrí los ojos me llevé una sorpresa tremenda. El tren había llegado a su destino pero yo no me había despertado. ¡Había regresado a la estación de donde había salido (13) _____!

E. Imagínate que un familiar tuyo ha venido a visitarte y tú le das direcciones para que encuentre los distintos lugares a los que necesita dirigirse. Siguiendo el modelo a continuación, dirige a tu pariente a los siguientes lugares.

   Modelo: La parada del autobús

"Tienes que salir a la calle y cruzarla. Enfrente del banco verás un supermercado y al lado está la parada del autobús, señalada por un poste".
   1. una pizzería
   2. la estación de trenes
   3. la oficina de correos
   4. un cibercafé
   5. la biblioteca
   6. la universidad
   7. la comisaría de policía
   8. el hospital

F. Explica en una lista tu rutina semanal (de lunes a domingo) utilizando algunos de los adverbios de tiempo de la lista de la página 35.

_____

_____

_____

_____

II. Los pronombres reflexivos

1. Hay ciertos verbos en español que requieren el uso de pronombres reflexivos. Algunos coinciden con el concepto reflexivo del inglés: **afeitarse** (*to shave oneself/to shave*), **cortarse** (*to cut oneself*), **herirse** (*to hurt oneself*). En inglés, en muchas ocasiones, el uso del pronombre reflexivo no sólo no es obligatorio, sino que no debe utilizarse; en español, sin embargo, ocurre lo contrario.

PRONOMBRES REFLEXIVOS		
PERSONA	SINGULAR	PLURAL
primera persona	me	nos
segunda persona	te	os
tercera persona	se	se

Algunos de los verbos reflexivos más comunes en español:

VERBO ENSPAÑOL	VERBO EN INGLÉS
acostarse	*to go to bed*
acostumbrarse	*to accustom oneself*
acordarse	*to remember*
bañarse	*to bathe*

VERBO ENSPAÑOL	VERBO EN INGLÉS
cansarse	*to become (get) tired*
darse cuenta de	*to realize*
despertarse	*to awake*
ducharse	*to shower*
divertirse	*to have a good time*
enojarse	*to become (get) angry*
lavarse	*to wash oneself*
levantarse	*to get up*
llamarse	*to name oneself*
mudarse	*to move (residence)*
peinarse	*to comb one's hair*
ponerse	*to put on, to become*
preocuparse	*to worry about*
vestirse	*to get dressed*

2. Todos los verbos reflexivos se conjugan anteponiendo el pronombre correspondiente al verbo conjugado.

DIVERTIRSE	
me divierto	nos divertimos
te diviertes	os divertís
se divierte	se divierten

3. No obstante, cuando se trata de infinitivos y de gerundios los pronombres reflexivos se colocan después del verbo y conectados al verbo, o bien se colocan delante del verbo auxiliar.

Van a divertir**se** mucho ~ **Se** van a divertir mucho.
Están divirtiéndo**se** mucho ~ **Se** están divirtiendo mucho.

4. Los pronombres **nos, os** y **se** cobran otro sentido al utilizarlos como pronombres recíprocos. Así pues, **se miran** puede indicar una acción reflexiva *"they look at themselves"* o recíproca *"they look at each other"*, según el contexto. De ese modo, al referirnos a la rutina diaria de alguien podemos decir:

Cada día Juan se despierta a las siete, se lava y se seca, se peina, se viste, se prepara y sale hacia el trabajo.
Every day John wakes up at seven, washes and dries himself, combs his hair, gets dressed, gets ready, and leaves for work.

Como se observa, son acciones que Juan lleva a cabo para sí mismo. Por el contrario, si Juan le hace esas acciones a su hijito de cuatro años, diríamos:

Cada día Juan despierta a su hijo a las siete, lo lava y lo seca, lo peina, lo viste, lo prepara y salen hacia el colegio.
Every day John wakes his son at seven, washes and dries him, combs his hair, dresses him, gets him ready, and they leave for school.

Mientras los verbos señalados en la primera oración son reflexivos, o sea, la acción del verbo recae en la misma persona que la realiza, los verbos de la segunda cláusula contienen un objeto directo distinto al agente, o sea, la acción del verbo recae en una persona diferente (en el hijo) de quien la realiza (Juan).

5. Naturalmente, hay verbos reflexivos que reciben un complemento directo distinto al agente, en cuyo caso nos referimos a dichas oraciones como "indirectas de reflexivo".

Juan **se cepilla** los dientes.	*John brushes his teeth.*
En contraste con la oración "directa de reflexivo":	
Juan **se cepilla**.	*John brushes himself (understood as "his hair").*

6. En general, los hablantes de español coinciden en el uso de los verbos reflexivos, aunque en algunos verbos existen variantes dialectales, por ejemplo: **desayunarse** o **desayunar**, **demorarse** o **demorar**, **tardarse** o **tardar** y **enfermarse** o **enfermar**.

Ejercicios

A. Explica en un párrafo lo que hiciste ayer, utilizando los siguientes verbos:

> **Modelo:** Ayer me desperté a las nueve de la mañana, me levanté a las diez y ...

1. despertarse
2. levantarse
3. ducharse
4. lavarse los dientes
5. comunicarse con los amigos por teléfono
6. reunirse con los amigos
7. quejarse de la tarea
8. sentarse a la mesa
9. acordarse del examen
10. quedarse en casa por la tarde para estudiar
11. acostarse a las doce
12. dormirse a la una

B. Repite el ejercicio refiriéndote a lo que hizo tu amigo:

> **Modelo:** Ayer mi amigo se despertó a las nueve...

C. En parejas, deben ofrecer una presentación del compañero basada en algunas de las siguientes ideas:

1. ¿Cómo se divierte el compañero?
2. ¿Cuándo fue la última vez que se mudaron los padres de casa o de ciudad?
3. ¿A qué hora se acuesta durante la semana? ¿y el fin de semana?
4. ¿De qué suele olvidarse?
5. ¿Qué es de lo que más le enoja?
6. ¿De qué se preocupa normalmente?

D. Usando la imaginación, cuenta cómo es la rutina diaria de una persona famosa (un actor o deportista favorito, por ejemplo).

E. Piensa en la historia típica de una película romántica y escribe su argumento.

> **Modelo:** Primero se encuentran los protagonistas en la parada del autobús. Ella se da cuenta de que él la mira...

III. Las sílabas

1. La mayoría de las palabras se dividen en sílabas, o sea en golpes de voz. En español cada sílaba contiene por lo menos una vocal, la cual puede ir acompañada de una o más consonantes. Cuando, por ejemplo, vemos escrita la palabra "cocodrilo", si la pronunciáramos lentamente, separando las sílabas, la dividiríamos de la siguiente manera: co/co/dri/lo. Observamos, pues, que en

español se prefiere la secuencia silábica que termina con vocal, ya que sería incorrecto separar dicha palabra en las siguientes sílabas: *co/cod/ril/o.

2. En caso de que haya dos consonantes entre vocales, una consonante terminará una sílaba y la otra comenzará la siguiente. angosto: an/gos/to. Nunca *ang/o/sto ni tampoco *a/ng/o/sto.

3. Naturalmente, las grafías **rr, ll, ch** no se separarán nunca, ya que representan un solo sonido, como **carro**: ca/rro, **calle**: ca/lle y **muchacho**: mu/cha/cho.

4. Tampoco se separarán los grupos consonánticos **tr, dr, pr, br, pl, bl, cr, cl, fr, fl, gr, gl**, los cuales quedan unidos a la vocal que los sigue.

siglo: si/glo	atraso: a/tra/so	abrir: a/brir
crecer: cre/cer	flagrante fla/gran/te	consonantes: con/so/nan/tes

5. Cuando se hallan tres consonantes juntas, las dos primeras se juntan con la vocal precedente y la tercera consonante con la vocal siguiente.

consternación: cons/ter/na/ción	abstracto: abs/trac/to

6. Para decidir dónde se coloca el acento escrito debemos tener en cuenta las observaciones mencionadas sobre las sílabas. Igualmente, deberemos considerar si la unión de dos o más vocales constituye una o más sílabas. Hay que prestar atención a la existencia de hiato, diptongo o triptongo.

a. hiato: En una palabra con dos o más vocales: si éstas se pronuncian con distintos golpes de voz; es decir en distintas sílabas, decimos que hay hiato.

reír: re/ír	leer: le/er	transeúnte: tran/se/ún/te
leíamos: le/í/a/mos	día: dí/a	baúl: ba/úl

b. diptongo: Por el contrario, si dos vocales se pronuncian en un solo golpe de voz, o sea en una sílaba, entonces forman un diptongo.

peine: pei/ne	tiene: tie/ne	familia: fa/mi/lia
aula: au/la	causa: cau/sa	boina: boi/na

c. triptongo: Igualmente, si tres vocales se unen en un solo golpe de voz, o sílaba, hablamos de un triptongo.

buey: buey	Paraguay: Pa/ra/guay

(Nótese que a pesar de la grafía **-y**, el valor fonético de esta letra sigue siendo vocálico.)

7. Tipos de palabras según el énfasis en la pronunciación.

Agudas: Palabras que reciben el mayor énfasis en la última sílaba.

compraré	tratar	selectividad

Llanas: Palabras que reciben el mayor énfasis en la penúltima sílaba.

cárcel	importante	escribimos	comentan	escritorios

Esdrújulas: Palabras que reciben el mayor énfasis en la antepenúltima sílaba.

México único	**problemático énfasis**	película

Sobreesdrújulas: Palabras que reciben el mayor énfasis en la sílaba anterior a la antepenúltima.

dígaselo	cómpremelo	cámbieselo

IV. El uso de las tildes (los acentos escritos)

El español utiliza acentos a fin de facilitar la lectura y comprensión de la escritura. Las reglas que rigen la acentuación se pueden resumir de la siguiente manera:

1. *1ª regla:* Las palabras que reciben mayor fuerza tónica en la última sílaba (**agudas**) se marcan con un acento escrito en la vocal de esa sílaba si terminan en **-n, -s** o una vocal.

marcarán	atún	jardín	avión	sartén
tendrás	Jesús	París	Galdós	cortés
vendrá	Perú	aquí	amó	iré

Aquellas palabras que tengan un diptongo (**a, o,** o **e** en combinación con **i** o **u**) seguirán la misma regla, aunque con las siguientes condiciones: primera: se pondrá siempre el acento sobre la vocal fuerte (**a, o, e**); segunda: si hubiera dos vocales débiles (**i, u**) se colocará el acento sobre la segunda vocal.

cantáis	tenéis	samurái
benjuí	argüí	paipái

pero no en las palabras terminadas en **-y:**

estoy	Carey	guirigay	Monterrey

No obstante, si la combinación de vocales fuertes y débiles o viceversa no se pronuncia en una sola sílaba, sino en dos (hiato), entonces se deberá marcar la falta de diptongo (ruptura de diptongo) con el acento escrito. En este caso no se siguen las reglas de acentuación.

María	ríe	actúa
ataúd	tenía	oír

2. *2ª regla:* Las palabras que reciben mayor fuerza tónica en la penúltima sílaba (**llanas**) se marcan con un acento escrito en la vocal de esa sílaba si terminan en cualquier consonante que no sea **-n** o **-s**, o en vocal.

néctar	Fernández	símil	árbol	cráter

Naturalmente, las palabras llanas que terminan en vocal o en consonante **-n** o **-s**, no llevan tilde.

tardan	tribu	caqui	amo	hombres

Cuando se trate de palabras con diptongos, o sea, en el caso de la fusión de vocales fuertes (**a, e, o**) y débiles (**i, u**), no se marca ningún acento escrito si la mayor fuerza del impulso oral cae en la penúltima sílaba.

Mario	viene	cuales	jaula

3. *3ª regla:* Las palabras que reciben mayor fuerza tónica en la antepenúltima sílaba (**esdrújulas**) o en la sílaba anterior a la antepenúltima (**sobreesdrújulas**) se acentuarán siempre.

Alcántara	espíritu	megalópolis	párpado	cómetelo

Obsérvese que la sufijación de palabras a las que se añaden pronombres causa que muchas palabras cambien la sílaba que recibe la fuerza en la pronunciación. Así, muchas palabras cuya fuerza tónica recaía en la penúltima sílaba cambian su fuerza de entonación a la antepenúltima sílaba o a la anterior a la antepenúltima.

| dime > dímelo | toma > tómatela | observe > obsérvese |

4. *Los monosílabos.* Los monosílabos no se acentúan en general, a excepción de algunos homófonos que contrastan en significado.

el (artículo determinado)	él (pronombre personal)
El libro lo compró él.	*The book, he bought it.*
mi (adjetivo posesivo)	mí (pronombre personal)
Mi dinero es sólo para mí.	*My money is only for me.*
tu (adjetivo posesivo)	tú (pronombre personal)
Tú ya tienes tu parte.	*You already have your share.*
si (conjunción)	sí (adverbio)
Si lo quieres, dile que sí.	*If you love him, tell him yes, you do.*
mas (conjunción)	más (adverbio)
Quisiera darle más garantías, mas no puedo hacerlo.	*I would like to give you more guarantees, but I can't do it.*
de (preposición)	dé (forma imperativa de 2ª pers. sing. del verbo dar)
Queremos que nos dé algunas de sus cosas.	*We want him to give us some of his things.*
se (pronombre)	sé (1ª pers. sing. del verbo saber)
No sé la respuesta, se lo aseguro.	*I (really) don't know the answer, I'm telling you.*
te (pronombre)	té (nombre de la infusión)
Te prepararé una taza de té.	*I will fix you a cup of tea.*

5. *Los bisílabos acentuados.* **solo** (adjetivo; con el sentido de "sin nadie") y **sólo** (adverbio; con el sentido de "únicamente")

Sólo le molestaba tener que trabajar solo. *It only bothered him to have to work alone.*
aun (con el sentido de incluso) y **aún** (con el sentido de todavía)

Aun colaborando todos los bomberos a la vez, no han podido apagar el fuego aún.
Even with all the firemen joining in, they still have not been able to put out the fire.

6. *Los pronombres demostrativos.* Las palabras **este, ese, aquel** y sus formas femeninas y plurales no se acentúan cuando son adjetivos demostrativos que preceden al nombre: **este libro, esas sillas, aquellos edificios.**

Pero **éste, ése, aquél** y sus análogos femeninos y plurales van acentuados cuando son pronombres demostrativos que substituyen al nombre.

—¿Qué libro quieres?
—Ése.

No se acentúan los demostrativos de género neutro: **esto, eso, aquello.**

7. *Las palabras interrogativas.* Las palabras **qué, quién, cuál, cuándo, cuánto, cómo** y **dónde,** se acentúan si se utilizan en preguntas directas o indirectas, así como en exclamaciones y énfasis.

Lo hace como quiere.	No sé cómo lo hace.
Quiero que me llames.	Adivina qué quiere.

| Vivo donde quiero. | Sabemos dónde vive. |
| Cuando voy a clase, estudio. | No me dijo cuándo vendría. |

8. *Las palabras compuestas.* Solamente se marcará con acento la última palabra del compuesto.

> décimo + séptimo: decimoséptimo

> encéfalo + grafía: encefalografía

Además, si la primera palabra del compuesto llevaba acento escrito lo perderá en el compuesto.

> así mismo: asimismo

Aunque se mantendrán todos los acentos si las palabras compuestas van unidas por un guión.

> físico-terapéutico   trágico-cómico

Como hemos visto en la sección de las palabras esdrújulas, la adición de sílabas por medio de pronombres adheridos al verbo convierte a las palabras agudas o llanas en esdrújulas y sobreesdrújulas:

> di + me + lo > dímelo   toma + te + la > tómatela   observe + se > obsérvese

Por otra parte, no hay modificación cuando se le añaden sílabas a palabras que ya tenían acento escrito. O sea que se deberá mantener el acento escrito original.

> dé+me > déme

9. Los adverbios terminados en **-mente** mantienen el acento original del adjetivo.

> rápido, rápida: rápidamente   estúpido, estúpida: estúpidamente
>
> solo, sola: solamente   estupendo, estupenda: estupendamente

10. La conjunción disyuntiva **o** se acentúa entre números a fin de evitar su confusión con el número cero.

> 8 ó 9 horas

11. A las palabras latinas se les asignará acento escrito según las normas del español: *currículum, etcétera, ibídem.* A las palabras de otros idiomas no se les añadirá la acentuación del español, a no ser que se trate de préstamos ya admitidos y adaptados al español como **estándar** y **estrés** (del inglés *standard y stress*). También se acentúan los topónimos y gentilicios de otros idiomas, si caen dentro de las reglas generales: **Irán, iraní.**

12. Hay algunas palabras que admiten dos tipos de acentuación, aunque se recomienda el uso de las formas de la primera columna:

alveolo	alvéolo
cardiaco	cardíaco
conclave	cónclave
chófer	chofer
gladíolo	gladiolo
medula	médula
omóplato	omoplato
ósmosis	osmosis
policiaco	policíaco
reuma	reúma

13. Finalmente, cabe indicar que las letras mayúsculas deberán llevar tilde como las minúsculas, tanto manual como tipográficamente.

Ejercicios

A. Identifica si la palabra es aguda, llana, esdrújula o sobreesdrújula. Subraya la vocal que lleva la mayor fuerza tónica. Añade el acento escrito cuando sea necesario.

1. modelo
2. manual
3. caminando
4. facil
5. presentar
6. pajaro
7. octubre
8. capitulo
9. cortes
10. imagen
11. sarten
12. Mario

B. ¿Llevan tilde (acento escrito) o no las siguientes palabras? Justifica tu respuesta.

1. rio
2. cuentame
3. reloj
4. **facil**
5. telefono
6. lapiz
7. azucar
8. television
9. cafe
10. pared

C. Explica la diferencia de significado entre las siguientes palabras y escribe una frase para cada ejemplo.

1. se/sé
2. mas/más
3. el/él
4. solo/sólo
5. que/qué
6. aun/aún
7. si/sí

D. Lee el siguiente párrafo y pon los acentos escritos que faltan.

Como agua para chocolate

Introduccion

Esta basada en la novela de la escritora Laura Esquivel quien tambien se encargo de adaptar la novela para el cine. La pelicula forma parte de la produccion del director Alfonso Arau y fue realizada en Mexico en 1992. Tita (una de las protagonistas) tiene que retrasar su relacion con Pedro Musquiz debido a las rigidas costumbres familiares de la epoca que la obligan a cuidar a su madre hasta que muera. La cocina se convierte en su refugio y en el centro del poder femenino. La obra esta entre la comedia, el melodrama y el realismo magico. La historia esta ambientada en la Revolucion Mexicana y presenta algunas ideas sobre la condicion de la mujer, el machismo y el amor.

CAPÍTULO
4

Escritor pintor

PASO **1** ¡A CONVERSAR!

Ampliar el vocabulario

Ejercicios basados en la lectura de "El encaje roto", de Emilia Pardo Bazán.

A. *Ampliar el vocabulario*. Busca sinónimos y antónimos de las siguientes palabras. Escribe una frase para cada término nuevo.

1. atestado: _____

_____

2. ostentar: _____

_____

3. afable: _____

_____

4. achacoso: _____

_____

5. halagüeñas: _____

_____

B. *Expresiones*. Explica con tus propias palabras las siguientes expresiones.
1. "Devanarse los sesos"
2. "Escogida concurrencia"
3. "Tomar las aguas"
4. "Detalles que corren de boca en boca"

C. *Con tus palabras*. Explica el significado de las siguientes palabras por medio de una frase.
1. afable: _____
2. achacoso: _____
3. engalanada: _____
4. concurrencia: _____

5. desgarrón: _____

6. umbral: _____

7. ara: _____

8. amarteladísimo: _____

9. balneario: _____

10. jirón: _____

Hablemos personalmente: Formar opiniones

Explora estas preguntas con un/a compañero/a:

1. ¿Cómo llega uno a tener una idea clara del carácter de otra persona? ¿Qué características buscas en un amigo o una amiga? ¿Son distintas las características según el género de la persona? ¿Cuánto cuentan las pequeñas cortesías de la persona? ¿Qué tipo de acciones estás dispuesto/a a disculparle a un amigo o a una amiga?

2. Hay un dicho que dice: "El amor es ciego". ¿Estás de acuerdo? En el cuento, Micaela busca pruebas del carácter del novio. ¿Quiere decir que no estaba enamorada de él? ¿Cómo justificas tu opinión?

3. ¿Te ha sucedido algo importante por lo que hayas tenido que cambiar de opinión a último momento? Narra a tu compañero lo que ocurrió.

PASO 2 ¡A REDACTAR!

Estrategias para editar: Practicar con los párrafos y las transiciones con la meta de ser coherentes con los tiempos verbales y mantener el hilo del tema

1. *Los párrafos*. Recordemos que un párrafo consiste en una idea principal (oración temática) y en otras ideas de apoyo. Lo fundamental a la hora de escribir cada párrafo es asegurarse de que cada oración añada algo nuevo a la idea principal. Podemos atraer la atención del lector al variar el tamaño y tipo del párrafo.

   A veces, en un mismo párrafo, nos encontramos con oraciones sobresalientes y con oraciones que deberían incluirse mejor en otro párrafo. Al concluir un párrafo indicamos al lector que vamos a pasar a otra idea. En la narrativa, este cambio también indica un nuevo paso en el desarrollo del argumento o en el uso de los tiempos verbales.

2. *Las transiciones*. Ligada a la importancia del contenido de cada párrafo está la estrategia crítica de la conexión entre los párrafos: el uso de oraciones de transición. La transición ocurre al final de un párrafo o al inicio del siguiente y funciona como puente para las ideas. Es necesario incluirla para guiar al lector en la transición de ide as, paso a paso, según tus directrices y consejos. Las transiciones, a menudo, sirven de puente entre ideas, para introducir una idea nueva o como oración temática en sí. De ahí que los párrafos carentes de transiciones a veces confunden al lector, al no presentar una sucesión lógica de pensamientos.

   a. *Transiciones finales:* Fíjate en la oración con la que terminas un párrafo. ¿Qué tipo de información contiene? ¿Es la oración que da la información menos destacada del párrafo o es la oración de mayor importancia? ¿La usas para crear un puente entre dos párrafos o, por el contrario, sirve para apoyar a la idea principal del párrafo? ¿La utilizas para introducir una idea nueva o sirve como oración final del párrafo? ¿Presentas información, o simplemente intentas provocar una reacción en el lector? Una vez que hayas identificado el tipo de oración, piensa en cómo podrías volver a redactarla para que cumpla la función de oración de transición.

b. *Transiciones iniciales:* Fíjate en la oración con la que empezaste el párrafo. Relee el párrafo anterior, para asegurarte de que haya conexión entre las ideas. ¿Qué información presenta la primera frase? ¿Es una oración temática? ¿Contiene información relacionada con el párrafo anterior o no? ¿Puedes crear una conexión explícita entre los párrafos? Compara la primera oración con la última del párrafo anterior. ¿Puedes ver una manera de construir una transición?

Práctica

1. Vuelve a leer el cuento de Pardo Bazán, prestando atención a las cláusulas finales e iniciales de cada párrafo. ¿Qué impresión causan estas oraciones? ¿Dónde existe una transición evidente entre los párrafos y dónde no la hay?

2. Repasa un ensayo tuyo. ¿Piensa en la división de párrafos que hiciste? ¿Hay lugares donde no dividiste bien el texto? Cuando sea necesario, construye oraciones de transición, utilizando palabras de conexión tales como: **además, como, de igual forma, no obstante, mientras.** Estos términos sirven para continuar o contradecir una acción. El modelo que sigue nos muestra la tesis de un ensayo, la idea principal y el uso de posibles oraciones de transición.

   Modelo: Tesis del ensayo: las ventajas y desventajas de caminar

   1. *Idea principal*: La ventaja principal de caminar está en su efecto positivo en la salud.
   2. *Transición*: Además de mejorar la salud, otro beneficio de caminar es el ahorro de gasolina, al no usar el coche. Caminar es mejor para el medioambiente.
   3. *Transición*: Aunque que el ahorro de gasolina es una ventaja de caminar, la vida actual no permite caminar como medio de transporte.

Practica de redacción

Con estos dos modelos estudiantiles, estudiemos el uso de párrafos y transiciones. También averigüemos la coherencia en el uso de los tiempos verbales. De igual forma, prestemos atención al vocabulario, la diferencia entre el tema y la tesis, y el uso de cláusulas de apoyo en cada párrafo.

El primer ensayo trata de un lugar y un suceso. El segundo, se centra en la vida de las mujeres y las decisiones que toman éstas al comprar revistas para la mujer.

A. ¿La octava maravilla?

¶1. Uno de los misterios de la naturaleza que siempre me ha fascinado es un géiser y aunque en realidad no sé si me fascina por su majestuosidad o por su belleza; desde pequeña he sentido una atracción especial por el géiser. Según el diccionario, un géiser es una fuente intermitente de agua caliente, aunque esa definición no muestra en verdad la magnitud y belleza que un géiser posee, sí es una definición acertada; claro está, si uno se refiere a sus características fisiológicas. Sin embargo, mi opinión sobre el géiser no se refiere sólo a su fisiología sino que se refiere a lo que este géiser en particular significa para mí.

¶**2.** Hace cinco años, yo radicaba en La Luz, un pequeño pueblo en Michoacán, México. Muy cerca del pueblo existe un géiser activo al que todos conocen por el nombre de Géiser de Ixtlán. Hasta hace poco tiempo, Ixtlán era un pueblo prácticamente vacío y ahora gracias al géiser, siempre está lleno de turistas. Anteriormente la gente no se interesaba en visitar el géiser debido a la falta de urbanización alrededor del géiser. Dicho géiser se encontraba todavía en medio de parcelas (tierras de cultivo) de modo que nadie se sentía atraído hacia el géiser. Como comúnmente sucede, el cambio de dueño de los terrenos en donde está el géiser resultó ser muy positivo para todos en Ixtlán y también para quienes visitan el géiser, ya que el nuevo dueño decidió invertir dinero para construir un parque acuático (balneario) utilizando las aguas termales provenientes del géiser. Esta atracción turística consta de piscinas, áreas verdes, restaurantes, en fin, un balneario en forma. Actualmente Ixtlán de los Hervores, es uno de los balnearios más visitados de todo el estado.

¶**3.** Naturalmente que con todos los cambios que le han hecho a los alrededores del géiser, éste ya no está en su entorno natural. Si bien se ha logrado cambiar la apariencia de lo existente alrededor del géiser, el géiser ha podido quedar intacto gracias a los esfuerzos del dueño, ya que para él lo más importante es promover la magnificencia del géiser.

¶**4.** Ahora el géiser está en medio de cinco piscinas, las cuales son diariamente llenas de agua proveniente del géiser y uno de los beneficios de estar cerca del géiser es que estas piscinas no necesitan calefacción ya que el géiser las provee con agua hirviente todo el día. Esto sucede cuando el géiser está activo, puesto que hay días, y en ocasiones semanas, en que se mantiene inactivo. Pero aun en esos días en los que decide no salir, el vapor proveniente del géiser mantiene el agua de las piscinas c aliente.

¶**5.** Si bien toda la experiencia de estar cerca del géiser es asombrosa, el momento en el que el géiser se activa es un momento mágico. La activación del géiser comienza con un sonido tembloroso como si algo fuera a explotar; es entonces cuando el géiser toma la forma de una fuente gigantesca y llena de agua las piscinas. Lo mágico de este momento fue el ver que el agua proveniente del géiser tomaba forma de gotas de lluvia al caer y dejaba percibir la sensación de que Dios hizo llover sólo para ti, ya que en ningún otro lado del pueblo está lloviendo.

B. ¿Revistas para mujeres? No lo crean, hermanas

¶**1.** Hermanas, amigas, y madres, ¿gastan dinero al comprar las revistas de mujeres para darles poder? ¿Para leer consejos positivos acerca de la vida femenina? Las publicaciones femeninas de hoy, como *Elle, Vogue,* y *Cosmopolitan,* siempre hablan de liberar a la mujer. Tratan de los problemas específicamente relacionados con mujeres que quieren más oportunidades y derechos. Tienen artículos sobre la igualdad y la justicia; hay artículos sobre las mujeres poderosas e influenciales y otros que tratan la violencia contra las mujeres. Estas revistas cumplen mucho en discutir y publicar tales temas porque son informativos, educativos e interesantes; en fin, ayudan a la mujer. Yo pasaba mucho tiempo en comprarlas, pensando mejorarme.

¶**2.** Pero, mientras que estas revistas apoyan a la mujer, también le impiden porque la conforman a una idea anticuada: una mujer tiene que ser hermosa para prosperar, sea para conocer un hombre para casarse o para tener buen éxito en el lugar de trabajo. Por fin de entender el argumento, las fotos, la mayor parte de estas publicaciones, es la materia más fea y perjudicial para mujeres. Éstas siempre son bonitas, delgadas y de moda. El problema es que la mayoría de mujeres no es así. Si mujeres actuales compran estas revistas, ¿por qué no presentan mujeres verdaderas? Es verdad que generalmente a muchas mujeres les interesa ser guapa y atractiva; también les gusta ver los nuevos estilos y maneras de pintarse que esas publicaciones les ofrecen. Pero, las imágenes no realistas de las mujeres son mas perjudiciales que los consejos de belleza son beneficiosos.

¶**3.** Por otra parte, muchos de los problemas de mujeres hoy en día llegaron de los ideales femeninos creados y exigidos por la sociedad. Han pasado generaciones cuando las enfermedades como la anorexia y la bulimia fueron muy comunes, especialmente entre las jóvenes que pensaban que necesitaban cuerpos perfectos, igual que los modelos de las revistas. Además, una mujer que siempre se preocupaba de su cuerpo era más insegura; en vez de desarrollarse mentalmente y tomar sus propias decisiones, se impide en pensar demasiado sobre cómo pudo aparecerse. Equivocadamente, pensaba que todo su valor estaba relacionado con su cuerpo y para prosperar necesitaba ser bella.

¶4. Ya que el problema ha sido establecido, es necesario notar que estas revistas que contienden liberar a la mujer la objetifican y la limitan a su cuerpo. Presentan a la mujer como un objeto sexual. Por todas partes hay mujeres casi desnudas. Tal imagen sugiere que las mujeres tienen que demostrar su sexualidad para ganar la gracia de los hombres. Este estereotipo de mujer bella en busca de hombre no ayuda a las mujeres profesionales que quieren adelantarse por sus ideas y sus aspiraciones, sea la mujer soltera o casada.

¶5. Afortunadamente, las revistas para mujeres podrían apoyar la búsqueda para la liberación mejor si se enfocaran más en los temas de mujeres. Por ejemplo, podrían incorporar algunas mujeres "normales" a los anuncios. Sería una buena idea mostrar mujeres típicas para asegurar a una mujer que su cuerpo está bien como es. Además, en cada edición podrían presentar mujeres realistas y cómo han sobrevivido o prosperado, para dar inspiración a todas las mujeres. La mujer no encuentra la liberación de su espíritu en la belleza.

¶6. En fin, hay muy poco de "liberación" en muchas revistas para mujeres. Sin embargo, las mujeres siguen comprándolas porque las entretienen y tienen alguna información útil. Es improbable que estas revistas vayan a cambiarse para las pocas mujeres que no están de acuerdo con la explotación del cuerpo femenino. La única cosa que una mujer en contra de estas revistas puede hacer es tomar la decisión de no comprarlas, es decir, no apoyar una industria que se aprovecha de las mujeres.

Práctica

La clase puede dividirse en grupos para evaluar y reescribir los ensayos A y B, o puede hacer un ensayo como clase entera y otro como tarea individual.

1. Usa la clave editorial. ¿Qué opinas del título y de la primera oración? ¿Recomiendas cambios o no?

   _____

2. Escribe el tema y la tesis de la lectura. ¿Se ajustan estos al desarrollo del argumento? ¿Existe claramente una perspectiva que el autor quiera mostrar?

   _____

   _____

3. Presenta un resumen breve de las ideas de apoyo que intenta incorporar la escritora.

   _____

   _____

4. *La coherencia del ensayo.* Usando la clave editorial, vuelve a leer el ensayo y ofrece sugerencias sobre el contenido, el lenguaje y el estilo. Subraya las oraciones que sean efectivas y circula las que necesiten un cambio.
5. *La precisión y la concisión.* ¿Sugieres cambios?

   _____

   _____

   _____

6. Fíjate en los párrafos. Evalúa la división de los párrafos. ¿Se ve claramente el propósito de cada párrafo? Destaca la oración temática de cada uno. Dentro de cada párrafo, ¿hay un orden lógico de las oraciones? ¿Hay frases u oraciones que deben estar en otro párrafo? ¿Qué otros cambios podrías hacer al texto para mejorar el contenido de los párrafos?
Escoge un párrafo en particular; ofrece cambios.

7. ¿Y el uso de transiciones? Subraya las oraciones de transición al final o al comienzo de cada párrafo. ¿Tiene el ensayo todas las transiciones necesarias o recomiendas otras nuevas?

8. Comentario general. Considerando todos tus comentarios, ofrece un análisis breve del ensayo en general, incluyendo la nota de evaluación.

PASO 3 ¡A MEJORAR!

Repaso de gramática

I. El pasado (pretérito e imperfecto)

El pasado en español se expresa principalmente de dos formas: con el pretérito (por ejemplo, **canté, comí, sentí**) y con el imperfecto (por ejemplo, **cantaba, comía, sentía**). En español, los hablantes siempre tienen que escoger entre uno de esos aspectos para formar el pasado y, como veremos a continuación, la elección depende de cómo perciben el pasado.

A. Formas del **pretérito**

CANTAR		BEBER, VIVIR	
-é	-amos	-í	-imos
-aste	-asteis	-iste	-isteis
-ó	-aron	-ió	-ieron

(Atención a los verbos irregulares como **hacer, poner, traer…** Véase el apéndice.)

B. Formas del imperfecto

CANTAR		BEBER, VIVIR	
-aba	-ábamos	-ía	-íamos
-abas	-abais	-ías	-íais
-aba	-aban	-ía	-ían

C. El pretérito

El pretérito expresa un evento que ocurrió en el pasado y se considera cerrado en su desarrollo de principio a fin. Este concepto se puede visualizar con un círculo:

$$\text{pasado} = O$$

Hace tres años fui de vacaciones a Cancún. *Three years ago I went on vacation to Cancún.*

D. El imperfecto

1. El imperfecto expresa un evento que ocurrió en el pasado, el cual no se define ni en su principio ni en su fin. Este concepto se puede visualizar con una línea discontinua:

$$\text{pasado} = ----$$

Cuando era niño, iba a pescar con mi tío. *When I was a boy, I used to go fishing with my uncle.*

Todos los días estudiaba desde las ocho hasta las diez. *I always studied/used to study from eight until ten.*

2. El imperfecto sirve para indicar acciones habituales, tiempo, edad y horas.

Siempre *comía* a la misma hora.	*I always ate/used to eat at the same time.*
Era temprano.	*It was early.*
Tenía cuatro años.	*I was four years old.*
Eran las diez de la noche.	*It was ten at night.*

3. Naturalmente, en una descripción del pasado pueden aparecer combinaciones del pretérito y el imperfecto.

pasado = – – – O

Caminaba hacia casa cuando vi a mi amigo. *I was walking home when I saw my friend.* Vi a mi amigo cuando caminaba hacia casa. *I saw my friend when/while I was walking home.*

pasado = O – – –

El ejemplo que sigue muestra el uso de las dos formas, con los símbolos para indicar el pretérito (O) o el imperfecto (– – –):

Sabía (– – –) que en Pamplona podían (– – –) correr los toros por las calles durante las fiestas de San Fermín. Sin embargo, me sorprendí (O) cuando leí (O) lo que había pasado. Un turista murió (O) corneado mientras participaba (– – –) en la fiesta popular pamplonesa. Sólo tenía (– – –) veinte años y no hablaba (– – –) español. Por lo visto, ignoraba (– – –) que era (– – –) peligroso estar allí al alcance de los toros. Y cuando intentó (O) escapar, no encontró (O) salida entre la muchedumbre. Traté (O) de comprender por qué la gente se exponía (– – –) a tales riesgos, pero no pude (O).

4. Algunos verbos cambian de significado según se usen en el imperfecto o en el pretérito:

IMPERFECTO		PRETÉRITO	
conocía	*I knew*	conocí	*I met for the first time*
quería	*I wanted*	quise	*I tried*
no quería	*I did not want*	no quise	*I refused*
sabía	*I knew*	supe	*I found out*
no podía	*I could not*	no pude	*I tried but I could not*

5. Algo más: En español también es posible utilizar el presente de indicativo para referirse a acontecimientos ocurridos en el pasado. No obstante, esta práctica ocurre únicamente como una variante estilística. Ejemplo: "En mayo de 1808 se subleva el pueblo de Madrid contra la invasión francesa. Ocurren numerosos fusilamientos de civiles, entre ellos los que inmortaliza el famoso cuadro de Francisco de Goya "Los fusilamientos del tres de mayo".

Ejercicios

A. Completa las oraciones con la forma apropiada del pretérito:

El mes pasado el doctor (1) _____ (él/decirme) que yo debería adelgazar un poco, a fin de rebajar mi nivel de colesterol. Inmediatamente (2) _____ (yo/ponerme) a planear. Ese mismo día (3) _____ (yo/hacer) ejercicio, (4) _____ (yo/andar) durante veinte minutos, (5) _____ (yo/ir) de compras caminando y por fin (6) _____ (yo/tener) que descansar un buen rato, pues no estaba acostumbrado a tanta actividad física. Pero después de unos días (7) _____ (yo/sentirme) mucho mejor y (8) _____ (yo/comenzar) a notar un cambio positivo en mi salud. Ayer (9) _____ (yo/darme cuenta) de que ya no me canso tan fácilmente. ¡(10) _____ (yo/poder) subir las escaleras de dos en dos!

B. Cambia la siguiente narración del tiempo presente al imperfecto.

(1) Cada vez que regreso a mi pueblo, suelo hacer lo mismo: Primero paseo lentamente por la alameda que lleva a la entrada de la población. (2) Miro las huertas, las colinas y las casas. (3) Siempre noto algún cambio en el paisaje. (4) Aquí hay unos nuevos postes eléctricos; allí están construyendo un nuevo edificio. (5) En esta pared siempre ponen carteles de propaganda política; el río parece tener menos peces. (6) Luego paso al centro del pueblo y empiezo a saludar a aquéllos que aún me recuerdan. (7) Es agradable detenerse y charlar con viejos amigos. (8) Recordamos nuestra niñez en la escuela y casi siempre decimos que los tiempos son distintos y que ya no se vive como antes. (9) Más tarde, entro a un restaurante y pido un refresco. (10) A continuación almuerzo y pruebo los platos típicos de mi tierra. (11) ¡Qué sabrosa sabe la comida! (12) En seguida el aroma me trae a la mente los olores y sabores que casi he olvidado…

_____

_____

_____

_____

_____

C. Debajo del siguiente pasaje en inglés, indica con una línea discontinua (- - -) los verbos en imperfecto y con un círculo (O) los verbos en pretérito.

One day, a little girl with golden hair (1) **got lost** in the forest. After walking for a long time, she (2) **came** to a house where three bears (3) **lived** and (4) **went inside.** She (5) **walked** through the whole house, and (6) **saw** that somebody her age (7) **lived** there: After looking through the house, Goldilocks (8) **ate** some porridge from a little bowl. Then she (9) **sat** in the little chair until she (10) **felt** tired, and then she (11) **went to sleep** in the little bed. She (12) **slept** until the three bears (13) **came back.**

1. _____ 2. _____ 3. _____ 4. _____ 5. _____ 6. _____
7. _____ 8. _____ 9. _____ 10. _____ 11. _____ 12. _____ 13. _____

D. Marca con una línea discontinua (imperfecto) o con un círculo (pretérito) los verbos del siguiente pasaje, indicando así qué tipo de pasado representan.

En una ciudad muy lejana (1) **vivía** una muchacha guapísima. Se (2) **llamaba** Cenicienta, porque (3) **dormía** junto al fuego en la cocina y siempre (4) **tenía** la cara manchada de cenizas. (5) **Tenía** dos hermanastras muy feas y una madrastra muy cruel. Un día (6) **vino** un representante del Rey y (7) **anunció** que habría un gran baile en el palacio. El rey (8) **quería** que su hijo conociera a su futura esposa. Todas las jóvenes del reino se (9) **prepararon** para el baile. Pero Cenicienta (10) **sabía** que (11) **no podía** asistir al baile, pues le (12) **faltaba** tela para el vestido. Pero entonces, (13) **apareció** un hada que (14) **llevaba** una varita mágica y le (15) **dio** a Cenicienta un magnífico vestido. (16) **Eran** las doce en punto cuando Cenicienta (17) **salió** del baile.

1. _____ 2. _____ 3. _____ 4. _____ 5. _____ 6. _____
7. _____ 8. _____ 9. _____ 10. _____ 11. _____ 12. _____
13. _____ 14. _____ 15. _____ 16. _____ 17. _____

E. Cuéntales a los compañeros cómo pasabas los veranos durante tu niñez. ¿Recuerdas algún verano en especial? Explica.

Situaciones

F. En parejas, escriban un diálogo sobre uno de los temas que se presentan a continuación. Practiquen el diálogo y memorícenlo. Una vez memorizado, represéntenlo frente a los compañeros de clase.

1. Situación: Alguien robó ayer las joyas de la Marquesa de Pencas.

   Personajes: El detective Palomo y el sospechoso/-a.
   Diálogo: Interrogación sobre el paradero del sospechoso en el momento del robo.

2. Situación: Ud. compró una camisa que no le gusta y ahora la quiere devolver.

   Personajes: Ud. y el/la empleado/-a.
   Diálogo: Como Ud. compró la camisa en rebajas, el empleado no acepta la devolución. Ud. insiste.

II. El "se" impersonal

1. El pronombre impersonal **se** equivale al inglés *one, you, they* en sentido abstracto. Por ejemplo: "*One shouldn't do that*" y "*They ski up there*" *(some people)*. En este sentido **se** es la única forma usada del pronombre, aunque el nombre que sigue sea plural:

   Se vende casa. Se venden casas.
   They sell houses.

2. La forma impersonal es muy importante en la prosa académica, los escritos periodísticos y en comunicados oficiales. Esto lo podemos observar en los párrafos siguientes:

   Se sabe que los idiomas indoeuropeos están relacionados a un nivel que varía según el tiempo de su separación; se cree que cuanto más similares son dos idiomas, menos distancia los separa en el tiempo.

   We/People know that Indoeuropean languages are related according to the time they separated. Thus, we believe/it is believed that the more two languages are alike, the less time there is since they separated.

   Las temperaturas continúan muy altas por lo que **se** advierte a los ciudadanos que no utilicen sus autos, a no ser que los necesiten por alguna urgencia. **Se** deberá evitar el derroche de electricidad y **se** recomienda la atención especial a niños de corta edad y al cuidado de los ancianos. **Se** ruega no dejar en ningún momento solos a niños en el interior de un vehículo.

   Temperatures remain very high and they advise people not to use their cars except for emergencies. People should avoid the excessive use of electricity and are advised to take care of young children and the elderly. They are reminded not to leave children unattended in cars at any time.

III. Más usos de "se" para connotar énfasis personal

A. Algunos verbos pueden usarse con o sin el pronombre **se**.

   1a. Su tío murió anoche.
   b. Su tío se murió anoche.
   His uncle died last night.

   2a. Los niños comieron toda la comida que les sirvieron.
   b. Los niños se comieron toda la comida que les sirvieron.
   The children ate (up) all the food they were given.

   3a. Siempre que veían películas de Cantinflas, reían sin parar.
   b. Siempre que veían películas de Cantinflas, se reían sin parar.
   Every time they watched Cantinflas movies, they laughed without stopping.

4a. Ha comprado una casa.

  b. Se ha comprado una casa.

    She has bought (herself) a house.

Aunque no existe un cambio de significado obvio entre las oraciones de la serie **a** y **b**, la mayoría de los hablantes perciben sutiles diferencias que coinciden en afirmar que en las oraciones sin el pronombre **se** hay menos participación o emotividad que en las que sí lo contienen.

B. Con algunos verbos, **se** cobra el significado de "causar" o "hacer que alguien haga algo para el hablante":

María se cortó el pelo.	
María cut her (own) hair (herself).	Otra interpretación: *Maria got a haircut.*

Esta oración con sentido causativo significa que María fue al peluquero y éste le cortó el pelo. No obstante, con sentido reflexivo puede significar que María misma tomó unas tijeras y llevó a cabo esa operación.

Pedro se operó de la garganta.	*Peter had his throat operated on.*

Aquí el sentido causativo (un cirujano operó a Pedro) es más obvio, ya que resultaría improbable que Pedro se operase la garganta él mismo.

C. Notemos también que un verbo con el pronombre **se** como "beber(se)" puede acumular otro pronombre considerado como de interés o énfasis personal:

    a. Miguel murió.   *Miguel died.*

    b. Miguel **se** murió.   *Miguel died.*

    c. Miguel **se me** murió.   *Miguel died (on me and left me).*

Ejercicios

A. Muchas veces las recetas de cocina se escriben de forma impersonal utilizando el pronombre **se**. Tenemos aquí la receta de la madre de Juan Sempere, de Valencia, de la famosa paella valenciana española. Lee la receta e indica si las oraciones son reflexivas, impersonales o pasivas.

Paella valenciana (mixta de carne y mariscos)

Ingredientes:

una taza de alubias verdes	*un pimiento rojo*
un conejo o medio pollo troceado	*cuatro o cinco tazas de arroz*
unas cuantas gambas o camarones	*unas cuantas almejas o mejillones*
un par de tomates	*aceite de oliva (para cubrir el fondo de la paella)*
una pizca de azafrán	*colorante alimentario*
sal a gusto de los comensales	

Variante vegetariana: prescindir de la carne

1. Primero (1) se lavan la carne y las verduras y a continuación (2) se les echa sal.

2. (3) Se sitúa sobre el fuego una paella valenciana y cuando el aceite comienza a echar humo (4) se agrega el tomate troceado a la paella y (5) se incorpora la carne dándole vueltas hasta que (6) se dore.

3. (7) Se añade el pimiento cuando la carne ya (8) se haya dorado y a continuación (9) se agregan las alubias verdes u otra verdura si (10) se desea. Después, (11) se añade el arroz. (12) Se remueve todo, (13) se echa agua y (14) se cubre con ésta como medio dedo por encima del arroz y los otros ingredientes. (15) Se echan las especias. Más tarde (casi al final), (16) se añade el marisco y (17) se cubre la paella con una tapa para que el vapor del agua ablande la superficie del arroz.

4. Es esencial comenzar con un fuego fuerte y una vez añadido el arroz rebajar el fuego a una temperatura media pero estable, a fin de evitar que el arroz (18) se queme. Cuando el arroz de la superficie esté blando, consideramos que la paella ya está lista. (19) Se saca entonces y (20) se deja reposar unos minutos. (21) Se evitará agregar agua durante la cocción para evitar que el arroz (22) se engrumezca.

5. (23) Sírvase con trozos de limón puestos por los bordes de la paella para los que gustan de su sabor en el arroz.

B. Escribe la receta de tu comida favorita siguiendo el modelo de la receta "paella valenciana".

C. Escribe una crónica de una noticia importante reciente utilizando el pronombre impersonal **se**.

   Modelo: Se dice que el precio de la gasolina va a subir todavía más a causa de la baja producción de los países exportadores de petróleo. Se espera que el lunes se anuncien medidas para aliviar la situación…

D. Explica la función y el significado de los pronombres en las siguientes oraciones:

   1a. ¡No bebas la cerveza!
   b. ¡No **te la** bebas!
   c. ¡No **te me** la bebas!
   2a. ¡No vayas!
   b. ¡No **te** vayas!
   c. ¡No **te me** vayas!

Escritor crítico

PASO 1 ¡A CONVERSAR!

Ampliar el vocabulario

Ejercicios basados en la lectura de *Como agua para chocolate* de Laura Esquivel.

A. *Identificar los sinónimos*. Busca los sinónimos de las siguientes palabras.

1. guajolote: _____

2. cebar: _____

3. ameritar: _____

4. cadenciosamente: _____

5. enardecer: _____

6. sortilegio: _____

7. antro: _____

8. carretela: _____

9. hinojos: _____

10. aplomo: _____

B. *Expresiones.* Explica las siguientes expresiones con tus propias palabras.

1. "quedarse petrificado" _____
2. "soportar los cumplidos" _____
3. "de pe a pa" _____
4. "mirada escrutadora" _____
5. "pasar los meses *envenenada* con una idea" _____

C. *Con tus palabras.* Busca adjetivos y nombres en el texto que se refieran a la actividad culinaria. ¿Qué significado y efecto provocan en el texto?

Hablemos personalmente: ¿Existen todavía costumbres y papeles tradicionales?

Explora estas preguntas con un/a compañero/a:

1. La lectura trata de las costumbres y las tareas sociales tradicionales del hombre y la mujer a finales de siglo XIX. ¿Cuáles son los papeles tradicionales de los hombres que revela el texto? ¿Y las actividades tradicionales de las mujeres? Describe la vida de Tita: ¿cómo pasa y pasará la vida según su papel en la obra?
2. ¿Existen hoy en día ciertas costumbres y papeles tradicionales entre los miembros de tu familia inmediata o en tu familia tras varias generaciones? ¿Se reparten las tareas según los sexos o según el orden de nacimiento? ¿Existen diferencias entre los padres y los abuelos u otros parientes? ¿Ha habido algún cambio en la función que desarrollan los miembros de tu familia?
3. ¿Piensas que hay necesidad de mantener los papeles tradicionales? ¿En qué sentido? Al pensar en tu futuro, ¿piensas a menudo en ciertos papeles que quieres cumplir, por ejemplo, en tu vida profesional o en tus relaciones con tus amigos y tu familia?

PASO 2 ¡A REDACTAR!

Estrategias para editar: Distinguir entre el resumen, la crítica y la opinión

Como se presenta el texto: es importante distinguir entre el propósito y la importancia del resumen, la crítica y la opinión en la argumentación. Recuerda que el resumen presenta la información (el tema, la tesis, el argumento, por ejemplo) sin establecer una valoración personal. La crítica ofrece una evaluación tanto de los aspectos positivos como de los negativos sobre el resumen y sobre la manera de presentar dicha información; esta evaluación está basada en la propia información sacada del texto y en la experiencia del crítico: cómo este texto se compara y contrasta con otros escritos del mismo género. La opinión es la suma del argumento y de la crítica. No se debe ofrecer una opinión sin referirse a una evidencia ya presentada. Decir que te gusta o no te gusta una obra sin ofrecer una crítica razonada y comprensiva resulta una opinión menos creíble. Sin embargo, expresar un juicio al final del texto, después de haber analizado el texto y haber utilizado ideas de apoyo apropiadas, supone el ejercicio de un análisis razonado.

Práctica de redacción

Veamos ahora dos modelos de la reseña. Al leer, considera el contenido del mensaje y el lenguaje utilizado. Señala ejemplos en el texto donde se muestre claramente el resumen, la crítica y la opinión. ¿Existen generalizaciones que deben ser eliminadas? El autor nos ha presentado una evaluación objetiva y nos ha ofrecido también su opinión personal. Comenta la postura del escritor.

A. El sabor de comida me da la sensación

¶1. La película "Como agua para chocolate", de la novela escrita por la autora Laura Esquivel, filmada y dirigida por Alfonso Arau fue absolutamente excelente. Es igual a agua hirviendo al punto para el chocolate caliente, con la elevación de pasión. Alfonso Arau, el director, supo usar varios elementos fantásticos y efectos especiales para crear y captar las tradiciones de la familia mexicana en los tiempos pasados. En un rancho en México, se desarrolla la historia de tres hijas y su madre dominante, una persona que no me gustaba para nada por su carácter rígido. Parece el estereotipo de las mujeres que no salen de la casa nunca. La película empieza con el nacimiento de Tita. Tita nació y creció en la cocina entre los olores de comida: cebollas, y hierbas naturales. El ingrediente más importante es el cariño que le dan a la comida. Su nacimiento precedió el gusto y el amor por la cocina. Tita creció acompañada de Nacha. Nacha fue como una madre que no tenía en Mamá Elena.

¶2. Tita es la hija menor de la Mamá Elena, que no puede casarse porque le corresponde cuidar a su madre hasta el día que se muera. Tita obedece hasta que se enamora de un joven guapo, Pedro. Pedro y Tita se enamoran apasionadamente. El conflicto empieza cuando Pedro se da cuenta de que no se puede casar con Tita; entonces, se casa con la mayor, Rosaura, para estar cerca de Tita. El amor entre los dos hizo que Tita sufriera.

¶3. Aunque el resto del reparto fue excelente, el personaje de Tita hizo que el público sintiera sus emociones. Por ejemplo, Tita tuvo que esconder sus sentimientos y mantenerse fuerte para hacer el pastel para la boda de su hermana. En ese momento la audiencia pudo sentir su dolor arduoso. El personaje de Pedro dio una gran sensación sexual al estar al lado de Tita.

¶4. La película es narrada por la nieta-sobrina de Tita. El tono es un poco serio, amoroso, y místico de modo que crea otra dimensión a la película. Lo místico ayudó a desarrollar la película. Por ejemplo, al principio cuando nació Tita, las lágrimas de Mamá Elena se desbordaban sobre la mesa. El efecto de los rayos del sol evaporaron las lágrimas y dejando cinco kilos de sal. Estos elementos hicieron que la película no fuera otra historia de amor, sacrificio, y drama, sino una leyenda de ingredientes caseros, rebelión, y deseo. El amor verdadero, al revelarse, nunca se puede detener.

¶5. La guionista, Laura Esquivel, escribió esta novela para presentar las tradiciones del campo. Su mezcla de comida y realismo mágico desarrolla el amor entre Pedro y Tita. Por ejemplo, la primera vez que los dos tuvieron relaciones sexuales, los fuegos artificiales empezaron a tronar al final y están muertos.

¶6. Fue una de las mejores películas que haya visto. El director creó elementos fantásticos; por ejemplo, números de extraños intercambios espirituales, para mejor expresar la novela de Laura Esquivel. Pero, es una lástima que el fin de la película deje un desagradable sabor.

B. Una historia agridulce

¶1. La fórmula, para aquellos que descreditan la existencia del amor eterno, se encuentra en la chocolatosa y amargosa película, "Como agua para Chocolate." Aunque en ella surge una conmovida historia de amor que se inclina a crear melancolía y tristeza, la mezcla de elementos fantásticos con hechos reales borra por completo las lágrimas del espectador. Pero, no hay que dejar atrás la contribución del guión, lleno de palabras directas y sumamente indiscretas, producto de la famosa escritora Laura Esquivel, quien ganó el distinguido premio Ariel por el mejor guión del año. Los actores, tanto la protagonista Tita (Luma Cavazos) como la antagonista, Mamá Elena (Regina Tornes) interpretan a los personajes como ningún otro actor podría realizarlos.

¶2. El contraste de personajes entre las tres hermanas, Tita, Rosaura, y Gertrudis es evidencia que la película, al tomar parte durante la revolución mexicana, muestra el cambio de papel en la mujer en cuanto al sexo y la tradición. Pero, para esto, la actriz debe convertirse en una mujer de las primeras decadas del siglo veinte algo que las tres jovencitas ya mencionadas logran hacer perfectamente. Sin embargo, el joven actor Marcos Leonardi con el papel de hombre enamorado, deja al espectador con un ataque nervioso tanto por su personaje como por su desagradable actuación. Pobre. Mejor hubiera sido Enrique Guzman (lástima que no fue lanzada en los sesenta). Luma Cavazos, por otra parte, sí sabe del arte. Es impresionante la manera en que ella se desenvuelve. Su claridad de voz con toque de acento mexicano la convierte en la estrella del oriente.

¶3. Por otro lado, siempre se ha dicho que "más sabe el diablo por viejo que por diablo" pero hay que creerlo ya que la tal Mamá Elena marca el amargo destino que sufre su hija. Pero debemos de tener cuidado de no mezclar su papel de actriz con el de su personaje. Esta talentosa mujer bien que sabe interpretar el guión. Su mirada diabólica permanece grabada en el espectador días después de haber visto el filme. Esto no es dicho para espantarlos sino para enfatizar su buena actuación.

¶4. "Como agua para chocolate" sostiene unas escenas magníficas en donde se transmite el ambiente de las décadas revolucionarias y las relaciones entre razas. Las fiestas presentan a mexicanos con costumbres ladinas intentando ser burgueses con mestizos o indígenas como sirvientes. Los trajes, los muebles, y la música son también participantes esenciales de este gran elemento sociocultural que es transmitido a través de la película.

¶5. La irónica historia de amor que es ilustrada a través de la pantalla grande y chica repleta al espectador con coraje cuando los enamorados no logran probar su amor completamente.

¶6. El filme es recomendado a todos aquellos que les gusten las inocentes historias de amor que amargan pero no entristecen a las pupilas. "Como agua para chocolate"—¡la película que debe ver tomando una taza de chocolate calentita con unas gotitas de limón!

Práctica

Pueden dividir la clase en parejas o grupos para revisar cada ensayo y luego comparar el trabajo entre todos.

1. ¿Qué opinas del título y de la primera oración? ¿Recomiendas cambios o no?

_____

_____

2. Escribe el tema y la tesis de la lectura. ¿Hay una perspectiva claramente expuesta?

_____

_____

3. Presenta un resumen breve de las ideas de apoyo que intenta incorporar la escritora.

_____

_____

4. *La coherencia del ensayo*. Usando la clave editorial, vuelve a leer el ensayo y ofrece sugerencias sobre el propósito, el desarrollo, la organización, el aspecto gramatical y el aspecto estilístico. Subraya las oraciones que sean efectivas y encierra en un círculo las que merezcan cambiarse.
5. *La precisión y la concisión*. ¿Sugieres algún cambio?
6. *La división en párrafos*. Evalúa la separación en párrafos y el uso de transiciones.
7. *El tiempo verbal y la voz pasiva o activa*. Comenta la selección de verbos y recomienda algún cambio.
8. *El resumen, la crítica y la opinión*. ¿Hay oraciones que debemos editar u omitir porque son generalizaciones u opiniones sin un claro apoyo?
9. *Comentario general*. Considerando todos tus comentarios, ofrece un análisis y una nota de evaluación.

PASO 3 ¡A MEJORAR!

Repaso de gramática

I. Los pronombres

A. La clasificación de los pronombres personales se puede resumir en el siguiente cuadro:

SUJETO	OBJETO DIRECTO	OBJETO INDIRECTO	PREPOSICIONAL
1ª yo	me	me	mí
2ª tú	te	te	ti
3ª el	lo ~ le	le	él/sí
3ª ella	la	le	ella/sí
3ª Ud. (masc)	lo ~ le	le	Ud./sí
3ª Ud. (fem.)	la	le	Ud./sí
1ª nosotros,-as	nos	nos	nosotros,-as
2ª vosotros,-as	os	os	vosotros,-as
3ª ellos	los ~ les	les	ellos/sí
3ª ellas	las	les	ellas/sí
3ª Uds.	los ~ les	les	Uds./sí

B. Pronombres de sujeto

1. Los pronombres personales de sujeto suelen omitirse en español, al quedar implícitos con la terminación del verbo. Por ejemplo, en "Ya lo sé", no es necesario incluir el pronombre "yo" porque "sé" ya nos informa de que el verbo se refiere a la 1ª persona del singular. Cuando se incluye el pronombre en la oración, se trata de una afirmación enfática por parte del hablante, como en este modelo, con el pronombre en posición inicial o en posición final:

   Yo ya lo sé.   Ya lo sé yo.

   I already know it!

2. En preguntas, el pronombre personal suele ir después del verbo, por ejemplo: "¿Qué quieres tú?"; o antes del pronombre interrogativo: "¿Tú qué quieres?". Pero en algunos dialectos, como el español cubano, el pronombre se coloca inmediatamente antes del verbo: "¿Qué tú quieres?".

3. En las regiones donde se utiliza el voseo, **vos** se emplea en lugar de **tú** y de **ti.** Por ejemplo: "Vos lo decís", "Tú lo dices", "Esto es para vos", "Esto es para ti".

C. Pronombres de objeto

1. Los pronombres de objeto directo e indirecto (también llamados de **complemento**), tienen dos formas para el género masculino: **lo, los** y **le, les.** En este caso se consideran correctas las dos formas.

> Lo vi a Pedro.   Le vi a Pedro.
>
> *I saw Peter.*
>
> A mis padres los visito los martes.   A mis padres les visito los martes.
>
> *I visit my parents on Tuesdays.*

2. Sin embargo, no se considera correcto el uso de **le, les** con objetos o animales. Por ejemplo: "*Aquel libro le tengo", aunque este uso es común en Castilla. Al uso de **le, les,** por **lo, los,** se le denomina **"leísmo".** También deben evitarse el **loísmo** y el **laísmo,** o sea la sustitución incorrecta de **le, les** por **lo, los, la** y **las.**

> *La dije que viniera.   Correcto: Le dije que viniera.
>
> *I told her to come.*

II. Combinación de pronombres

1. En la combinación de pronombres, el pronombre de objeto indirecto siempre se sitúa antes del pronombre de objeto directo. Además, los pronombres de objeto indirecto **le, les** son sustituidos por **se** (tanto para el singular como para el plural) cuando se combinan con los pronombres de objeto directo.

> Juan (le) entrega el libro a María. > Juan   se   lo   entrega.
>
> O.I. O.D.
>
> *John delivers/gives the book to Mary. > John gives it to her.*

2. Normalmente, los pronombres de objeto indirecto suelen incluirse, aún cuando el objeto indirecto esté contenido en la frase.

> Pedro (les) regaló unos juguetes a los niños.
>
> *Peter gave some toys to the children.*

3. Pero en la combinación de pronombre de objeto indirecto + objeto directo, dichos pronombres son obligatorios.

> *Pedro los regaló (a los niños).   Correcto: Pedro se los regaló (a los niños).
>
> *Peter gave them to them.*

Aquí no es correcto suprimir el pronombre, aunque sí podríamos eliminar la frase a "a los niños" en un contexto en que ya se conoce el destinatario de los juguetes.

4. Los pronombres de complemento directo son obligatorios, aunque les acompañe una frase pronominal indicando el objeto directo.

> La saludé a ella.   *I greeted her.*

No es gramaticalmente correcto eliminar "La" y decir "*Saludé a ella". Pero sí se debe omitir el pronombre de complemeto directo si en vez de una frase pronominal (por ejemplo "a ella") tenemos una frase nominal (por ejemplo "a mi abuela"):
¿Saludó Ud. a mi abuela? *Did you greet my grandmother?*

5. Existen las siguientes combinaciones con pronombres:

me + lo, la, los, las	nos + lo, la, los, las
te + lo, la, los, las	os + lo, la, los, las
se + lo, la, los, las	se + lo, la, los, las

III. El pronombre neutro de complemento directo "lo"

El pronombre neutro **lo** se utiliza para referirse a ideas, conceptos u objetos no clasificables en un género específico (masculino o femenino). Equivale al concepto del pronombre de objeto neutro "*it*" del inglés.

Me lo dijeron ayer. (Donde "lo" se refiere a un concepto.)
They told me (about) it yesterday.
No lo veo muy bien desde esta distancia. (Donde "lo" se refiere a un objeto no identificable.)
I don't see it very well from this distance.

Ejercicios

A. Escribe nuevamente las siguientes oraciones según el modelo:

Modelo: Los alumnos le entregaron los deberes al profesor. > Ellos se los entregaron.

(Recuérdese que: "Ellos" sustituye a "Los alumnos", "se" a "al profesor", y "los" a "los deberes".)
La oración contiene los siguientes elementos:

Los alumnos	le	entregaron	los deberes	al profesor
SUJETO	O.I.	VERBO	O.D.	O.I.

1. La señora le regaló un juguete a su sobrino.

   _____

2. Las nietas les trajeron unos dulces a sus abuelos.

   _____

3. Las nietas les trajeron un pastel a sus abuelos.

   _____

4. Juan le da un beso a María.

   _____

5. Mis parientes me prestaron dinero.

   _____

6. Los ladrones le robaron la cartera.

   _____

7. El dentista le sacará la muela del juicio a Roberto.

   _____

8. La peluquera te ha cortado el pelo muy bien.

   _____

9. Mis amigos no me dijeron la verdad.

   _____

10. Sus familiares le cantarán una canción el día de su cumpleaños.

   _____

B. Completa las oraciones con los pronombres de objeto directo e indirecto:

  Modelo: Julio/traer/mañana/el dinero/a mí. > Él me lo traerá.

  1. Rosa/contar/esta noche/un cuento/a sus sobrinos.
  _____

  2. Los futbolistas/marcar/esta temporada/muchos goles/a los otros equipos.
  _____

  3. El niño/pelar/ahora/la manzana/a su abuelo.
  _____

  4. La cantante/dedicar/anoche/las canciones/al público.
  _____

  5. Alfredo/cargar/ayer/las pilas/a su teléfono móvil.
  _____

  6. La maestra/enseñar/todos los días/la lección/a los alumnos.
  _____

  7. Los pintores/mostrar/dentro de tres semanas/sus cuadros/a los clientes.
  _____

  8. Los médicos/no resolver/siempre/las dolencias/a los pacientes.
  _____

  9. El presidente/otorgar/el año pasado/el premio literario/a la escritora.
  _____

  10. Mis primas/grabar/la semana que viene/mis discos favoritos/a mí.
  _____

C. La siguiente adivinanza emplea varios pronombres de objeto directo e indirecto. Señala los pronombres e identifica cuál es su referente.

  Te la digo y no me entiendes. Te la vuelvo a repetir. Te la repito mil veces y no me la sabes decir.
  ¿Sabes la respuesta de la adivinanza? ["Tela"]

IV. Los pronombres preposicionales

1. Los pronombres precedidos por una preposición tienen las mismas formas que los pronombres de sujeto, a excepción de las formas **mí** y **ti** (1ª y 2ª persona del singular).

Me lo dan a mí.	Nos lo dan a nosotros.
Te lo dan a ti.	Os lo dan a vosotros.
Se lo dan a él, ella, Ud.	Se lo dan a ellos, ellas, Uds.

2. La preposición **con** usa las mismas formas de arriba, pero añade **-migo** y **-tigo** a la 1ª y 2ª persona del singular:

Están conmigo.	*They are with me.*
Están contigo.	*They are with you.*
Están con él.	*They are with him.*

3. Si el significado es reflexivo, las formas de la 3ª persona también cambian.

(Yo) lo traigo **conmigo**.	*I bring it myself/with me.*
(Tú) lo traes **contigo**.	*You bring it yourself/with you.*
(Él, Ella, Ud.) lo trae **consigo**.	*She brings it herself/with her.*
(Ellos, Ellas, Uds.) lo **traen consigo**.	*They bring it themselves/with them.*

4. Las preposiciones **como, entre, excepto, menos** y **según** utilizan **yo** y **tú** (en vez de **mí** y **ti**):

Yo quiero una muchacha como tú.   *I want a girl like you.*
Lo haremos entre tú y yo.   *We will do it between us/you and I.*
Según tú, la botella está medio vacía; según yo, está medio llena.
According to you, the bottle is half empty; for me, it's half full.

No obstante, cuando **entre** conlleva el significado de **para**, se emplean las formas **mí, ti** y **sí:**

Pensé entre mí que saldría temprano. *I thought to myself that I would leave early.*
Se dijo entre sí que no sería posible. *He told himself that it wouldn't be possible.*

5. Sí como pronombre preposicional se usa como reflexivo:

Pensó para sí que lo haría.   *He thought to himself that he would do it.*
Este vehículo da mucho de sí.   *This vehicle gives a lot of itself.*
De por sí, el asunto no es relevante.   *By itself, the issue is not relevant.*

V. Los pronombres indefinidos

Los pronombres indefinidos se emplean cuando no se conoce a la persona o la cosa que sustituyen. Entre los pronombres indefinidos más comunes se encuentran los siguientes:

alguien	*someone*
algo	*something*
alguno, –a, –os, –as	*some_____*
cualquier(a)	*any*
nada	*nothing*
nadie	*no one*
ninguno, –a, –os, –as	*no _____, none*
quienquiera	*whoever*
uno, una, unos, unas	*some*

1. Alguien, nadie, quienquiera se refieren a personas.

Alguien te acompaña noche y día.   *Someone is with you night and day.*
Nadie te quiere ya.   *Nobody likes you anymore.*
Que lo diga quienquiera que lo sepa.   *Let whoever knows it, say it.*

2. Algo y **nada** se refieren a cosas o abstracciones:

Se me ha perdido algo.   *I have lost something.*
No hay nada que hacer.   *There is nothing to do.*

3. Si el pronombre indefinido es negativo y se coloca detrás del verbo, el verbo deberá ir precedido del adverbio de negación **no.** Entonces tendremos una oración con doble negativo.

No quiero nada.   *I don't want anything.*
No conocían a nadie.   *They didn't know anyone.*
No encontrarás ninguno.   *You will not find any.*

4. Sin embargo, si el pronombre indefinido negativo precede al verbo, no se incluirá el adverbio de negación **no** y la oración no contendrá doble negativo.

Nada quiero.   *I want nothing.*
A nadie conocían.   *They knew no one.*
Ninguno encontrarás.   *You will not find any.*

VI. Pronombres demostrativos

Los pronombres demostrativos, además de sustituir a las personas u objetos a los que se refieren, señalan el grado de proximidad respecto al hablante. En español se utilizan tres grados de distancia, equivalentes a los adverbios **aquí/acá, ahí** y **allí/allá.**

AQUÍ/ACÁ	AHÍ	ALLÍ/ALLÁ
éste, ésta, esto	ése, ésa, eso	**aquél, aquélla, aquello**
éstos, éstas	ésos, ésas	**aquéllos, aquéllas**

1. Notemos que los pronombres demostrativos neutros **esto, eso** y **aquello** no llevan acento escrito, mientras que los pronombres demostrativos de género masculino y femenino sí lo llevan. Sin embargo, cuando se trata de adjetivos demostrativos, el acento escrito no se marca.
   este libro   esa niña   esos cuadernos   aquellas señoras

2. Los pronombres demostrativos neutros se emplean para referirse a objetos cuyo género se desconoce o para conceptos.

¡Esto no se puede soportar!	*This is not acceptable!*
Eso es imposible.	*That is impossible.*
¿Qué es aquello que hay en el escritorio?	*What is that there on the desk?*

VII. Pronombres posesivos

Los pronombres posesivos se utilizan para indicar pertenencia o posesión y se caracterizan por ir acompañados siempre de una de las formas del artículo determinado (**el, la, los, las**). Además, a diferencia del inglés, los pronombres posesivos concuerdan con lo poseído y no con la persona poseedora. Por lo tanto, se deberá tener en cuenta si lo poseído es singular o plural y masculino o femenino.

Este cuaderno es el suyo (de Daniel).	*This folder is his (Daniel's).*
Esta libreta es la suya (de Daniel).	*This notebook is his (Daniel's).*
Estos cuadernos son los suyos (de Daniel).	*These folders are his (Daniel's).*
Estas libretas son las suyas (de Daniel).	*These notebooks are his (Daniel's).*

FORMAS DE LOS PRONOMBRES POSESIVOS	
el mío **la mía** **los míos** **las mías**	*mine*
el tuyo **la tuya** **los tuyos** **las tuyas**	*yours* (singular y plural)
el suyo **la suya** **los suyos** **las suyas**	*yours* (singular y plural), *his, hers, its, theirs*

el nuestro la nuestra los nuestros las nuestras	*ours*
el vuestro la vuestra los vuestros las vuestras	*yours* (informal, plural)

VIII. Pronombres posesivos neutros

Estas formas son: **lo mío, lo tuyo, lo suyo, lo nuestro, lo vuestro**

En inglés, la traducción de los pronombres posesivos neutros es idiomática.

Lo mío es la natación.   *Swimming is my thing.*

Lo tuyo está en el maletero.   *Your stuff is in the trunk.*

Ejercicios

A. Completa las siguientes oraciones siguiendo el modelo y usando la preposición **con**:

   Modelo: (Yo/salir/ella)   Salgo con ella.

   1. (Ella/salir/yo)

   _____

   2. (Yo/estudiar/tú)

   _____

   3. (Nosotros/hablar/ellos)

   _____

   4. (Ellos/traer el almuerzo/ellos mismos)

   _____

B. Completa las siguientes oraciones según el modelo y utilizando las preposiciones **para, por** o **de.** El significado variará según la preposición que se use.

   Modelo: (Yo/todo lo que tengo/ellos)   Todo lo que tengo es para ellos.

   1. (Yo/todo lo que tengo/tú)

   _____

   2. (Yo/pienso/yo)

   _____

   3. (Ella/trabajó/yo)

   _____

   4. (Nosotros/decidiremos/tú)

   _____

   5. (Ella/no sabe nada/ellos)

   _____

C. Pablo y Eduardo van a mudarse a finales de año. Discuten cómo han de repartir sus pertenencias; hablan de los libros, el gato, el coche viejo, el alquiler y otras cosas. Como en el ejemplo siguiente, hablen en parejas de estas posesiones utilizando los pronombres posesivos.

> **Modelo:** La novela *Cien años de soledad* es mía.

la computadora	el teléfono celular	el sofá	el microondas
los estantes	las plantas	las lámparas	los platos

D. Llena el espacio en blanco con el adjetivo posesivo más apropriado:

> Cuando hablé con María traté de disculparme. Sabía que la culpa era (1) _____ porque se me había hecho tarde para la cita. Teníamos que ir al cine con (2) _____ amigos a las siete y yo me había quedado dormido en el sofá. (3) _____ escusa no era buena porque debía haber tenido en cuenta la cita, pero (4) _____ desvelos a causa de la tarea para la universidad por fin me habían vencido y no me desperté cuando debía. Sonó el teléfono, contesté sobresaltado y miré la hora. Al otro lado oía a María con (5) _____ reproches mientras yo balbuceaba (6) _____ disculpas. (7) _____ noche se había arruinado por (8) _____ culpa.

E. En parejas, describe a tu familia (tíos, primos, sobrinos) y comenta acerca de la personalidad de tus parientes, los lugares donde viven, sus trabajos y sus aficiones.

> **Modelo:** Mi tío Paco trabaja en la construcción y su casa es muy original. Su carácter es afable y sus aficiones son el bricolaje y el fútbol.

Escritor cuentista

PASO 1 ¡A CONVERSAR!

Ampliar el vocabulario

Ejercicios basados en la lectura de "Un día de estos", de Gabriel García Márquez.

A. Vocabulario en contexto: Explica las siguientes palabras o expresiones

1. gabinete: _____

_____

2. pantalones sostenidos con cargadores elásticos: _____

_____

3. enjuto: _____

_____

4. fresa: _____

_____

5. umbral: _____

_____

6. cancel: _____

_____

7. aguamanil: _____

_____

B. Descripción: A través de los adjetivos utilizados para describir la habitación y a su ocupante, explica cuál es la actitud del dentista ante la vida.

_____

_____

_____

Hablemos personalmente: Perspectiva dada, perspectiva tomada

Explora estas preguntas con un/a compañero/a:

1. ¿Te has encontrado alguna vez en una situación semejante a la del alcalde, en la que tienes que acudir a una persona con quien no te llevas bien para pedirle un favor o negarle un favor? ¿Cómo se resolvió?
2. Todos tenemos disputas en las que estamos seguros de tener toda la razón. Sin embargo, siempre hay más de un punto de vista en cualquier discusión. ¿Cómo resuelves tal situación para que no haya repercusiones posteriores ni represalias?
3. ¿Tienes un sistema propio que puedes ofrecer a tus compañeros para ayudarles a resolver conflictos? ¿Sueles cambiar tu opinión sólo para evitar discusiones?

PASO 2 ¡A REDACTAR!

Estrategias para editar: Averiguar el papel del escritor

En el texto exploramos el uso del registro y el repertorio de técnicas literarias posibles para efectuar un análisis de los personajes. También exploramos la importancia de representar bien la labor del escritor para no confundir la caracterización de un personaje con la intención del escritor, o con el escritor mismo. Al editar, es útil seguir estos pasos para diferenciar entre nuestra interpretación a través del análisis de los personajes y el propósito del escritor.

1. Repasa el borrador que has escrito para identificar los lugares donde mencionas las ideas o temas principales del escritor. Asegúrate de que las ideas se basan en el análisis global del texto. Las mejores interpretaciones sobre algún tema de un escritor son el resultado de un análisis comprensivo de la lectura, no de un solo personaje o momento en el argumento.
2. Repasa el uso de términos literarios clave que correspondan a los personajes y al tema encontrado. ¿Está clara la conexión? ¿Ofrecen los términos un buen apoyo del tema y del análisis de los personajes? Decide si necesitas ofrecer una definición de algún término que hayas incorporado; aún cuando los términos parezcan conocidos, es útil especificar su significado dentro del análisis.
3. Repasa el análisis de los personajes. ¿Hay partes en el ensayo en las cuales has utilizado las palabras de un personaje para representar las ideas del escritor? Evita tal uso. Los personajes son entes de ficción. Aunque se diga que cada personaje refleja algo del escritor como creador, es importante tener en cuenta la división entre personaje y autor.
4. Repasa la introducción y la conclusión del borrador. ¿Ofrece la introducción una tesis que se ajuste a tu interpretación del texto? ¿Hay mención del apoyo encontrado, basado en tu análisis de los personajes, que vas a desarrollar en el ensayo? En la conclusión, puedes ratificar la tesis, basada en el análisis de los personajes y la interpretación dada por el escritor, distinguiendo entre lo dicho y hecho por los personajes del comentario del escritor.

Práctica de redacción

A continuación presentamos un modelo de una crítica literaria de dos personajes que entablan una conversación en una estación de ferrocarril. Corresponde al cuento, "El guardagujas" de José Arreola, escritor mexicano. Al leer este ensayo, piensa en estos criterios: propósito, desarrollo, organización y lenguaje.

La cordura del subconsciente

¶1. En cada día de la existencia mortal, como el reloj con péndulo infinito, todas las personas reciben un bombardeo de ideas, opiniones, ficciones y verdades más extrañas que las ficciones mismas. Si los recuerdos de hoy, ayer y diez años en el pasado corren por los pasillos de la mente sin un carcelero digno de confianza, la paz mental será perturbada y el consciente experimentará más complicaciones. No es un golpe de suerte que haya un carcelero responsable que designa cuartos separados para el subconsciente y el consciente. El subconsciente puede engañar al carcelero y escapar para comunicarse sus deseos y memorias por medio del método de los sueños; sin embargo, es el consciente racional en el cuarto opuesto el que tiene la palabra final en las decisiones tomadas. Y así debe ser. El único problema es que el carcelero responsable prefiere que solamente un preso solitario tenga libertad en el mismo momento —no hay muchas oportunidades para una discusión entre los dos. En el cuento "El guardagujas", la conversación entre el forastero y el guardagujas revela las perspectivas opuestas de dos personas de antecedentes muy distintos que no experimentan el mismo medio ambiente —una experiencia muy similar a los presos de la cárcel ya antes mencionada. Es entonces lógico que el forastero represente al consciente y el guardagujas represente al subconsciente reprimido, y esto explica muchos aspectos de este fabuloso cuento.

¶2. Desde las primeras oraciones del cuento, la falta de los nombres personales y características físicas que distinguen al forastero y al guardagujas como individuos únicos parece algo curioso. Por ejemplo, el guardagujas del título nunca recibe más que la descripción "viejecillo de vago aspecto ferrocarrilero." El uso de la letra "T" para designar la destinación querida por el forastero, y la aldea "F" también son omisiones notables para el lector; las omisiones impiden que el lector se entere del lugar o territorio en donde se encuentra la estación. Estos detalles nunca aparecen en el cuento porque el propósito del autor es que los personajes y el ambiente del cuento sean presentados como tipos universales. Si el forastero tuviera el nombre de José Luis o una chaqueta azul brillante, perdería su potencial poderoso como una representación universal de una idea más grande que el desarrollo literal del cuento. En rigor, la ausencia de los detalles sirve para enfocar al lector en el progreso de la conversación entre los dos, lo cual es un progreso muy importante.

¶3. El progreso de la conversación y el comentario más y más extraño del guardagujas lleva a la suposición de que el guardagujas vive en un mundo que contradice las experiencias racionales más bien conocidas de los lectores. En circunstancias usuales, la función del guardagujas será asistir a los pasajeros con sus preguntas y ansiedades. En el cuento de Arreola, el guardagujas evita las preguntas del forastero con respuestas de preguntas diferentes, "Usted perdone, ¿ha salido #30?". En adición, las respuestas causan una confusión y exasperación en el forastero. Es un laberinto mental. Las palabras de un sistema de espías y grandes trampas para fundar pueblos nuevos son los ingredientes de fábulas y sueños; no son los ingredientes del mundo predecible y racional que espera el forastero y tampoco el consciente del lector.

¶4. El argumento extraño e ilógico del guardagujas, entonces, presenta un contraste noble con la posición lógica y familiar del forastero. "En ese caso redoble usted…." Como el guardagujas se niega a cooperar con el impaciente forastero, el forastero empieza a oír los avisos importantes del guardagujas. Este progreso de la conversación del cuento también ocurre en la vida del lector, como pesadillas que hacen los triunfos más memorables del subconsciente. Muchas personas creen que las pesadillas avisan del posible futuro que resulta de una decisión del cerebro consciente y los recuerdos horribles compelen a que la persona tome en cuenta los miedos escondidos en lugar de una racionalidad solitaria. El papel del guardagujas (el subconsciente) es el de recordarle al consciente olvidadizo del pasado: las memorias y los miedos que están encarcelados en la celda con el subconsciente. El papel del forastero es oír las fabulaciones del guardagujas y decidir si son una causa justa por el abandono de los planes para el viaje a la estación T.

¶5. Este papel del consciente no es un trabajo fácil; tiene mucha adversidad en la forma de la ilusión que prevalece en el cuento, con ambas, las palabras literales del guardagujas y la veracidad cuestionable de lo que dice éste. El forastero (consciente) necesita decidir si puede superar las ilusiones de llegada que tienen los viajeros que descienden a las falsas estaciones. "Sólo le recomiendo que se fije". Para los viajeros que creen en las falsas estaciones, la ilusión es la que es más importante, en vez de la llegada a la estación verdadera; las ventanillas de espejismo permiten que los pasajeros "lleguen" a donde quieran llegar. Desde un punto de vista metafórico, los avisos del guardagujas pueden proteger al forastero de los peligros del viaje apurado. Éste le permite que el sentido lógico analice las opciones con una racionalidad fría.

¶6. La discusión de los horarios tiene un propósito similar a la revelación de las estaciones. El guardagujas (subconsciente) propone que aunque los rieles existen, su existencia no asegura que los trenes lleguen, o que los horarios tengan un propósito útil. Los trenes no tienen regularidad ni destinaciones queridas por los viajeros…y los viajeros creen que son las elecciones suyas. "Es motivo de orgullo" (33). Los trenes directos y los boletos para las destinaciones ciertas de modo que engañan a los pasajeros que no oyen sus instintos o la voz del subconsciente. Es importante notar que el forastero decide abordar el tren en vez de escuchar todas las pesadillas del servicio del tren que discute el guardagujas. Aunque el forastero ha oído los avisos del subconsciente, toma un riesgo en lugar de obedecer la voz de la cordura: con un conocimiento de los obstáculos, ésta es una decisión que puede valer la pena.

¶7. Al concluir, el cuento de "El guardagujas" desarrolla una conversación sutil y profunda entre los personajes en una estación de tren desierta. Los dos tienen su asunto. Los dos lo van a resolver. Sin embargo, la conversación tiene mucha más relevancia que los dos personajes del cuento. Porque al autor le falta introducir los detalles específicos que crean una escena cierta, los personajes y los comentarios de los dos tienen una universalidad que abre el cuento a una interpretación que pertenece a la vida del lector y la vida misma de cada persona. Es una niebla común. El forastero, con su obsesión con el horario y la lógica, representa el consciente mientras el guardagujas representa el subconsciente y enfatiza los riesgos de la vida caprichosa. La conversación entre los dos se da en un momento raro cuando los dos hablan, en vez de un cambio de celdas de la cárcel que prohibe prohíbe que el consciente oiga la cordura del subconsciente, se abren ambas dando pie para la discusión entre las dos.

Práctica

1. ¿Qué opinas del título y de la primera oración?

2. Evalúa el tema y la tesis de la lectura. ¿Queda clara la tesis?

3. *La coherencia del ensayo.* Usando la clave editorial, vuelve a leer el ensayo y ofrece sugerencias sobre el propósito, el desarrollo y la organización, el aspecto gramatical y el aspecto estilístico. Subraya las oraciones que sean efectivas y encierra en un círculo las oraciones que deben cambiarse.

4. *La precisión y la concisión.* ¿Sugieres algún cambio?

5. *La separación de los párrafos.* Evalúa la separación de los párrafos y el uso de transiciones. ¿Existe un orden lógico en los párrafos? ¿Hay oraciones que se pueden eliminar o cambiar a otro párrafo?

6. *El uso del lenguaje y el registro.* ¿Qué tipo de registro adopta la escritora? Escoge ejemplos que lo caractericen. ¿Qué tipo de lenguaje utiliza? Encuentra ejemplos. ¿Existe variedad en cuanto al tipo de oraciones utilizadas?

7. *El estudio de los personajes.* Hemos visto en la lectura del texto y en este ensayo estudiantil distintos modelos de crítica literaria enfocada en los personajes. Evalúa el análisis que ofrece el estudiante. ¿Cómo desarrolla la escritora su análisis?

8. *Comentario general.* Teniendo en cuenta todos tus comentarios, ofrece un análisis crítico y una nota de evaluación.

PASO 3 ¡A MEJORAR!

Repaso de gramática

I. El futuro

A. Formas del futuro

1. El futuro se forma en español con el infinitivo como base y las siguientes terminaciones:

-é	-emos
ás	-éis
-á	-án

Modelos:

cantar: **cantaré, cantarás, cantará, cantaremos, cantaréis, cantarán**

beber: **beberé, beberás, beberá, beberemos, beberéis, beberán**

vivir: **viviré, vivirás, vivirá, viviremos, viviréis, vivirán**

2. Algunos verbos irregulares como **caber, decir, haber, hacer, poder, poner, querer, saber, salir, tener, valer, venir** y sus compuestos, cambian la raíz del infinitivo para formar el tiempo futuro. Las mismas terminaciones **-é, -ás, -á, -emos, -éis, -án** se añaden a la raíz nueva para formar el futuro:

caber > cabr–	decir > dir–	haber > habr–
hacer > har–	poder > podr–	poner > pondr–
querer > querr–	saber > sabr–	salir > saldr–
tener > tendr–	valer > valdr–	venir > vendr–

Harán la tarea por la noche.	*They will do the homework at night.*
Saldremos de casa a las siete.	*We'll leave the house at seven.*
¿Por qué no me dirás la verdad?	*Why won't you tell me the truth?*

3. Por su parte, el futuro perfecto se forma con el verbo auxiliar **haber** —**habr**— más los sufijos indicados y el participio pasado correspondiente.

habré	habremos		
habrás	habréis	+	comprado, tenido, escrito, vuelto...
habrá	habrán		

B. Futuro perifrástico

1. Se utiliza el presente de indicativo del verbo **ir** (**voy, vas, va, vamos, vais, van**) + **a** + infinitivo para señalar acciones o acontecimientos en el futuro. Esta construcción recibe el nombre de **futuro perifrástico**.

   Vamos a llegar temprano. = Llegaremos temprano.
   We will arrive early.

2. Igualmente, se puede emplear el presente de indicativo con sentido de futuro con un adverbio de tiempo que indique una acción futura.

   Mañana llegamos temprano. = Mañana llegaremos temprano.
   Tomorrow we will arrive early.

   Lo hago de inmediato. = Lo haré de inmediato.
   I'll do it immediately.

   Termino en un santiamén. = Terminaré en un santiamén.
   I'll finish in a jiffy.

C. Futuro de probabilidad

El futuro de probabilidad tiene valor de presente con forma de futuro, y conlleva un sentido hipotético.

   No conozco a ese señor. **Será** el nuevo conserje. = **Debe de ser** el nuevo conserje.
   I don't know that man. He must be the new concierge.

   ¿Qué hora **será**? = **Me pregunto** qué hora **es**.
   What time is it/must it be? I wonder what time it is/must be.

   Ese edificio **tendrá** más de cien años. = Ese edificio **probablemente tiene** más de cien años.
   That building must be 100 years old.

Ejercicios

A. Completa las oraciones con la forma verbal apropiada del futuro.

Mañana (1) _____ (yo/ir) a entrevistarme para el puesto. (2) _____ (Yo/tener) que levantarme temprano, (3) _____ (yo/ponerme) mi mejor traje y (4) _____ (yo/salir) a las siete hacia la empresa. No sé si todos mis documentos (5) _____ (caber) en el maletín, pues si no caben (6) _____ (yo/haber) de encontrar otro maletín más ancho. Seguramente (7) _____ (ellos/querer) que les cuente por qué deseo trabajar en su empresa y no sé si (8) _____ (yo/poder) convencerlos con mis razones. No obstante, (9) _____ (yo/hacer) todo lo posible para demostrarles mi interés y creo que al final (10) _____ (yo/salir) airoso de la entre-vista. Pronto (11) _____ (ellos/decirme) el resultado, pues calculo que para el fin de semana ya (12) _____(yo/saber) si conseguí el empleo. En caso de que no me llamen, calculo que la contestación (13) _____ (venir) por correo.

B. Expresa con el futuro perifrástico las oraciones siguientes que representan los planes universita-rios de Jorge. Ponlas en orden lógico.

   Modelo: Iré a la playa. > Voy a ir a la playa.

1. Estudiaré para ingeniero.

2. Viviré en casa de mis padres.

_____

3. Compraremos una impresora.

_____

4. Montaré en mi bicicleta para ir a las clases.

_____

5. Sacaré buenas notas en cada curso.

_____

C. Marta habla de la casa que piensa comprar. Expresa con el futuro de probabilidad las siguientes oraciones.

1. Probablemente compre la casa de la esquina.

_____

2. Me pregunto cuántos dormitorios tiene.

_____

3. Seguramente mis padres tienen razón porque tienen más experiencia que nosotros.

_____

4. Los muebles de la tienda "El Grupo Dorado" deben de costar un dineral.

_____

5. ¿Quién me llama a estas horas? Puede ser el agente de bienes raíces.

_____

II. El condicional

A. Formas del condicional

1. El condicional se forma añadiendo los siguientes sufijos al infinitivo:

-ía	-íamos
-ías	-íais
-ía	-ían

Modelos:

cantar: cantaría, cantarías, cantaría, cantaríamos, cantaríais, cantarían

beber: bebería, beberías, bebería, beberíamos, beberíais, beberían

vivir: viviría, vivirías, viviría, viviríamos, viviríais, vivirían

2. Sin embargo, hay una serie de verbos que deben modificar el infinitivo antes de añadir las terminaciones del condicional. Son los mismos verbos que en el futuro:

caber > cabr-	decir > dir-	haber > habr-
hacer > har-	poder > podr-	poner > pondr-
querer > querr-	saber > sabr-	salir > saldr-
tener > tendr-	valer > valdr-	venir > vendr-

3. Por su parte, el condicional perfecto se forma con el verbo auxiliar **haber** —habr— más los sufijos indicados y el participio pasado correspondiente.

habría	habríamos		
habrías	habríais	+	comprado, tenido, escrito, vuelto...
habría	habrían		

B. Usos del condicional

El condicional sirve para expresar opinión, cortesía, petición y probabilidad. También se usa en el discurso indirecto, o en cláusulas en subjuntivo introducidas por la conjunción "si". Veamos algunos ejemplos:

1. Opinión

Yo diría que va a llover.   (Creo que va a llover.)
I'd say it's going to rain.

Uno creería que el muchacho ha jugado al tenis toda su vida.   (Sorprende que juegue tan bien al tenis, a pesar de su falta de experiencia.)
One would think the boy has played tennis all his life.

Tendrían que vender las entradas con antelación.   (Pienso que es mejor que pongan a la venta las entradas antes del espectáculo.)
They should sell the tickets in advance.

2. Cortesía y petición

¿Tendría la amabilidad de decirme la hora?
(Por favor, ¿me puede decir qué hora es?)
Would you be so kind to tell me what time it is? o Could you please tell me the time?

Buenas tardes. Desearía comprar un traje.
(Buenas tardes. Deseo comprar un traje.)
Good afternoon. I'd like to buy a suit.

¿Me abriría Ud. la puerta?   (¿Hace el favor de abrirme la puerta?)
Would you please open the door for me?   (Could you open the door for me?)

¡Podrían haberme avisado!   (Ojalá me hubiesen avisado.)
You could have warned me!   (I wish you would have warned me!)

¿Me permitirían dejar aquí las maletas?   (¿Me permiten que deje aquí las maletas?)
Would you let me leave the suitcases here?

3. Discurso indirecto

Me aseguraron que traerían los refrescos.   *They assured me that they would bring the drinks.*

Dijo que llegaría tarde.   *He said that he would arrive late.*

Preguntaron qué podrían hacer.   *They asked what they could do.*

4. Constatamos que la forma condicional cumple la función de un futuro con respecto al pasado de los verbos **aseguraron, dijo** y **preguntaron.** Por lo tanto, en el siguiente ejemplo podemos apreciar el valor de futuro de **tendría**:

Dijo que tendría la tarea lista para mañana.   *He said that he'd have the homework done by tomorrow.*

C. Condicional de probabilidad

El futuro de probabilidad expresa un valor de presente. Por ejemplo: "¿Dónde estará?" (Me pregunto dónde está.) Por otro lado, el condicional puede adquirir un valor de probabilidad en el pasado. En todos estos ejemplos, el condicional tiene un valor de pasado.

¿Dónde estaría?   (Me pregunto dónde estaba.)
Where must he have been?

Serían las tres cuando llegaron a casa.   (Probablemente eran las tres cuando
llegaron a casa.)

It must have been three o'clock when they got home.

No llegarían a tiempo de tomar el vuelo.   (Dudo que llegasen a tiempo
de tomar el vuelo.)

They must not have arrived on time to catch the flight.

D. El condicional con cláusulas del imperfecto de subjuntivo precedidas de "si"

1. En cláusulas contrarias a la realidad, el condicional aparece en la apódosis acompañando a la prótasis del subjuntivo.

Me iría de vacaciones	si pudiera.
APÓDOSIS	PRÓTASIS
I would go on vacation if I could.	

2. También se pueden invertir las cláusulas, sin variar el sentido de la frase.

Si pudiera,	me iría de vacaciones.
PRÓTASIS	APÓDOSIS
If I could, I would go on vacation.	

El significado en ambos casos es el de una acción irrealizable. El hablante sabe que no podrá irse de vacaciones.

3. En los tiempos compuestos del condicional perfecto, la acción ocurre en el pasado y tampoco es factible.

Me habría ido de vacaciones si hubiera podido.
I would have gone on vacation if I could have.

Si hubiera podido, me habría ido de vacaciones.
If I could have, I would have gone on vacation.

4. En los casos del condicional perfecto, es posible sustituir el condicional por el imperfecto del subjuntivo sin variar el sentido de la oración.

Me hubiera ido de vacaciones si hubiera podido.
I would have gone on vacation if I could have.

Si hubiera podido, me hubiera ido de vacaciones.
If I could have, I would have gone on vacation.

5. Por último, el concepto "*would*" no siempre se traduce del inglés al español como condicional. Cuando "*would*" conlleva el valor de una acción habitual en el pasado, de "*used to*", la traducción corresponde a la del imperfecto de indicativo.

condicional: *I would go on vacation if I could.*

Me iría de vacaciones si pudiera.

pasado habitual: *I would often go fishing when I was a child.*

Iba a pescar cuando era niño.

Ejercicios

A. Carlos ultimó sus planes de regresar a casa para celebrar su cumpleaños. Completa las oraciones con el verbo en tiempo condicional.

> **Modelo:** Carlos aseguró que <u>iría</u> a casa. (ir)

1. Los papás dijeron que lo _____ (encontrar) en la estación.
2. Carlos sabía que _____ (haber) fiesta en casa.
3. El tío preguntó qué le _____ (gustar) tener de regalo.
4. Sus hermanas insistieron en que ellas _____ (cocinar) su plato favorito.
5. Su prima repitió que ella no _____ (llevar) un vestido tan formal.
6. Prometí que yo _____ (traer) unos discos de música bailable.

B. Conociendo a los compañeros. Escoge dos o tres de las siguientes situaciones y entrevista a un compañero. Después de la entrevista, comparte las ideas con el resto de la clase.

1. Si yo fuera rico…
2. Si no tuviera miedo…
3. Si yo pudiera hablar con el presidente de los EE.UU. …
4. Si me tocara la lotería…
5. Si yo naufragase y estuviera en una isla desierta…
6. Si yo me encontrase un saco lleno de dinero…

C. Imagínate que vas a alquilar un apartamento y deseas que el casero arregle varias cosas que ahora están estropeadas. Utilizando el condicional de cortesía y petición, solicítale al casero que se ocupe de los problemas.

D. Expresa tu opinión sobre algunas acciones que el gobierno debería o no debería llevar a cabo. Escribe diez frases utilizando distintos verbos.

> **Modelo:** Creo que el gobierno tendría que ayudar más a los estudiantes sin recursos.

III. Voz pasiva con "ser"

1. El concepto de la voz pasiva se refiere al cambio de orden de palabras en una oración.

   A. Cervantes escribió *Don Quijote*. VOZ ACTIVA

   B. *Don Quijote* fue escrito por Cervantes. VOZ PASIVA

   En (A), la oración en voz activa, el orden es de sujeto o agente (Cervantes), verbo (escribió) y objeto (*Don Quijote*). En (B), la oración en voz pasiva, el orden es de objeto (*Don Quijote*), verbo (fue escrito) y agente (por Cervantes).

2. El español, como el inglés, hace uso de la voz pasiva frecuentemente, cuando el énfasis cae sobre el objeto.

   El puente fue destruido (por el terremoto).
   The bridge was destroyed (by the earthquake).

Mañana será inaugurada la autopista Madrid-Valencia.

Tomorrow the new highway from Madrid to Valencia will be inaugurated.

3. Sin embargo, en español es raro el uso de la voz pasiva con **ser** en el presente. Así, pues, mientras en inglés se oye, por ejemplo: "*It is known…*", "*It is said…*", en español no es idiomático "Es sabido…" o "Es dicho…". Aunque si el objeto directo es una persona, el uso de la voz pasiva con **ser** en el presente es más frecuente.

Finalmente, el niño es rescatado y entregado a sus padres.

Finally, the child is (has been) rescued and returned to his parents.

La testigo es interrogada por la policía.

The witness is/is being interrogated by the police.

IV. Voz pasiva con "se"

Para la voz pasiva en el presente, el español prefiere el uso de **se**. Por ejemplo, "Se sabe", "Se dice". La forma coincide con la del **se** impersonal y solamente observamos la diferencia entre la voz pasiva con **se** y el impersonal **se** en el plural. Por lo tanto, en "se vende casa" puede suponerse que es una construcción pasiva con **se** (*A house is sold = House for sale*), o una construcción impersonal con **se** (*Someone sells a house = House for sale*). En la oración "se venden casas" observamos el uso de la voz pasiva con **se** a causa de la concordancia del verbo (venden) con el sujeto (casas).

Un uso muy importante de la voz pasiva con **se** y del **se** indeterminado es el de evitar nombrar a los agentes de las acciones verbales.

Por ejemplo: Los médicos recomiendan dejar de fumar. = Se recomienda dejar de fumar.

Ejercicios

A. Con las ideas siguientes, selecciona las de más importancia para ti y apoya tus recomendaciones en un párrafo breve sustituyendo las personas verbales por el pronombre **se**. No olvides conectar las oraciones por medio de conjunciones (**por ejemplo y, aunque…**) así como con frases de transición interoracional (**por ejemplo ya que, sin embargo, no obstante…**).

Tema: ¿Modificarán nuestras acciones el medio ambiente de manera irreversible?

   Modelo: Los científicos creen que el clima está cambiando. = Se cree que el clima está cambiando.

1. Dicen que cada vez hace más calor.
2. Opinan que la causa es el deterioro de la capa de ozono.
3. Un experto asegura que podemos disminuir el peligro con medidas ambientales.
4. No obstante, otros explican la situación como uno de los muchos ciclos naturales que el planeta experimenta.
5. Los geólogos saben que la Tierra ha experimentado épocas glaciales y épocas muy cálidas.
6. Tal vez los ciudadanos no deban preocuparse demasiado.
7. Los alarmistas piensan que el mundo está en peligro.
8. Por otra parte, los optimistas aseguran que no hay nada que temer.
9. Yo presiento que los seres humanos debemos colaborar en la conservación del medio ambiente, pero tampoco debemos angustiarnos con este tema.

10. Seguramente, nosotros no veremos el resultado, pues un cambio en la situación ambiental puede durar siglos.

_____

_____

_____

_____

_____

_____

_____

B. Con la ayuda de un/a compañero/a, crea un anuncio solicitando los servicios de una persona que reúna las condiciones necesarias para una posición de relaciones públicas, como el conocimiento de idiomas, un título universitario y el don de gentes. Utiliza la forma impersonal, empleando formas como "se necesita", "se valorará"… (Usen la imaginación). Compartan los anuncios con el grupo.

_____

_____

_____

_____

C. En grupos que representen un mismo grupo político, ofrezcan un esquema indicando lo que haría el equipo si tomara el control del gobierno.

Modelo: Si saliéramos elegidos, se construirían más escuelas donde se aprenderían oficios técnicos

_____

_____

_____

_____

Comenten también qué es lo que no se haría.

CAPÍTULO

7

Escritor abogado

PASO 1 ¡A CONVERSAR!

Ampliar el vocabulario

Ejercicios basados en la lectura de "Y vendimos la lluvia", de Carmen Naranjo.

A. Vocabulario: Busca el significado de las siguientes palabras. ¿Cuál es la connotación de estos vocablos y el objetivo de Naranjo al incluirlos en el texto? ¿En qué otros contextos se utilizan? Escribe una frase con cada palabra usando otro contexto diferente al de la lectura.

1. tugurio: _____

2. cañería: _____

3. subsidio: _____

4. pesquisa: _____

5. viático: _____

6. naufragio: _____

7. embudo: _____

B. Descripción: ¿Cómo se define la ciudad y sus habitantes (a través de los adjetivos) antes de la venta de la lluvia? ¿Y después? Haz una lista.

	ANTES	DESPUÉS
Ciudad		
Habitantes		

Hablemos personalmente: El movimiento verde

Explora estas preguntas con un/a compañero/a:

1. Todos tenemos opiniones sobre los coches, el desperdicio del papel, la costumbre de utilizar un objeto una vez y después tirarlo. ¿Cómo debemos nosotros los ciudadanos economizar con los recursos de nuestro país? ¿Debe tomar medidas el gobierno para exigir estos cambios a fin de que no malgastemos estos recursos en nuestra vida diaria?
2. ¿Qué significa ser un ciudadano mundial o cosmopolita? ¿Existe alguien así? ¿Qué haces personalmente para ser un buen ciudadano? El cuento aborda la idea de un sistema de multas y deudas. ¿Podrías imaginar un sistema de premios en lugar de multas? ¿Cómo?
3. Pensando en el medioambiente, genera ideas sobre métodos para conservar los recursos naturales.

PASO 2 ¡A REDACTAR!

Estrategias para editar: El formato de un argumento

Recordemos los pasos a seguir para desarrollar un buen argumento: la introducción, el desarrollo, el apoyo y la conclusión. Lo importante de estos cuatro pasos es saber utilizarlos para crear el argumento. Queremos presentar la tesis y usar cada párrafo para reforzarla con ideas de apoyo.

Aquí se presenta el formato:

1. *La introducción.* Sirve para establecer el tema, exponer la tesis e incluir las ideas que sostengan o invaliden nuestro argumento. Recordemos también lo aprendido sobre el propósito y la importancia de la introducción. Al crear el argumento, la introducción nos abre la puerta tanto al contenido del ensayo como a la relación con el público. Repasa el borrador para asegurarte de que la introducción sea llamativa y que establezca el registro y tono que quieres comunicar. ¿Es un registro apropiado para el tipo de argumento? ¿Sirve la introducción para establecer una base para el resto del ensayo?
2. *El desarrollo.* Cada párrafo debe presentar de forma organizada y lógica las ideas a favor y en contra del argumento. Además, debe contener una oración temática que exponga la idea principal. Es decir, cada párrafo debe ofrecer un punto que aborde un aspecto de la tesis principal. Esta idea principal refuerza la tesis central del ensayo. Repasa el ensayo para asegurarte del uso y concordancia entre las oraciones temáticas.
3. *Los puntos de apoyo.* Éstos deben ir vinculados con las ideas expuestas en el párrafo introductorio. Queremos dar una opinión informada, basada en el texto y en otras fuentes de referencia según la asignatura. De la misma manera, las ideas en contra y su defensa deben originarse en el texto. Por este motivo es importante integrar citas sacadas directamente del escrito. Repasa cada párrafo. ¿Has utilizado suficientes ideas de apoyo? ¿Necesitas ampliar alguna idea? A veces, incluimos evidencias que no apoyan bien la tesis principal. Vuelve a repasar tu ensayo prestando atención a esto. Elimina todo aquello que no aporte información sustancial o evidencias a tu tesis.
   No olvidemos tampoco la importancia de las oraciones de transición al empezar y terminar cada párrafo. Estas transiciones mantienen el hilo del argumento y permiten al lector seguir la lectura. Repasa también las oraciones de transición.
4. *La conclusión.* No se puede pasar por alto la importancia de la conclusión. Muchas veces este párrafo llega a ser el más difícil de redactar porque la conclusión no es una simple repetición de la tesis o del párrafo introductorio, sino una breve exposición de lo que presentaste en el desarrollo. Tampoco se añaden nuevas ideas en la conclusión, pero sí puedes ofrecer perspectivas sobre

el conjunto del argumento. La conclusión vuelve a establecer la importancia de la tesis, dentro del tema, y presenta al público un argumento para estar de acuerdo.

Práctica de redacción

Tenemos aquí un modelo estudiantil sobre el medio ambiente. Leamos el ensayo, prestando atención a la introducción, el desarrollo y la conclusión. Fijémonos en las ideas de apoyo y en aquellas otras que podrían suprimirse al no añadir nada nuevo a la argumentación. También evaluemos el uso de registros, la variedad de oraciones y el uso de la subordinación.

A. ¿Cómo se puede iniciar cambio?

¶1. Ahora estamos en un período de cambio social y medioambiental en el cual grandes poblaciones de gentes, culturas y numerosas partes integrales del medio ambiente están desapareciendo, lo cual amenaza el futuro humano. Durante los últimos siglos se han desarrollado unas sociedades y grupos culturales contemporáneos en lo cual se requieren más recursos del medio ambiente global que antes. El poder que puede evocar una luz en las mentalidades de todos de que estamos en un momento de cambio decisivo para el futuro de la humanidad es ambiguo, pero el poder monetario que realmente puede financiar cambios tecnológicos para que los países desarrollados tengan menos impacto negativo al medio ambiente y a las vidas de otras personas queda en las manos de las grandes compañías y los gobiernos de los países no endeudados. Si fuera reconocida y promovida por la gente, los gobiernos y las compañías que sí hay necesidad urgente de reducir el impacto humano en el medio ambiente y en las sociedades extranjeras mundiales, los centros tecnológicos de los países desarrollados se podrían convertir rápidamente en centros de tecnologías sostenibles, lo cual podría ayudar a reducir una gran parte del impacto humano en el medio ambiente y otras sociedades mundiales. A pesar de que la importancia de uso sea difícil de percibir desde nuestro punto de vista aquí en los Estados Unidos, es la hora para que los países desarrollados agarren su poder financiero e ideológico para convertir el poder tecnológico en formas sostenibles y no dañosas al medioambiente y para las diferentes gentes mundiales.

¶2. Ahora nuestras sociedades contemporáneas están dañando a un nivel nunca previsto en muchas partes integrales del medio ambiente y las sociedades mundiales distintas a las nuestras las están perdiendo. Primero, en cuanto al medio ambiente, los diversos ecosistemas en todos los países mundiales se están sufriendo mayormente por causa de las demandas y las supuestas necesidades del primer mundo por los recursos naturales mundiales. En cuanto al medio ambiente aparecen numeros problemas: los bosques tropicales están desapareciendo, los gases se están acumulando en la atmósfera, aumentando el riesgo de la subida de la temperatura mundial, la biodiversidad está bajando rápidamente, las personas de diversas sociedades se están dispersando porque no encuentran una manera de sobrevivir en terrenos ya vaciados de sus recursos naturales. No es decir que todo esté mal en el mundo, pero ahora es importante que todos reconozcan que la mayoría de estos fenómenos son resultados de las acciones de un pequeño porcentaje de la población mundial que ha consumido (y sigue consumiendo) un alto porcentaje de los recursos naturales. Son las nuevas tecnologías y las tendencias de comprar y usar muchos recursos diariamente que hemos incorporado a nuestras vidas que causan mucho daño al mundo natural.

¶3. Es ahora más que nunca, con una población mundial creciente y las demandas crecientes de los consumidores mundiales, que los recursos naturales y los ecosistemas mundiales se están dañando tanto que ahora se está poniendo en peligro el futuro, la flora y la fauna del mundo, y como consecuencia, el futuro de nuestras sociedades. Muchas poblaciones del mundo privilegiado ahora están acostumbradas a vivir en una manera en la cual consumen un porcentaje muy alto de los recursos naturales o dañan a un nivel extremo la naturaleza. Por ejemplo, en los Estados Unidos, un cuatro porciento de la población mundial produce el 25% de los gases que eliminan la zona protectora, los cuales son famosos por causar la calentura mundial. Es urgente ahora que se aumente la educación sobre el daño que hacemos al medio ambiente como seres humanos y que dirijamos nuestra capacidad inventiva a crear nuevas tecnologías útiles para reducir este impacto.

¶4. Si se enfocara nuestra energía en desarrollar tecnologías menos dañosas al medio ambiente y en transformar nuestras costumbres que afectan al medio ambiente, el primer mundo realmente podría efectuar cambios muy grandes en cuanto al tipo de producción y consumición mundial. Es obvio que cada día se desarrolla tecnología más avanzada en las areas de computadoras, coches, energía, comunicación, transporte, y aviación, lo cual revela la capacidad inventiva de nuestra gente mundial. Si esta capacidad fuera dirigida al desarrollo tecnológico sostenible ya empezaríamos a tener más opciones más fáciles de vivir en una manera no tan dañina al medio ambiente. En los Estados Unidos la formación de una campaña de educación nacional unida y apoyada por los ciudadanos ya interesados, el gobierno y las grandes compañías multinacionales sobre temas medio ambientales y la importancia de usar y comprar productos sanos para el medio ambiente y a población, por lo menos, podría mostrar la importancia de incorporar nuevas costumbres y tecnologías a nuestras vidas diarias. Las compañías, con el apoyo del gobierno y bastantes sectores de la población, podrían enfocar su trabajo en la tecnología sostenible, algunos ejemplos siendo la energía solar, los coches solares y eléctricos, y sistemas de transporte público extensivos. La creación de sistemas de transporte público extensivos podrían bajar nuestra dependencia en el coche, nuestra dependencia en el petroleo, y ayudar a bajar nuestra alta producción de los gases que causan la subida de la temperatura. Es esencial que reconozcamos el problema como clave de iniciar cambios.

¶5. Aunque tuviéramos la capacidad tecnológica y financiera de crear sociedades más sostenibles hasta ahora quedamos sin el apoyo de los grupos más fundamentales. En otras palabras sí que tenemos el "Knowhow" o poder tecnológico para cambiar las cosas pero ahora no tenemos la infraestructura para realmente implementar cambios. En cuanto a la población americana hay una cierta tendencia de negar que existan los problemas medio ambientales mientras nuestro gobierno se niega a firmar un acuerdo para bajar las emisiones de gases un 5% en el Protocolo de Kyoto, lo cual significa que nos negamos a reconocer que los problemas que causamos ahora volverán a ser más fuertes en el futuro. Un bloqueo al moviemiento hacia el cambio es que cualquier individuo podría oponerse a cambiar sus costumbres dañinas al medio ambiente por muchas razones distintas personales. Diferentes sectores de la población no pueden o no quieren modificar su manera de vivir, sea por la falta de conexión general con el medio ambiente, por la convicción general de que todos los demás no cambiarán; entonces no vale la pena cambiar tampoco, por la falta de opciones fáciles de alterar su manera de vivir de forma más sostenible, o por el costo. No es fácil bajar nuestro impacto en el medio ambiente y hay que ejercer mucho esfuerzo para hacerlo. Por otra perspectiva, las grandes compañías tecnológicas se opondrían a enfocarse en crear y desarrollar nuevas tecnologías por varias razones. Tendrían que tomar el riesgo de gastar dinero para crear o desarrollar las nuevas tecnologías, mientras ahora se encuentran bien en un buen mercado libre con sus tecnologías existentes. La inversión en nueva tecnología es un reiesgo y un gasto de dinero en la cual no se miden los beneficios de hacer cambio ahora, en vez de pagar por las repercusiones después. Otra dificultad es que los gobiernos, por ejemplo el de los Estados Unidos, tiene ahora demasiado interés en preservar el sistema actual, en el cual los ciudadanos y las grandes compañías del primer mundo se están ganando aunque mucho del comercio y los negocios pueden mal afectar el medio ambiente y otras sociedades. También, mucha gente en el mundo que ahora no se aprovecha de los desarrollos actuales que mal afectan el medio ambiente no pueden pensar en reducir los impactos al medio ambiente ahora porque sólo pueden pensar en el alcanzar un nivel de vida decente y en sobrevivir.

¶6. Aunque es importante el desarrollo de tecnología más sostenible y el aumento de la educación de la gente sobre la necesidad de cambiar nuestras costumbres que son demasiados dañinas al medioambiente, ahora no hay nada de seguridad que cambie la situación global. Pero, mientras sea casi imposible en estas circunstancias cambiar de dirección y modificar el impacto humano de seis billones de personas en el medio ambiente del planeta, las sociedades avanzadas tecnológicamente, las cuales son responsables por la mayoría de esta destrucción medio ambiental, podrían por lo menos, empezar ahora a poner un mensaje y un ejemplo muy fuerte a todo el mundo por implementar nuevas maneras de vivir. Existen ahora muchos constituyentes de las sociedades modernas que ahora no tienen una iniciativa bastante visible para poder hacer el esfuerzo serio de cambiarse. Es imprescindible que desarrollemos esta iniciativa.

Práctica

1. ¿Qué opinas del título y de la primera oración? ¿Recomiendas algún cambio o no?

   _____

2. Escribe el tema y la tesis del ensayo.

   _____

   _____

3. Presenta un resumen breve del argumento y de las ideas de apoyo utilizadas.
4. *La coherencia del ensayo.* Usando la clave editorial, vuelve a leer el ensayo y ofrece sugerencias sobre el propósito, el desarrollo y la organización, el aspecto gramatical y el aspecto estilístico del ensayo. Subraya las oraciones eficaces y encierra en un círculo aquellas oraciones que deban cambiarse o eliminarse.
5. Evalúa la separación de los párrafos y el uso de las oraciones de transición.
6. Presta atención a la variedad en el tipo de oraciones. ¿Ha logrado incorporar una gran variedad? ¿Las oraciones coordinadas y subordinadas añaden variedad o, por el contrario, son oraciones largas y confusas? Redacta de nuevo los párrafos para conferirles mayor claridad y diversidad.
7. Evalúa la selección de los tiempos verbales y la voz activa/pasiva.
8. *El resumen, la crítica y la opinión.* ¿Hay oraciones que debemos editar o eliminar porque son generalizaciones u opiniones sin apoyo?
9. Repasando la introducción del texto, contesta: ¿Cómo empieza el ensayo? ¿Presenta una introducción que nos dirige directamente al tema o no? ¿Capta la atención del lector? ¿Se presenta la tesis de forma clara o no? ¿Qué cambios sugieres?
10. Teniendo en cuenta lo estudiado sobre la función de la conclusión, ¿es una conclusión sustentada con ideas de apoyo? ¿Es un resumen de las ideas en el texto o añade información adicional? ¿Es demasiado redundante o presenta las ideas de manera concisa y original?
11. *Comentario general.* Considerando todos tus comentarios, ofrece un análisis y una nota de evaluación.

PASO 3 ¡A MEJORAR!

Repaso de gramática

I. El modo subjuntivo y el indicativo

A. Introducción a los dos modos

El subjuntivo y el indicativo son términos que se refieren al modo del tiempo verbal, es decir, a las formas en que los hablantes expresan su actitud ante la acción verbal. El modo indicativo se usa para transmitir información objetiva, basada en hechos.

Voy al cine.	*I'm going to the movies.*
Mañana lloverá.	*Tomorrow it will rain.*
Ayer me visitaron mis padres.	*Yesterday my parents visited me.*

El modo subjuntivo, por otra parte, se emplea para transmitir información subjetiva, basada en suposiciones o duda, por ejemplo: "No creo que llueva mañana"; hipótesis, por ejemplo: "Tal vez reciba la beca"; deseo, por ejemplo: "Quiero que me digas la verdad". El empleo del subjuntivo depende por una parte de la intención del hablante ante lo que quiere expresar y por otra del uso idiomático establecido. Ya hemos visto que la intención del hablante puede expresar duda, hipótesis o deseo, por ejemplo. Pero también hay que tener en cuenta casos como los siguientes:

Creo que lloverá.	*I think it will rain.*
Creo que no lloverá.	*I think it won't rain.*
No creo que llueva.	*I doubt (that) it will rain.*

Se podría argumentar que "No creo que llueva" conlleva más duda que "Creo que no lloverá", aunque esencialmente ambas oraciones son iguales en su significado. Incluso nos podríamos preguntar por qué no es idiomático decir "Creo que llueva", siendo como es el verbo "creer" un verbo que transmite información subjetiva. Por otra parte, verbos como "comprender" y "entender" requieren el uso del subjuntivo en la oración subordinada. Por ejemplo: "Comprendo que quieran mejorar su nivel de vida". También puede sorprender el uso del subjuntivo en expresiones como "El hecho de que sea uno de los dueños, no le autoriza a vender la empresa". Cabe preguntarse por qué se utiliza el subjuntivo si es un hecho, esto es, una realidad que él es uno de los dueños de la empresa. Como veremos más adelante, el indicativo también se puede utilizar después de esta construcción.

B. Formas del presente del subjuntivo

1. La vocal temática en el presente de indicativo es distinta de la del subjuntivo.
   En indicativo se utiliza -**a** en la primera conjugación, mientras que en subjuntivo se utiliza -**e**. Por ejemplo: Quieren que cantes. Es mejor que hablemos
2. Lo contrario ocurre con las vocales de la segunda y tercera conjugación.

En indicativo se usa -**e** en la segunda y en la tercera conjugación, mientras que en subjuntivo se utiliza -**a**. Por ejemplo: Te ruego que comas. Tal vez asistan.

INDICATIVO		SUBJUNTIVO	
canto	cantamos	cante	cantemos
cantas	cantáis	cantes	cantéis
canta	cantan	cante	canten
bebo	bebemos	beba	bebamos
bebes	bebéis	bebas	bebáis
bebe	beben	beba	beban
vivo	vivimos	viva	vivamos
vives	vivís	vivas	viváis
vive	viven	viva	vivan

C. Formas del imperfecto de subjuntivo

Respecto al imperfecto de subjuntivo, se forma con la base de la forma de la tercera persona del plural del pretérito perfecto simple. Para ello, únicamente se elimina la terminación -**ron** y se le añade una de las dos posibles terminaciones correspondientes del imperfecto de subjuntivo. Por ejemplo:

pretérito perfecto simple:

ellos **cantaron** > **canta-**
ellos **dijeron** > **dije-**
ellos **supieron** > **supie-**
ellos **tradujeron** > **traduje-**

terminaciones del imperfecto de subjuntivo:

-ra/-se	-ramos/-semos
-ras/-ses	-rais/-seis
-ra/-se	-ran/-sen

Modelos: cantar, comer, vivir

cantara/cantase	cantáramos/cantásemos
cantaras/cantases	cantarais/cantaseis
cantara/cantase	cantaran/cantasen
comiera/comiese	comiéramos/comiésemos
comieras/comieses	comierais/comieseis
comiera/comiese	comieran/comiesen
viviera/viviese	viviéramos/viviésemos
vivieras/vivieses	vivierais/vivieseis
viviera/viviese	vivieran/viviesen

Deseaban que Ud. cantara/cantase.	*They wanted you to sing.*
Sería preferible que se lo dijeras/dijeses.	*It would be preferable that you told them (for you to tell them).*
Quizás ya lo supieran/supiesen.	*Perhaps they already knew it.*
Ojalá tradujeran/tradujesen el libro.	*I wish they would translate the book.*

D. El subjuntivo en oraciones impersonales

El uso del indicativo o del subjuntivo en la oración subordinada depende del nivel de certeza de la oración impersonal. Si indica certidumbre, se emplea el modo indicativo. De lo contrario, el verbo en la oración subordinada va siempre en subjuntivo.

Indicativo

a. Es verdad que la economía tiene altibajos.
   It's true that the economy has ups and downs.
b. Era cierto que había llovido.
   It was certain that it had rained.
c. Es evidente que la temperatura ha cambiado.
   It's evident that the temperature has changed.
d. Es seguro que tendremos una buena cosecha este año.
   It's safe to say that we will have a good harvest this year.
e. Ocurre que me he quedado sin dinero.
   It so happens that I find myself without any money.
f. Sucede que no tengo ganas de salir.
   It so happens that I don't feel like going out.

Subjuntivo

a. Es conveniente que revises las cuentas.
   It's a good idea for you to (that you) review the accounts.
b. Sería extraño que no llamasen.
   It would be strange for them not to call (that they don't call).
c. Será necesario que llames al mecánico.
   It will be necessary for you to call the mechanic.
d. Era dudoso que hubieran llegado a tiempo.
   It was doubtful that they would have arrived on time.
e. Es curioso que me preguntes eso.
   It's curious that you're asking me that.

E. El subjuntivo con "el hecho de que" y "el que"

1. Se trata de oraciones subordinadas sustantivas en las que **el hecho de que/el que** actúan como sujeto de la oración. Tratándose de **el que,** siempre se emplea el modo subjuntivo.

   El que no lloviera en primavera causaría una mala cosecha.
   El que lleguen tan tarde a casa me tiene preocupado.

2. Sin embargo, **el hecho de que** puede usarse con subjuntivo o con indicativo.

   A. El hecho de que ahora no haya trabajo, no significa que no lo habrá en el futuro.

   B. El hecho de que ahora no hay trabajo, no significa que no lo habrá en el futuro.

   La diferencia entre A y B se explica como una cuestión de subjetividad y objetividad. En A el hablante considera la situación subjetivamente con un significado parejo a "considero que no hay trabajo", mientras en B el significado objetivo es "se sabe que no hay trabajo".

3. No se debe confundir **el que** en oraciones subordinadas sustantivas con **el que** en oraciones subordinadas adjetivales. En los ejemplos anteriores actúa como sujeto de la oración, mientras que en los ejemplos siguientes se trata de un pronombre relativo y puede utilizarse con el modo indicativo o subjuntivo.

   A. Llévate el que más te gusta.

   B. Llévate el que más te guste.

   En A el hablante sabe cuál es el libro favorito de la persona que se lo llevará; por eso, emplea la forma del indicativo. Pero en B no lo sabe y tiene que utilizar el subjuntivo, puesto que el referente es hipotético. A continuación estudiaremos este concepto en la sección de las oraciones subordinadas adjetivales.

Ejercicios

A. El dueño de la empresa habla a sus empleados. Completa las siguientes oraciones según tu criterio:

1. Es importante que _____

2. Era necesario que _____

3. No era verdad que _____

4. Es increíble que _____

5. Parece que _____

6. Sería conveniente que _____

7. Será mejor que _____

8. Es imposible que _____

B. Eres el entrenador del equipo universitario de baloncesto. Van a jugar el último partido de la temporada y necesitan ganar para participar en el campeonato estatal. Para animar al equipo, ofrece a los jugadores unos consejos.

Modelo: Será mejor que duerman bien esta noche.

_____

_____

_____

C. Describe lo que deseaban las siguientes personas, usando el imperfecto de subjuntivo del verbo entre paréntesis.

1. El mesero quería que ellos le _____ (dar) propina.

2. Yo quería que tú _____ (venir) a la fiesta.

3. Guillermo quería que Silvia le _____ (hacer) un favor.

4. Carmen quiso que Roberto le _____ (traer) el libro.

5. Yo insistí en que los niños me _____ (decir) la verdad.

6. Mi familia deseaba que yo _____ (buscar) trabajo.

7. Mis amigos me pidieron que yo les _____ (ayudar) con la tarea.

8. Mi hermano quería que yo lo _____ (llevar) al cine.

9. Los vecinos exigieron que nosotros _____ (bajar) el volumen.

10. El maestro deseaba que nosotros _____ (saber) la respuesta.

D. La pareja, Verónica y Pablo, están en el restaurante celebrando la conclusión de un proyecto difícil. Completa las siguientes oraciones con la forma apropiada del verbo.

1. Pablo: Yo quería que tú _____ (recibir) el crédito que merecías.

2. Verónica: Ya sabes que Carmen quiso que Roberto _____ (ser) el encargado.

3. Pablo: Yo insistí en que Roberto te _____ (nombrar) jefa.

4. Verónica: Te lo agradezco y estoy muy contenta de que todo _____ (haber salido) bien.

5. Verónica: Es verdad que los otros me _____ (apoyar) mucho.

6. Pablo: Bueno, me parece que el mesero espera que _____ (decidir) pronto.

E. Al manejar a casa, Dolores se siente muy frustrada. Completa las oraciones con la forma apropiada del verbo.

1. Dolores le exigió a su primo que le _____ (componer) su carro.

2. Siempre toma café cuando _____ (conducir) de madrugada.

3. Le gustaría que sus padres le _____ (comprar) otro carro.

4. Busca un mecánico que _____ (ser) competente.

5. Maneja como si _____ (tener) mucho tiempo.

6. Ojalá que _____ (poner) un semáforo en el cruce.

F. En parejas, escribe una lista de cinco recomendaciones para los nuevos estudiantes que seguirán este curso de español el próximo semestre.

II. Los mandatos y ruegos (imperativos)

A. El modo imperativo

El imperativo es un modo con el que se pretende mandar o influir en el comportamiento de las personas. Se puede dar órdenes a segundas personas (singular y plural), en sus modalidades formales e informales (**tú, Ud.** y **vosotros, Uds.**) y a la primera persona del plural (**nosotros**). Aunque algunas gramáticas incluyen la primera persona del singular del imperativo como, por ejemplo, ¡Vaya yo!, expresiones de este tipo no son comunes. Si bien es cierto que existen ejemplos de expresiones como "¡Vaya yo caliente, ríase la gente!", se trata más bien de oraciones subordinadas adverbiales condicionales, análogas a "Siempre y cuando yo vaya caliente, puede reírse la gente". Para las otras personas, **él, ella, ellos, ellas,** se emplean imperativos indirectos con el sujuntivo:

¡Que lo hagan ellos! *Let them do it*!

¡He dicho que se sienten! *I've told you to sit down*!

¡Que traiga el dinero que me debe! *(She better) Bring me the money she owes me*!

¡Que trabaje Rita! *Rita better get to work*!/*Let Rita do the work*!

B. Las formas de los imperativos con "usted" y "ustedes"

1. Formación de los imperativos en el modo afirmativo. Para formar los imperativos de la forma **usted** se toma la primera persona singular del presente de indicativo sin la -o final y se añade -e para los verbos de la primera conjugación (comprar), y -a para los verbos de la segunda y tercera conjugación (comer, vivir). Para formar los imperativos de la forma **ustedes**, se añade -n.

compr-o> compr-e	beb-o > beb-a	viv-o > viv-a
¡Compre!	¡Beba!	¡Vivan!
¡Compren!	¡Beban!	¡Viva!

2. Ténganse en cuenta las formas irregulares de algunos verbos. Por ejemplo:

VERBO: 1ᴬ PERSONA DEL INDICATIVO	1ᴬ PERSONA DEL SUBJUNTIVO
poner: pongo	> ponga
decir: digo	> diga
traer: traigo	> traiga
hacer: hago	> haga
dar: doy	> dé
ir: voy	> vaya
saber: sé	> sepa
ser: soy	> sea

3. Imperativo en negativo: Se añade el adverbio de negación, **no**, delante del imperativo.

Compre.	No compre.
Pongan.	No pongan.
Díganlo.	No lo digan.

C. Las formas de los imperativos con "tú"

1. La forma afirmativa de la segunda persona es la misma que la tercera persona del singular del presente de indicativo (él/ella/Ud.).

-ar > -a   -er > -e   -ir > -e

(Tú) Comprar: ¡Compra!   Beber: ¡Bebe!   Vivir: ¡Vive!

2. **Imperativo negativo:** Primero, debe añadirse el adverbio **no** delante del imperativo. El imperativo se forma a partir de la raíz del presente del indicativo y las terminaciones -**es**, para los verbos terminados en -**ar**, y -**as** para los verbos terminados en -**er** e -**ir**.

¡No compr**es**! ¡No beb**as**! ¡No viv**as**!

3. Existen algunas excepciones entre los verbos irregulares:

VERBO	AFIRMATIVO	NEGATIVO
hacer	haz	no hagas
poner	pon	no pongas
salir	sal	no salgas
tener	ten	no tengas
venir	ven	no vengas
decir	di	no digas
ir	ve	no vayas
ser	sé	no seas
saber	sabe	no sepas

D. Posición de los pronombres

1. Los pronombres reflexivos y de objeto van ligados al final del verbo en el imperativo afirmativo.

    ¡Entrégaselo! (Entrega el cuaderno a María). (**se** O.I., a ella; **lo** O.D., el cuaderno).

2. En los imperativos negativos, los pronombres reflexivos y los pronombres de objeto preceden al verbo.

    ¡No **se lo** entregues! (**se** O.I., a ella; **lo** O.D., el cuaderno).
    ¡No **te me lo** lleves! (**te**, pronombre reflexivo; **me**, O.I.; **lo**, O.D.).

E. Imperativo con "vosotros"

1. El imperativo en afirmativo se forma eliminando la -**r** del infinitivo y añadiendo una -**d**.

    ¡Cantad conmigo!
    ¡Bailad el vals!
    ¡Id a visitarla!

2. Los pronombres reflexivos y de complemento se añaden al final del imperativo.

    No os olvidéis de sacar la basura. ¡Lleváosla!
    No os dejéis la comida. ¡Coméosla!

3. Con el pronombre reflexivo "**os**" agregado al verbo se elimina la -**d**.

    ¡Callad!, ¡Callaos!
    ¡Marchad!, ¡Marchaos!

    Pero la -**d** no se pierde tratándose del verbo **ir**:

    ¡Idos!

4. En la forma negativa los pronombres preceden al verbo.

    ¡No os la llevéis!
    ¡No os la comáis!

5. En los dialectos latinoamericanos donde se emplea **vos** como segunda persona del singular, los imperativos coinciden por lo general con los de **vosotros**, con la salvedad de que si bien se elimina la -**r** del infinitivo, no se añade la -**d.**

(Vos) ¡Salí!, (cf. vosotros, ¡Sali**d**!)
(Vos) ¡Soltá! (cf. vosotros, ¡Solta**d**!)

6. En la forma negativa hay variantes según la región, pero la más común es la que elimina la semivocal del diptongo.

¡Decí por qué no querés!

No se usa el pronombre "os" en los dialectos del voseo, sino "te", el derivado de "**tú**".

¡Sentáte vos! (cf. ¡Sentaos vosotros!)

F. Imperativo con nosotros

1. Se puede dar una orden o mandato a otras personas entre las que se incluye el hablante. En tal caso utilizamos la primera persona del plural.

¡Hablemos del amor!
¡Amemos al prójimo!

2. El verbo **ir** puede emplear dos formas en la primera persona del plural, **vamos** y **vayamos.** Además, también se utilizan las formas reflexivas de **irse,** con un ligero cambio de significado (**ir** *'to go'*, **irse** *'to go away'*).

¡Vamos a la playa!
¡Vayamos a la playa!
¡Vámonos a la playa!
¡Vayámonos a la playa!

3. Con los pronombres **nos** y **se** la -**s** final del verbo desaparece.

Probemo**s** + nos + la > ¡Probémo + nos + la!   pronombre   O.D.   reflexivo

¡Sentémonos!

¡Comprémonoslo!

¡Démosela!

4. En la forma negativa, los pronombres preceden al verbo:

¡No nos sentemos!
¡No nos lo compremos!
¡No se la demos!

G. Otras posibilidades

1. El presente de indicativo puede actuar como un imperativo.

¡Tú te vienes a casa!
You come home (right now)!
¡Ustedes se callan y hacen lo que yo les diga!
(You all) Be quiet and do what I tell you!

2. Igualmente, el futuro puede hacer las funciones de imperativo.

¡Tú te irás a la cama!   *You will go/get to bed!*

¡Usted abrirá la maleta!   *You will open/open this suitcase!*

3. El infinitivo aparece frecuentemente en rótulos con un significado imperativo.

Entrar por la puerta de atrás.	*Enter through the back door.*
¡No tocar! Peligro de muerte.	*Don't touch! Danger of death.*
¡No fumar!	*No smoking!*

Ejercicios

A. Adela y Ramón están en un balneario y se hacen preguntas. El mesero también los atiende. Contesta a las siguientes preguntas en afirmativo o en negativo. Contesta con la forma **tú** del imperativo si en la pregunta se usa la forma informal y con la forma de **Ud.** si en la pregunta se usa la forma formal.

1. Adela: ¿Te pongo el aire acondicionado?
2. Ramón: ¿Quieres que salga a comprarte un sombrero de paja?
3. Adela: ¿Voy contigo a hablar con el gerente?
4. Mesero: ¿Desea Ud. que le traiga algo más?
5. Mesero: ¿Le hago a Ud. un café?
6. Ramón: ¿Quieres que bailemos esta noche?
7. Adela: ¿Te espero en la puerta?
8. Mesero: ¿Quieren que les prepare algo más?
9. Ramón: ¿Deseas que te diga la verdad?

B. Dile a un amigo que va a matricularse en la universidad a la que tú asistes lo que tiene que hacer para matricularse. Utiliza los siguientes verbos en orden cronológico para no tener problemas.

1. ir	6. llevar
2. salir	7. pedir
3. acordarse de	8. escribir
4. pagar	9. decir
5. volver	10. preguntar

C. Imagínate que has decidido invitar a tus compañeros de la clase de español a una fiesta en un restaurante mexicano. Explícales cómo llegar allí usando los siguientes verbos y otros que consideres necesarios.

1. ir	6. entrar
2. estacionar	7. no tomar
3. salirse	8. sentarse
4. no esperar	9. no desviarse
5. torcer	10. pedir

CAPÍTULO

8

Escritor sociólogo

PASO 1 ¡A CONVERSAR!

Ampliar el vocabulario

Ejercicios basados en la lectura de "Lección de cocina", de Rosario Castellanos

A. *Ampliar el vocabulario.* Explica el significado de las siguientes palabras.

1. lección: _____

2. desvanacerse: _____

3. ruiseñor: _____

4. afanes: _____

5. solidez: _____

B. Ofrece algunas palabras tuyas para describir a la esposa y al esposo; después ofrece algunas palabras utilizadas para describir la carne en sus varias etapas de cocinarse.

ESPOSA	ESPOSO	LA CARNE

Hablemos personalmente: Los grupos

Explora estas preguntas primero con un/a compañero/a. Después repasa la información con toda la clase.

1. ¿Es verdad que somos seres sociales y que nos gusta formar parte de grupos? ¿Por qué? ¿Por razones de interés mutuo? ¿Por qué necesitamos la ayuda de otras personas y nos sentimos

inseguros para hacer frente a las adversidades? ¿Cuáles son los grupos en que participas tú, por ejemplo, clubes en la universidad o en tu ciudad? ¿Por qué decidiste asociarte a dicho grupo?

2. ¿Cómo caracterizarías tú estos distintos grupos en que interactúas? A menudo, las personas pertenecen a varios grupos: de algún deporte, de la iglesia, o de pasatiempos como el baile, la lectura, la costura o los juegos de ordenador. Incluso forman una colectividad de grupos las familias y los grupos étnicos. ¿Es necesario ser miembro del grupo para describirlo o se puede definir sus características aun sin formar parte del grupo?

3. Solemos usar los estereotipos para caracterizar a distintos grupos, como los atletas, las personas estudiosas o los miembros de otras nacionalidades. Piensa en los estereotipos de varios grupos. ¿De qué manera son útiles para reflejar una realidad y cómo evidencian estos aspectos una imagen equivocada o distorsionada de la realidad?

4. Reflexiona sobre el significado de "grupo". Escoge un grupo que se autocaracterice como tal y escribe unos párrafos sobre los aspectos positivos y negativos del mismo.

PASO 2 ¡A REDACTAR!

Estrategias para editar: Manejar la variedad

En estos capítulos hemos visto cómo los ensayos analíticos se basan tanto en el contenido como en el estilo. Para presentar un argumento defendible, se necesita utilizar varias estrategias: establecer un tono apropiado según el registro y el lenguaje utilizado; incluir una variedad de oraciones, dirigidas a un público en particular; incorporar tanto las ideas del propio texto como el apoyo de otras fuentes para sustentar tu tesis y presentarla de forma llamativa y razonada. Por último, es importante incluir toques personales que expresen tu propia evaluación y/o ideas.

Prestar atención a todos estos factores indica un nivel avanzado de escritura. Al editar un borrador, lo importante es entender cómo planear y cambiar tanto el contenido como la estructura y el estilo. Crear tu propia voz es el resultado de haber practicado, una y otra vez, la variedad, hasta encontrar tu propio estilo de expresión.

¿Recuerdas algunas etapas de la escritura cuando te resultaba sencillo pensar en ideas y tomar decisiones sobre la estructura y el estilo a emplear? ¿Y aquellos otros momentos cuando estabas sentado/a frente a la pantalla, sin tener una idea clara? ¿U otros momentos cuando escribiste algo, sólo para borrarlo y empezar de nuevo, hasta que encontraste la palabra precisa para representar la idea?

Ahora que hemos estudiado tantas estrategias para escribir y editar, vale la pena reflexionar sobre tus propios métodos para crear variedad en la escritura. Es también útil saber integrar las ideas de otros, de forma directa o no, con nuestras ideas.

Práctica de redacción

A continuación, presentamos un modelo estudiantil sobre el equipo de atletismo de una escuela secundaria. En el ensayo se mezclan el resumen, la descripción, la opinión y el análisis. Nuestro trabajo consiste en averiguar si esta combinación de técnicas se integra bien en el ensayo. Estudiamos también el uso de citas y si están incluidas de forma natural o no.

Uniforme multitalla

¶1. Gordos y flacos, negros y blancos, altos y enanos, hombres y mujeres; no importa la envoltura, todos tienen algo en común, el orgullo de ser miembros del equipo de atletismo. En los eventos de pista y en los de campo todos los miembros del equipo de atletismo compiten con una sola idea en mente: ganar su evento para ganar como equipo la competencia. Este deporte ejemplifica el valor de la competencia individual y de grupo por muchas razones: la salud y el bienestar de la sociedad. El grupo de atletas que compone las subdivisiones del equipo de pista son los corredores de larga y media distancia, los corredores de corta distancia, y los corredores de vallas. Los saltadores y los lanzadores componen la division de campo en el equipo de atletismo. Aunque cada grupo de atletas puede competir aisladamente para concentrarse y ganar los eventos en los cuales participan, lo único que cuenta a fin de cuentas es si el equipo, como conjunto, gana o pierde.

¶2. Anglosajones, mexicanos, afro-americanos, chinos y otros grupos étnicos componen el equipo de atletismo de la mayoría de las preparatorias públicas en California. Según el Director, el grupo encargado de ordenar los competencias entre ligas, "*High school track teams display the unique talents of individual competitors, but with the larger goal of winning what is ultimately a team sport.*"[1] Unos miembros del grupo de corredores se distinguen, ya que al parecer tienen más energía que el conejillo rosa que anuncia las pilas *Energizer*. Un grupo relativamente pequeño de al parecer pseudo-masoquistas, corredores de larga distancia, corren por horas alrededor del óvalo simétrico de tierra comprimida al parecer sin una razón, ellos argumentan que corren lo necesario para calentar los músculos. Unos corren por menos tiempo que otros. Los que corren cortas distancias parecen ser disparados por una especie de bloques que parecen estar especialmente diseñados para colocar sus zapatillas. Las zapatillas especiales de peso diminuto tienen una suela de plástico inflexible que en la parte frontal tienen adheridos unos clavos de acero. Con esas garras, estas bestias musculosas luchan a lo largo de cien y hasta cuatrocientos metros. Unos más audaces saltan sobre unas vallas, imitando el trote de una gacela, ya que al parecer el sólo correr no les presenta suficientemente dificultad. Estas máquinas que intentan ejecutar sus zancadas a la perfección, practican una y otra vez repetidamente sus movimientos antes, durante y después de esquivar las vallas de más de un metro de altura.

¶3. Mormones, judíos, cristianos: se unen para crear un grupo con un próposito en común, el ganar. Es bueno ¿no? Se ha estudiado el desarrollo del individuo dentro de los deportes demostrando los valores que tienen.[2] También se ha estudiado cómo la participación en los deportes combate la violencia de los niños. El equipo de atletismo ofrece un modelo para desarrollar la actividad física de forma segura. Lo que dice Paul Wright, "*As we begin the new millenium, few issues are more pressing than violence. It seems to be woven into the fabric of our society…As a society we need to find a variety of ways to teach our children how to resolve conflict, control anger, and respect life…What better setting to learn these lessons than a trusted, caring adult such as a coach?*"[3]

¶4. Algunos miembros de la división de campo un poco desquiciados se elevan por más de quince pies sobre el nivel del suelo para clarear una barra plástica con la ayuda de una garrocha de fibra de vidrio. Estos atletas no son típicamente tan musculosos como los co-

---

[1]Dempsey, John. Entrevista personal, marzo, 2001.

[2]Shields, David Light. "Moral Reasoning in the Context of Sport," artículo presentado en el congreso anual de la Asociación de Educación Moral, Minneapolis, MN, 1999.

[3]Wright, Paul. "Violence Prevention: What Can Coaches and Sports Educators Do?", artículo presentado en el congreso anual de la Asociación de Educación Moral, Minneapolis, MN, 1999.

rredores de corta distancia, sin embargo prototípicamente el saltador con garrocha necesita tener una musculatura excepcional. Otros atletas un poco más cuerdos también intentan saltar sobre una barra plástica, aunque ésta sólo se encuentra usualmente entre cinco y seis pies y medio del suelo. Estos atletas toman zancadas que particularmente son muy largas para poder elevarse sobre esta barra plástica. Uno de los factores físicos del atleta que toma parte en este evento es su altura, entre más alto el atleta más potencial tiene para clarear más altura. Otros atletas, de la división de campo que compiten a los costados interiores de la pista, retan a la gravedad al intentar mantenerse en el aire y recorrer la mayor distancia posible. Estos jóvenes parecen gozar al caer de sentón sobre una fosa de arena. Estos atletas a larga distancia parecen ser más delgados y de cuerpos más alongados, similarmente a los participantes del salto de altura, que los demás atletas. Estos participantes del salto de longitud intentan tomar la mayor velocidad posible para poder volar por los aires y romper la barrera de los siete metros.

¶5. Ricos y pobres, hijos únicos y huérfanos: en la pista y en el campo todos son iguales, con el mismo uniforme y con un mismo propósito. Según F. Clark Power, "*we learned, often the hard way, that changing the peer culture required much more than simply leading stimulating moral discussions. We had to seize every opportunity to convince students to see themselves as part of a cohesive community. Sports offer that opportunity.*"[4] La segunda división del grupo de campo es el grupo de gigantes que se dedican a lanzar un disco o una esfera de plomo lo más lejos posible para probar su superioridad física. Los lanzadores del disco y de la esfera de plomo usualmente son los más fornidos y corpulentos de todo el equipo de atletismo y en muchas ocasiones los mismos atletas compiten en las dos disciplinas ya que al nivel de preparatoria en California no se permite lanzar el martillo y la jabalina por la seguridad de los otros atletas. Al lanzar el disco, estos titanes tienen que rotar muchas veces, sin salirse de una area designada, para poder generar el suficiente impulso que les permita cortar el aire con un platillo de plomo de siete libras. Los lanzadores de la esfera de plomo giran menos veces ya que la esfera pesa más que el disco; por este motivo la esfera no es lanzada sino proyectada de una forma muy peculiar. El atleta pone la esfera entre la palma de su mano y su hombro adyacente a su cabeza y con dos o tres revoluciones de 360° proyecta la esfera de once libras hacia una fosa de tierra.

¶6. Novatos y veteranos, del primer año y futuros graduados: en la pista y en el campo lo único que cuenta es el talento. Los más jóvenes aprenden de los que al parecer tienen más experiencia. Aunque la mayoría de los atletas tienen una confección física dependiendo del evento en que participan, siempre hay alguien que no está prototípicamente diseñado para cierto tipo de evento; sin embargo lo bello de la competencia a este nivel es que la perfección no importa. Lo que importa es crear una unión entre los miembros del equipo para disfrutar de las victorias y alentarse en las derrotas. En un equipo de atletismo siempre existirá diversidad, pero cuando hacen la tercera llamada para el evento en que el atleta va a participar, todo se olvida puesto que le ha llegado la hora de disputar los cinco puntos que ganan el primer lugar.

---

[4]Power, F. Clark. "Building a Democratic Community: A Radical Approach to Moral Education," capítulo en Lawrence Kohlberg's Approach to Moral Education. Nueva York: Columbia University Press, 1989.

Práctica

1. *El título y la primera oración.* ¿Qué opinas del título y de la primera oración?

2. *El tema y la tesis de la lectura.* Evalúa el tema y la tesis de la lectura. ¿Queda clara la tesis?

3. *La coherencia del ensayo.* Usando la clave editorial, vuelve a leer el ensayo y ofrece sugerencias sobre el propósito, el desarrollo y la organización, el aspecto gramatical y el aspecto

estilístico del ensayo. Subraya las oraciones que sean válidas para el argumento y haz un círculo alrededor de las oraciones que deban cambiarse.

4. *La precisión y la concisión.* ¿Sugieres cambios?

5. *La separación de los párrafos.* Evalúa la separación de los párrafos y el uso de transiciones. ¿Se suceden los párrafos en un orden lógico? Destaca la oración temática de cada párrafo. ¿Hay oraciones que se puedan eliminar o incluir en otro párrafo?

6. *El tiempo verbal y la voz pasiva o activa.* ¿Qué efectos estilísticos produce la selección de los tiempos verbales y de la voz activa/pasiva? ¿Recomiendas algún cambio?

7. *El uso del lenguaje y el registro.* ¿Qué tipo de registro adopta la escritora? Escoge citas que lo ejemplifiquen. ¿Qué tipo de lenguaje utiliza? Apoya tus comentarios con ejemplos. ¿Hay variedad en el uso de las oraciones? ¿Existe concordancia entre el registro y el lenguaje que utiliza?

8. *El uso de recursos bibliográficos.* Respecto al uso de citas, ¿apoyan éstas la oración temática del párrafo? Si no añaden nada relevante, elimínalas. ¿Hay otras oraciones en el ensayo que carezcan de una cita? Repasa el resto de los párrafos y asegúrate de que el escritor haya apoyado bien sus ideas.

9. *Comentario general.* Repasa todos tus comentarios y ofrece un análisis y una nota de evaluación.

PASO 3 ¡A MEJORAR!

Repaso de gramática

I. El subjuntivo y la subordinación

A. La subordinación

1. Para continuar con el estudio del modo subjuntivo, enfoquémonos ahora en su uso dentro de la subordinación. Como su nombre indica, las oraciones subordinadas dependen de oraciones principales que las rigen. Así, por ejemplo, en la oración "Ella quiere que el niño regrese a casa temprano", "que el niño regrese a casa temprano" es una oración subordinada de la oración principal "Ella quiere". Sintácticamente, esta oración subordinada actúa como si se tratase de un sustantivo.

SUJETO	VERBO	OBJETO
Ella	quiere	que el niño regrese a casa temprano. (eso)
She wants the boy to come home early.		

La oración subordinada sustantiva "que el niño regrese a casa temprano" tiene la función de un sustantivo, ya que equivale al pronombre demostrativo neutro "eso", el cual a su vez cumple la función de un sustantivo.

2. Las oraciones subordinadas sustantivas pueden llevar un verbo en modo indicativo o en subjuntivo, según la naturaleza semántica del verbo, o sea, según el significado del verbo. Con los verbos de la oración principal que indiquen emoción (felicidad, tristeza, enojo, temor, sorpresa, satisfacción, esperanza…), deseo (ganas, preferencia, petición…), duda y negación (sospecha, recelo, incredulidad…) siempre se usará el modo subjuntivo en la oración subordinada.

   a. Me alegro de que puedas venir a la fiesta. (emoción)
      I'm happy that you can come to the party.
   b. Sentimos que tengan que marcharse tan pronto. (emoción)
      We're sorry that you have to leave so soon.
   c. Prefirieron que les llevases la comida a su cuarto. (deseo)
      They preferred that you bring their meal to their room.
   d. Me apetece que me traigan un postre. (deseo)
      I'd like you to bring me dessert.
   e. Desconfiaba de que por fin le pagaran lo que le debían. (duda/negación)
      He was doubtful that they would ever pay him what they owed him.
   f. Dudo de que se acuerden de mí. (duda/negación)
      I doubt they remember me.
   g. Negó que lo hubiera hecho. (duda/negación)
      He denied that he had done it.

3. Sin embargo, con aquellos verbos que no denotan ninguna de las categorías semánticas indicadas, se utiliza el modo indicativo en la oración subordinada.

   a. Confiaba en que por fin le pagarían lo que le debían.
      He trusted that they would finally pay him what they owed him.
   b. No dudo de que se acuerdan de mí.
      I don't doubt that they remember me. I'm sure they remember me.
   c. Sabemos que lo había hecho.
      We know (that) he had done it.

4. Para constatar la importancia del contenido semántico del verbo en la oración principal, consideremos las siguientes cláusulas:

   A. Dicen   que gastamos el dinero en lo necesario.

   They say that we are spending/spend the money on what is necessary.

   B. Dicen   que gastemos el dinero en lo necesario.

   They are telling us to spend the money on what is necessary.

En la oración A se emplea el modo indicativo porque "Dicen" tiene el significado de informar o comunicar algo. Por el contrario, en la oración B "Dicen" implica un significado de mandato u orden, por eso el verbo en la oración subordinada debe ir en modo subjuntivo. Esto se observa más claramente si sustituimos los verbos de las oraciones principales por otros verbos con el mismo significado:

   Informan/comunican que gastamos el dinero en lo necesario.

   Ordenan/mandan que gastemos el dinero en lo necesario.

5. Igualmente, la diferencia en el contenido semántico de las siguientes oraciones es el resultado de la utilización del verbo en subjuntivo o en indicativo en la cláusula subordinada:

a. Siento que a mi amigo le <u>ocurre</u> algo. (Tengo el presentimiento.)
   I think that something is happening to my friend.
b. Siento que a mi amigo le <u>ocurra</u> algo. (Tengo tristeza.)
   I'm sorry that something is happening to my friend.

6. Las diferencias semánticas son, a veces, más sutiles.

   a. Comprendo/entiendo/me hago cargo de que tenga que faltar a clase. (Razonamiento subjetivo)
      I understand that she <u>may have</u> to miss class.
   b. Me doy cuenta de/soy consciente de que tiene que faltar a clase. (Razonamiento objetivo)
      I realize that she <u>has</u> to miss class.
   c. Admito que llegan tarde. (Reconozco ese hecho.)
      I recognize that they <u>are arriving</u> late.
   d. Admito que lleguen tarde. (Permito ese hecho.)
      I'll <u>allow them to arrive</u> late.
   e. Repito que llegan tarde. (Insisto en que ocurre ese hecho.)
      I repeat (that) they <u>are arriving</u> late.
   f. Repito que lleguen tarde. (Ordeno una y otra vez que cumplan con mi deseo.)
      I repeat, (that) they <u>ought to arrive</u> late.

B. El subjuntivo en oraciones impersonales (subordinación sustantiva)

Las oraciones impersonales son construcciones sin sujeto explícito.

SUJETO	VERBO	OBJETO
Ø	Es mejor	que hagas la tarea.
It's best that you do the homework.		
Ø	Sería preferible	que dejases de fumar.
It would be preferable if you stopped smoking.		

C. El subjuntivo en oraciones subordinadas adjetivales

1. Las oraciones subordinadas adjetivales actúan como si fueran adjetivos de la oración principal.
   O sea, modifican nombres o pronombres de la oración principal, igual que lo hace un adjetivo.
   Por ejemplo:

   | | **Adjetivo** |
   Tengo un canario | muy hablador.
   I have a very talkative canary.

   (Oración principal) | **(Oración subordinada adjetival[0])**
   Tengo un canario | que habla mucho.
   I have a canary that talks a lot.

En la oración subordinada "que" es un pronombre relativo cuyo antecedente es "un canario".
Como podemos observar, el verbo en la oración subordinada está en modo indicativo. No obstante,
en los siguientes casos el verbo de la oración subordinada requiere el modo subjuntivo:

2. Si se desconoce o no existe el referente de la oración principal.

    a. No conozco a nadie que pueda resolver el problema.
       I don't know anyone who can solve the problem.
    b. No había nada que pudiéramos hacer.
       There was nothing that we could do.
    c. Se necesitan profesores que sepan español e inglés.
       They need professors who know Spanish and English.
    d. Me matricularé en la clase que Ud. diga.
       I'll register for whatever class you say/tell me.
    e. ¡Haz lo que quieras!
       Do whatever you want!

3. En las siguientes oraciones se conoce el referente y, por tanto, el verbo de la oración subordinada debe ir en modo indicativo:

    a. Conozco a alguien que puede resolver el problema.
       I know someone who can solve the problem.
    b. Había algo que podíamos hacer.
       There was something that we could do.
    c. Se necesitan los profesores que saben español e inglés.
       The professors who know Spanish and English are needed.
    d. Me matricularé en la clase que Ud. dice.
       I'll register for the class you tell me (to take).
    e. ¡Haz lo que quieres!
       Do what you want!

4. En los siguientes ejemplos se conoce el referente y por lo tanto el verbo en la oración subordinada debe ir en modo indicativo. Si se desconoce la existencia del referente y éste es una persona, se omite la "a personal" (excepto con **alguien** y **nadie**).

    a. Busco una persona que sepa hablar guaraní.
       I'm looking for a person who knows how to speak Guaraní.
    b. Busco a alguien que sepa hablar guaraní.
       I'm looking for someone who knows how to speak Guaraní.
    c. Busco a una/la persona que sabe hablar guaraní.
       I'm looking for a/the person who knows how to speak Guaraní.
    d. Conozco a alguien que sabe hablar guaraní.
       I know someone who knows how to speak Guaraní.

Pero:
    e. No conozco a nadie que sepa hablar guaraní.
       I don't know anyone who knows how to speak Guaraní.

D. El subjuntivo en oraciones subordinadas adverbiales

1. Las oraciones subordinadas adverbiales cumplen una función adverbial, puesto que modifican los verbos de la oración principal de la misma manera que lo hace un adverbio.

Adverbio

Viajaba   de incógnito
He travelled anonymously/incognito.

Oración principal   Oración subordinada

Viajaba   sin que supieran su identidad.

He travelled without anyone knowing his identity/incognito.

2. La oración subordinada funciona en el ejemplo anterior como una alternativa de la frase adverbial "de incógnito". Notemos que el modo en la oración subordinada es el subjuntivo "supieran". Pero esto no es siempre así. Si bien la conjunción **sin que** requiere siempre el uso del subjuntivo, hay otras conjunciones que alternan el uso entre el indicativo y el subjuntivo, según el adverbio elegido.

SUBJUNTIVO: CONJUNCIONES CONDICIONALES Y FINALES	
a menos que	*unless*
a no ser que	*unless*
salvo que	*unless/except*
en caso de que	*in case*
sin que	*without*
antes de que	*before*
con tal (de) que	*provided that*
a condición de que	*with the condition that*
para que	*so that*
a fin de que	*so that*

INDICATIVO: TEMPORALES QUE INDICAN UNA ACCIÓN TERMINADA	
puesto que	*since*
ya que	*now that, since*
como	*since*
ahora que	*now that*
desde que	*since*

INDICATIVO O SUBJUNTIVO: CONJUNCIONES TEMPORALES DE ACCIONES PASADAS (INDICATIVO) O ACCIONES FUTURAS (SUBJUNTIVO)	
cuando	*when*
hasta que	*until*
tan pronto como	*as soon as*
apenas	*when, as soon as*
después de que	*after*
en cuanto	*as soon as*
al mismo tiempo que	*at the same time*
a la vez que	*at the same time*
mientras	*while*
una vez que	*once*

INDICATIVO O SUBJUNTIVO: CONJUNCIONES CONCESIVAS DE ACCIONES VERDADERAS (INDICATIVO) O HIPOTÉTICAS (SUBJUNTIVO)	
aun si	*even if*
aun cuando	*even when*
aunque	*although*
a pesar de que	*although*
pese a que	*although, in spite of*
no obstante	*in spite of*
siquiera	*even if*

INDICATIVO O SUBJUNTIVO: CONJUNCIONES CAUSALES DE ACCIONES EFECTUADAS (INDICATIVO) O FINALES (SUBJUNTIVO)	
como	*if, since*
de modo que	*so that*
de manera que	*so that*
según	*according*
porque	*so that, because*

3. ¿Indicativo o subjuntivo? Como se observa en los cuadros anteriores, el uso del indicativo o sub-juntivo en la oración subordinada adverbial está condicionado por el tiempo en que se desarrolla la acción del verbo en la oración principal y por el motivo que se desea expresar. Si el verbo de la oración principal está en futuro o en condicional, el verbo de la oración subordinada estará en subjuntivo. Si el motivo es condicional, final o hipotético, se usa el subjuntivo; si existe un motivo causal o temporal con acción futura, se usa el subjuntivo. De lo contrario, el verbo de la oración subordinada irá en indicativo. Veamos unos ejemplos.

Oración subordinada en subjuntivo:

a menos que	No podré salir a menos que encuentre las llaves.
salvo que	No podré salir salvo que encuentre las llaves.
sin que	No se irán sin que les paguen lo que les deben.
antes (de) que	Cierra la puerta antes de que te vayas.
con tal (de) que	Te dejo el libro con tal de que no me lo estropees.

Oración subordinada en subjuntivo o indicativo:

Aunque estudio mucho no saco buenas notas. (INDICATIVO)
Aunque estudie mucho no sacaré buenas notas. (SUBJUNTIVO)
Aunque estudié mucho no saqué buenas notas. (INDICATIVO)
Aunque estudiara mucho no sacaría buenas notas. (SUBJUNTIVO)

Esta diferencia entre el indicativo y el subjuntivo se marca en inglés con diferentes conjunciones; por ejemplo, *"even though"* equivale al uso del modo indicativo; por el contrario, *"even if"* equivale al uso del modo subjuntivo.

a. A pesar de que no <u>le gustaba</u>, el niño se comió la sopa. (I)
b. A pesar de que no <u>le guste</u>, el niño se comerá la sopa. (S)

c. Cuando <u>me levanto</u> me cepillo los dientes. (I)
d. Cuando <u>me levante</u> me cepillaré los dientes. (S)

e. El banco nos envía un aviso en cuanto <u>nos quedamos</u> sin fondos. (I)
f. El banco nos envía un aviso tan pronto como <u>nos quedamos</u> sin fondos. (I)
g. El banco nos envía un aviso en seguida que <u>nos quedamos</u> sin fondos. (I)

h. El banco nos enviará un aviso en cuanto <u>nos quedemos</u> sin fondos. (S)
i. El banco nos enviará un aviso tan pronto como <u>nos quedemos</u> sin fondos. (S)
j. El banco nos enviará un aviso en seguida que <u>nos quedemos</u> sin fondos. (S)

k. Siempre me avisan después de que <u>llega</u> la carta. (I)
l. Me avisarán después de que <u>llegue</u> la carta. (S)

m. No me acuesto hasta que no <u>termino</u> la tarea. (I)
n. No me acostaré hasta que no <u>termine</u> la tarea. (S)

o. Una vez que <u>termino</u> de comer, doy un paseo. (I)
p. Una vez que <u>termine</u> de comer, daré un paseo. (S)

4. Respecto al orden de las cláusulas, no es obligatorio colocar la oración principal antes o después de la subordinada y así sería gramaticalmente correcto decir:

a. No saco buenas notas, aunque estudio mucho.
b. Aunque estudio mucho, no saco buenas notas.

c. No sacaré buenas notas, aunque estudie mucho.
d. Aunque estudie mucho, no sacaré buenas notas.

e. No saqué buenas notas, aunque estudié mucho.
f. Aunque estudié mucho, no saqué buenas notas.

g. No sacaría buenas notas, aunque estudiara/estudiase mucho.
h. Aunque estudiara/estudiase mucho, no sacaría buenas notas.

II. Secuencia de tiempos verbales con oraciones subordinadas

Se debe tener en cuenta la correlación verbal conocida como "secuencia de los tiempos verbales entre las oraciones". Hemos visto, por ejemplo, la secuencia:

a. No saco buenas notas, aunque estudio mucho. (presente/presente de indicativo)
b. No sacaré buenas notas, aunque estudio mucho. (futuro/presente de subjuntivo)
c. No saqué buenas notas, aunque estudié mucho. (pretérito/préterito)
d. No sacaría buenas notas, aunque estudiara mucho. (condicional/imperfecto de subjuntivo)

El siguiente cuadro resume las combinaciones de tiempos verbales:

Presente de indicativo	Presente de indicativo
Cuando estudio	escucho la radio.
Pret. imperfecto de indicativo	Pret. imperfecto de indicativo/Pretérito perfecto simple/Pretérito pluscuamperfecto
Cuando estudiaba	escuchaba/escuché/(ya) había escuchado la radio.
Pretérito perfecto simple	Pretérito perfecto simple/ Pret. imperfecto de indicativo/ pretérito pluscuamperfecto
Cuando estudié	escuché/escuchaba/(ya) había escuchado la radio.

Pretérito perfecto compuesto	Pretérito perfecto compuesto/Pretérito pluscuam-perfecto
Cuando he estudiado	he escuchado/(ya) había escuchado la radio.
Pretérito pluscuamperfecto	Pretérito perfecto simple/ Pretérito pluscuamperfecto
Cuando había estudiado	escuché/(ya) había escuchado la radio.
Presente de subjuntivo	Futuro de indicativo/Futuro perfecto de indicativo
Cuando estudie	escucharé/habré escuchado la radio.
Pret. imperfecto de subjuntivo	Condicional/Condicional perfecto
Cuando estudiara/estudiase	escucharía/habría escuchado la radio.
Pret. perfecto de subjuntivo	Futuro de indicativo/Futuro perfecto de indicativo
Cuando haya estudiado	escucharé/habré escuchado la radio.
Pret. pluscuamperfecto de subjuntivo	Condicional/Condicional perfecto/Pret. pluscuam-perfecto de subjuntivo.
Cuando hubiera/hubiese estudiado	escucharía/habría/hubiera escuchado la radio.

Ejercicios

A. Jorge está preocupado porque todavía no tiene trabajo y va a graduarse pronto. Lo encontramos pensando en su situación financiera. Completa las oraciones con la forma correcta del verbo en subjuntivo.

1. Haré las reservas para la cena de graduados tan pronto como _____ (llegar) el cheque.

2. Cerraré la cuenta en cuanto _____ (cambiar) de banco.

3. No podré comprarme un traje hasta que _____ (terminar) de pagar todo lo que debo.

4. Antes de que tú _____ (irse), te voy a pedir un préstamo.

5. No me permiten quedarme en el apartamento a menos que yo _____ (pagar) el alquiler.

B. Es tu primera semana de clase en la universidad. Completa las oraciones usando subjuntivo o indicativo.

1. Busco una casa que…

2. Conozco a alguien que…

3. No conozco a nadie que…

4. Dudo que…

5. Yo sé que…

6. Tengo miedo de que…

7. Estoy orgulloso de que…

8. Lamento que…

9. Entiendo que…

10. Me doy cuenta de que…

C. El tiempo. El Instituto de Meteolorogía nos ofrece el pronóstico del tiempo para la próxima semana. Completa los espacios con la forma correcta del verbo.

Es seguro que el tiempo caluroso (1) _____ (ir) a seguir. Sin embargo, es posible que (2) _____ (llover) el lunes. Creemos que (3) _____ (durar) la lluvia poco tiempo y es bueno porque no conozco a nadie a quien no le (4) _____ (gustar) la primavera.

Este fin de semana, vayan a buscar una playa donde (5) _____ (pasar) una tarde agradable.

D. En parejas, escriban una carta al ministro encargado del medio ambiente, dando su opinión sobre el uso excesivo de petróleo y ofreciendo posibles sugerencias.
(la energía solar, el coche eléctrico, el transporte público)

Modelo: Es preciso que no malgastemos los recursos de petróleo en este país.

III. El indicativo y el subjuntivo en otros contextos

A. Oraciones subordinadas con "si"

A veces es necesario que se dé una condición determinada para que una acción pueda ser llevada a cabo. Éste es un tipo de subordinación adverbial. El orden de las oraciones puede invertirse sin variar el significado.

a. Compraré la casa si tengo dinero.   *I will buy the house if I have money.*
b. Si tengo dinero, compraré la casa.   *If I have money, I will buy the house.*

Como hemos visto anteriormente, el uso de los tiempos y modos verbales en la oración subordinada depende del tiempo verbal y del modo utilizado en la oración principal. En las oraciones subordinadas con "si" es necesario también el uso de una secuencia verbal determinada. Véase el siguiente cuadro.

Si + presente de indicativo, imperfecto de subjuntivo o pretérito pluscuamperfecto de subjuntivo.

Oración subordinada	**Oración principal**
Si + presente de indicativo	+ futuro
Si puedo, iré al concierto.	*If I can, I'll go to the concert.*

Oración subordinada	**Oración principal**
Si + imperfecto de subjuntivo	+ condicional
Si pudiera/pudiese, iría al concierto.	*If I could, I would go to the concert.*

Oración subordinada	**Oración principal**
Si + pret. pluscuamperfecto de subjuntivo	+ condicional perfecto o pret. pluscuamperfecto de subjuntivo
Si hubiera/hubiese podido, habría/hubiera/hubiese ido al concierto.	*If I had been able (to go), I would have gone to the concert.*

Éstas son las únicas combinaciones idiomáticas con **si**. No es gramaticalmente correcto emplear otros tiempos o modo.

*Si podré, iré.

*Si podría, iría.

En muchos dialectos se utiliza de forma coloquial la siguiente secuencia:

Pret. imperfecto de indicativo	Pret. imperfecto de indicativo
Si podía,	lo hacía.

En vez de la secuencia normativa:

Pret. imperfecto de subjuntivo	Condicional
Si pudiera,	lo haría.

En otros dialectos se dice:

Si pudiera, fuera.	Si pudiera, iría.
Si la tuviera, qué feliz fuera.	Si la tuviera, qué feliz sería.
Si no fuera por los emigrantes, este país no tuviera una buena economía.	Si no fuera por los emigrantes, este país no tendría una buena economía.

Este último uso era común en el Siglo de Oro y se trata de un arcaísmo que se ha mantenido en muchos dialectos, pero que ha sido eliminado desde la perspectiva normativa.

B. Como si, igual que si

Como si, igual que si + imperfecto de subjuntivo o pretérito pluscuamperfecto de subjuntivo. Estos condicionales de comparación únicamente se utilizan con dichos tiempos verbales y en el modo subjuntivo. Por lo tanto, no son gramaticalmente correctas las siguientes oraciones:

> *Actúa como si lo sabe/sabrá/sabría/sepa/sabía/supo.
>
> *He acts as if he knows/will know/would know/might know/knew, etc.*

Ejemplos gramaticales correctos:

a. Habla como si lo supiera/supiese todo.
   He speaks as if he knew it all.
b. El equipo jugó como si ya hubiera/hubiese perdido la eliminatoria.
   The team played as if it had already lost the playoffs.
c. Conduce igual que si estuviera en una carrera.
   She drives like/as if she were in a race.

C. Ojalá (que) y ¡quien...!

Para expresar un deseo o una esperanza, se emplea **ojalá** seguido del modo subjuntivo.

a. Ojalá (que) lleguen a tiempo de tomar el vuelo.
   (Se espera que se cumpla el deseo de lo que aún no ha sucedido).
b. Ojalá (que) hayan llegado a tiempo de tomar el vuelo.
   (Se espera que la realización del deseo esté ya cumplida).
c. Ojalá (que) llegaran/llegasen a tiempo de tomar el vuelo.
   (Se espera que se cumpla el deseo de lo que aún no ha sucedido, pero se tienen dudas de que se pueda lograr).
d. Ojalá (que) hubieran/hubiesen llegado a tiempo de tomar el vuelo.
   (Se sabe que el deseo no se cumplió y se lamenta de lo sucedido).

D. ¡Quién... ! + pretérito imperfecto de subjuntivo o pretérito pluscuamperfecto de subjuntivo

Siempre va acompañado de los signos de exclamación y su significado es también de deseo.

a. ¡Quién pudiera reunir a toda la familia!
   (Se espera que se cumpla el deseo de lo que aún no ha sucedido, pero se tienen dudas de que se pueda lograr).
b. ¡Quién hubiera/hubieste podido comprar entradas para la final de copa!
   (Se sabe que el deseo no se cumplió y se lamenta de lo sucedido).

Ejercicios

A. Completa las oraciones con la forma verbal adecuada.

Mañana iré a la entrevista con la compañía Pemex. Cuando yo (1) _____ (llegar), hablaré con el jefe. Generalmente, mientras (2) _____ (esperar) me gusta leer una revista, pero mañana, mientras (3) _____ (estar) en la sala de espera, pensaré en lo que tengo que decir. Me han dicho que ellos (4) _____ (buscar) una secretaria que (5) _____ (saber) hablar y escribir español bien. Antes de que me (6) _____ (hacer) preguntas, les demostraré que yo (7) _____ (saber) hablar español muy bien. Siento mucho que mis padres no (8) _____ (vivir) en esta ciudad, pues me gustaría que ellos (9) _____ (comprobar) mi progreso. A menos que yo les (10) _____ (pagar) el viaje ellos no podrían venir a verme, por lo tanto tendría que ahorrar para que ellos (11) _____ (poder) venir. Pero hasta que (12) _____ (terminar) los estudios universitarios, no puedo enviarles dinero. Podrían viajar si esta empresa me (13) _____ (dar) el empleo, pero estoy pensando como si yo ya (14) _____ (tener) el puesto. En fin, tan pronto como ellos me lo (15) _____ (decir) haré mis planes.

B. Completa las oraciones según acontecimientos de tu propia vida.

1. Ojalá que…	6. Pienso como si…
2. ¡Quién…	7. Me porto igual que si…
3. El que…	8. Estudiaría derecho si…
4. El hecho de que…	9. Habría comprado una moto si…
5. Si…	10. Viviríamos mejor si…

IV. El infinitivo

A. El infinitivo en oraciones subordinadas

1. Las oraciones subordinadas sustantivas utilizan el modo subjuntivo o indicativo según el contenido semántico del verbo en la oración principal. No obstante, si el sujeto (tanto de la oración principal como el de la oración subordinada) es el mismo, y el verbo indica deseo, se debe usar el infinitivo en la oración subordinada, sin la conjunción copulativa "que". Es incorrecta la construcción "*Prefiero que (yo) traiga un diccionario".

DOS SUJETOS: SUBJUNTIVO	EL MISMO SUJETO: INFINITIVO
	Prefiero traer un diccionario.
Prefiero que <u>traigas</u> un diccionario.	Prefieres traer un diccionario.
Prefiero que <u>traiga</u> un diccionario.	Prefiere traer un diccionario.
Prefiero que <u>traigamos</u> un diccionario.	Preferimos traer un diccionario.
Prefiero que <u>traigáis</u> un diccionario.	Preferís traer un diccionario.
Prefiero que <u>traigan</u> un diccionario.	Prefieren traer un diccionario.

2. Con oraciones impersonales ambas construcciones son posibles, es decir, el empleo del subjuntivo o del infinitivo sin "*que*".
   a. Es mejor que yo lo haga.   Es mejor hacerlo yo.
   b. Es mejor que tú lo hagas.   Es mejor hacerlo tú.

3. Si las oraciones impersonales que regularmente requieren el subjuntivo con "que" no especifican el sujeto, se utiliza el infinitivo. Por ejemplo:

a. Es conveniente hacerlo. *It's convenient to do it.*

b. Era imposible entrar. *It was impossible to enter.*

c. Sería fabuloso viajar a Marte. *It would be fabulous to travel to Mars.*

d. Es necesario dormir lo suficiente. *It's necessary to get the right amount of sleep.*

4. Notemos que las oraciones impersonales que requieren el indicativo no pueden utilizarse en infinitivo.

*Es evidente hacerlo.

*Era verdad entrar.

5. El infinitivo aparece también en las oraciones subordinadas aunque se trate de diferentes sujetos con una serie de verbos que indican influencia o mandato, como **aconsejar, autorizar a, dejar, exigir, impedir, mandar, ordenar, pedir, permitir, prohibir** y **recomendar.**

a. Les aconsejo que presten atención ~ Les aconsejo prestar atención.
I advise you to pay attention.

b. Lo autorizaron a que saliera del país ~ Lo autorizaron a salir del país.
They authorized him to leave the country.

c. Nos prohibieron que hablásemos de política ~ Nos prohibieron hablar de política.
They prohibited us from talking about politics.

6. En oraciones subordinadas adverbiales hemos estudiado el uso del subjuntivo o del indicativo, según el contexto de los adverbios o nexos adverbiales que las acompañen.

Cerrarán la puerta cuando me vaya.
They will close the door when I leave.

Su equivalente preposicional es:
Cerrarán la puerta después de que me vaya.

Es posible eliminar la conjunción *"que"*, en cuyo caso en vez de utilizar el verbo en subjuntivo o indicativo usaremos el verbo en infinitivo:
Cerrarán la puerta después de irme.

B. El infinitivo como sustantivo

1. El infinitivo puede cumplir la función de un sustantivo y ser así el sujeto de una oración. El artículo determinado puede acompañarlo.

Sustantivo
La natación es un gran ejercicio.

Swimming is a great exercise.

Sustantivo
(El) nadar es un gran ejercicio.

Swimming is a great exercise.

2. En español el infinitivo aparece precedido de las preposiciones **sin, antes** y **después de,** entre otras. En inglés a los equivalentes de estas tres preposiciones (*without, before, and after*) no les siguen infinitivos, sino gerundios.

a. Se marcharon sin avisarnos. *They left without telling us.*

b. Antes de entrar, dejen salir.   *Before entering, allow others to exit.*

c. Después de graduarme, buscaré trabajo.   *After graduating, I'll look for a job.*

3. Otra función del infinitivo es la de sustituir oraciones adverbiales.

ORACIÓN ADVERBIAL	ORACIÓN PRINCIPAL
Cuando se matriculen	recibirán una tarjeta.
Al matricularse	recibirán una tarjeta.

4. Por último, nótese que el infinitivo puede sustituir al indicativo o al subjuntivo en la prótasis de las oraciones condicionales.

Si lo encuentro, te lo comunicaré. ~ De encontrarlo, te lo comunicaré.

Si lo hubiera/hubiese encontrado, te lo hubiera/hubiese comunicado. ~

De haberlo encontrado, te lo hubiera/hubiese comunicado.

V. El gerundio

1. El gerundio en español se forma añadiendo **-ando** a la raíz de los verbos de la 1ª conjugación y **-iendo** a los de la 2ª y la 3ª. Por ejemplo:

CANTAR	COMER	SALIR
cant- + **-ando**	com- + **-iendo**	sal- + **-iendo**
cantando	comiendo	saliendo

2. Los usos coinciden por lo general con los del gerundio en inglés, pero se debe tener en cuenta que mientras en inglés se utiliza para indicar acciones futuras, en español no es éste el caso.

En agosto me voy de vacaciones. *In August, I'm going on vacation.*

No es gramaticalmente correcto decir:

*En agosto me estoy yendo de vacaciones.

Tampoco es equivalente la forma "*going to*" a un gerundio en español, puesto que indica futuro.

Vamos a descansar un rato. *We are going to rest for a while.*

3. Cuando el gerundio se usa con los verbos **ser** y **estar,** los equivalentes del inglés también son distintos.

a. Estando en Madrid conocí a un famoso actor.
   While I was in Madrid, I met a famous actor.

b. Carmen recibió el premio siendo todavía muy joven.
   Carmen received the award when she was still very young.

VI. El participio presente

Las formas del participio

-ante

-(i)ente (en algunos verbos irregulares **-iente** > **-yente**)

1. Estas terminaciones forman el participio de presente en español que, con valor adjetival, corresponde a las formas del inglés *-ing, -ent, -ant* o *-er,* entre otras.

hablante	*speaker, speaking*
residente	*resident*
durmiente	*sleeping*
oyente	*listener, auditor*

2. No hay reglas fijas para determinar el empleo de una u otra forma, por lo que los adjetivos con esta función deberán ser memorizados.

CAPÍTULO

9

Escritor científico

PASO 1 ¡A CONVERSAR!

Ampliar el vocabulario

Ejercicios basados en la lectura de "Las abejas de bronce", de Marco Denevi.

A. *Vocabulario*. Busca el significado de las siguientes palabras y da un sinónimo.

1. baladí: _____

   _____

2. no inmutarse: _____

   _____

3. ceño: _____

   _____

4. fanfarrón: _____

   _____

5. mohíno: _____

   _____

6. nauseabundo: _____

   _____

7. ufano: _____

   _____

8. pasteurizada: _____

   _____

B. *Caracterización.* Busca adjetivos y nombres que caracterizan a las abejas de verdad y a las de bronce.

Verdaderas	Falsas

C. *Caracterización.* ¿Cómo caracteriza Denevi a los personajes de esta fábula? Busca los adjetivos que califiquen de la mejor manera la actuación y la personalidad de estos animales.

Zorro	Oso	Cuervo

Hablemos personalmente: Los aparatos

Explora estas preguntas primero con un/a compañero/a. Después repasa la información con toda la clase.

1. Escoge un aparato que uses diariamente. ¿Cómo sería tu vida sin él? Describe el objeto y luego discute las ventajas y desventajas del mismo.
2. Repasa con toda la clase los aparatos más usados por todos tus compañeros. ¿Presentan estos objetos más ventajas o desventajas? Exploren el efecto de la tecnología en la vida de hoy en día.

PASO 2 ¡A REDACTAR!

Estrategias para editar: El toque personal

Teniendo en cuenta la diferencia entre los estilos de Ulibarrí y García Márquez a la hora de presentar la descripción y desarrollar el argumento, exploremos maneras de crear nuestro toque personal. Recuerda lo siguiente:

1. Dado el hecho de que el ensayo presenta nuestra voz, no hace falta incluir cláusulas explícitas, tales como "En mi opinión…", "Yo creo que…", o "Para mí…". Repasa el borrador y elimina tales expresiones.
2. Al revisar el ensayo, pregúntate si has alcanzado una coherencia en la tesis, el apoyo y el estilo. ¿Hay concordancia entre el propósito de la escritura, la estructura y el uso del lenguaje?
3. ¿Cómo refleja tu voz el ensayo? Debes incorporar aspectos del lenguaje o del estilo que le den carácter personal al ensayo. Puede ser un tipo de lenguaje, una técnica literaria o una estructura particular que prefieras. Recuerda toda la variedad posible en cada ensayo y piensa en cómo quieres expresar la idea central: con un estilo directo o más sútil, con un lenguaje formal o

informal, con oraciones largas o breves, con tono serio o humorístico. Cada escritor suele conocerse por su toque personal. ¿Cuál será el tuyo?

Práctica de redacción

En este modelo estudiantil, exploramos un ensayo sobre la tecnología escrito en un estilo distinto. Prestemos atención a la introducción, la conclusión, las comparaciones y la manera de ofrecer su toque personal.

El dramón: una vida desafiante

¶1. El día pasa lentamente y el trabajo es difícil. Hablar de los aparatos tecnológicos como hacen ustedes al pasar día tras día me confunde. Es que soy una flor. Las condiciones de vida para ustedes con los nuevos tales y cuales, los coches y teléfonos y los tractores que avanzan la vida… ¿y la mía?

¶2. Para ustedes hay muerte de vez en cuando; para mí cae por todas partes. El morbo me afecta mucho. Siento mucho el vivir en estas circunstancias. Soy la flor inspiración de la flor en la camiseta de esa niña allá corriendo en el pasto. Soy la flor inspiración de la flor en la pantalla de las computadoras. ¿Nunca has pensado en lo raro que es poner imágenes de flores y de la naturaleza en la pantalla de la computadora, como si esas flores les pudieran dar olores y colores evocadores brillantes que iluminan el alma? (Bueno, un día quizás la pantalla ofrezca olores también….) ¿No pueden creer en serio que esa flor virtual se parezca a mí?

¶3. Me molesta que mis cercanías estén cambiando constantemente. Nunca sé qué esperar. Un día lluvia, otro día sol brillante, otro el perro, el tractor, o la mano suave de la abuela que da sus paseos por aquí. Los pájaros cantan fuerte; ¿es canción o escape? Me quedo aquí en el jardín de enfrente. Es una casa bonita, verde es. A veces mi madre sale a sentarse, y al parecer me prestará atención (agua a veces), pero de repente la llama el *rrrriinngggg* del celular y estoy sola de nuevo. ¿Si llamara yo, me atendería? La miro salir y entrar en la casa; un día la vi entrar con flores. ¿Podría ser que me llevara a mí adentro? No, sólo las flores plásticas que pone en la mesa. ¿No les parece irónico que me dio a luz, me ha atendido cuidadosamente por el invierno, y ahora me abandona por el plástico?

¶4. Los ruidos mecánicos. El plástico. El pisoteo. La muerte. Son todos procesos inevitables de mi vida. La próxima vez que pasen por el paisaje rodeado de flores, apaguen el teléfono. Dejen de considerar el nuevo modelo de dieta, de terapia, de tecnología para mejorar la vida. Mírenme. Respiren mi voz. El día pasa lentamente…

Práctica

1. *El título y la primera oración.* ¿Qué opinas del título y de la primera oración?

_____

2. *El tema y la tesis.* Evalúa el tema y la tesis de la lectura. ¿Hay una perspectiva claramente expuesta?

_____

3. Presenta un resumen breve de las ideas que intenta incorporar la escritora.

_____

_____

4. *La coherencia del ensayo.* Usando la clave editorial, vuelve a leer el ensayo y ofrece sugerencias sobre el propósito, el desarrollo y la organización, el aspecto gramatical y el aspecto estilístico. Subraya oraciones que sean eficaces y señala con un círculo las oraciones que deban cambiarse.

_____

5. *La separación de párrafos.* Evalúa la separación de párrafos y el uso de transiciones. ¿Existen en los párrafos una oración temática y un orden lógico entre las demás? ¿Hay oraciones que se puedan eliminar?

_____

_____

6. *La variedad en el tipo de oraciones.* ¿Existe variedad en el uso de oraciones coordinadas y subordinadas? ¿Añaden variedad o hay oraciones demasiado largas y confusas? Redacta de nuevo los párrafos para dar un efecto de mayor claridad y variedad.

_____

7. *Los tiempos verbales y la voz activa/pasiva.* Evalúa la selección de los tiempos verbales y la voz activa/pasiva.

_____

8. *El resumen, la crítica y la opinión.* ¿Hay oraciones que debemos editar o quitar porque son generalizaciones u opiniones sin fundamento?

_____

_____

9. *El toque personal.* ¿Qué ha hecho la escritora para enfatizar su propia tesis sobre la tecnología? ¿Es eficaz? ¿Qué cambios recomiendas?

_____

_____

10. *Comentario general.* Repasa todos tus comentarios y ofrece un análisis general y una nota de evaluación.

_____

_____

_____

_____

PASO 3 ¡A MEJORAR!

Repaso de gramática

I. Los pronombres relativos

A. Formas de los pronombres relativos

que	*that, which*
el cual, la cual, lo cual, los cuales, las cuales	*(that) which*
quien, quienes	*who*
cuyo, cuya, cuyos, cuyas	*whose*

B. Usos de los pronombres relativos

1. **Cuyo, cuya, cuyos, cuyas** no se usan como pronombres interrogativos, por lo que no es idiomático preguntar, por ejemplo *¿Cuyo libro es éste? Otro detalle a tener en cuenta es que el pronombre no concuerda con la persona poseedora, sino con lo poseído.

> María, **cuyo hermano** vive en Los Ángeles, estudia en San José.
> María, **cuya hermana** vive en Los Ángeles, estudia en San José.
> María, **cuyos hermanos** viven en Los Ángeles, estudia en San José.
> María, **cuyas hermanas** viven en Los Ángeles, estudia en San José.

2. Mientras *cuyo* y sus derivados se colocan delante del sustantivo que los sigue, los otros pronombres relativos se colocan siempre después del sustantivo, o sea, de su antecedente. En cuanto al uso interrogativo, se emplea **¿de quién/quiénes?**
   a. ¿De quién es esa casa? *Whose house is it?*
   b. ¿De quién son esos libros? *Whose books are those?*

El uso de **¿de quiénes?** en vez de **¿de quién?** depende de si hay más de un poseedor.

—¿De quiénes es aquella pelota?	*Whose ball is that?*
—De los jugadores del Atlas.	*It's (that of) the Atlas players' ball.*
—¿De quiénes son aquellos balones?	*Whose balls are those?*
—De los jugadores del Atlas.	*They're (those of) the Atlas players' balls.*

3. El pronombre relativo **que** sirve para designar personas, cosas y conceptos o ideas. En estas oraciones, **que** tiene un antecedente: la profesora, el árbol y la idea.
   a. La profesora que viste es la decana. *The professor (that, whom) you saw is the dean.*
   b. El árbol que cortaron era alto. *The tree that they cut down was tall.*
   c. Eso que dices no es verdad. *(That idea) What you say is not true.*

4. Solamente se usa **quien, quienes** para referirse a personas. Por ejemplo:
   a. La nadadora, quien ya había ganado en la competición anterior, se llevó tres medallas.
   The swimmer, who had already won in the earlier competition, carried off three medals.
   b. Los estudiantes, quienes habían estudiado mucho, pasaron el examen.
   The students, who had studied a lot, passed the test.

Notemos que cuando aparecen **quien y quienes** como pronombres relativos es preciso que vayan precedidos de una coma, equivalente a una pausa a nivel hablado. De lo contrario, la oración no sería gramaticalmente correcta.

> *La nadadora quien ya había ganado en la competición anterior se llevó tres medallas.

5. Las oraciones que los pronombres relativos introducen pueden ser especificativas o explicativas. En las especificativas (las que no llevan pausa o coma), el pronombre relativo limita o especifica el significado del antecedente.

> Los estudiantes que habían estudiado mucho pasaron el examen.
> *The students who had studied a lot passed the test.*

Aquí se entiende que únicamente pasaron el examen aquellos estudiantes que habían estudiado mucho, es decir, un grupo específico de estudiantes.

Por otro lado, en las oraciones explicativas (tienen pausa o coma), el pronombre relativo no limita o especifica, sino que explica o incluye un detalle relevante, relacionado con el enunciado.

> Los estudiantes, que habían estudiado mucho, pasaron el examen.
> *The students, who had studied a lot, passed the test.*

La idea principal es la de que los estudiantes pasaron el examen. Pero, además, se incluye la explicación de que "habían estudiado mucho", casi como un pensamiento secundario, pero estrechamente relacionado a la oración principal. También se podría utilizar el pronombre **quienes** para la oración explicativa, como hemos visto arriba:

Los estudiantes, quienes habían estudiado mucho, pasaron el examen.

6. Debemos notar que no todas las oraciones explicativas encuentran su correspondiente oración especificativa. Esto se debe a razones semánticas. Por ejemplo, en una sociedad en que no se practica la poligamia no se considera normal la siguiente oración:

Mi esposa que vive en Nueva York es dentista.
My wife who/that lives in New York is a dentist.

Mientras que la misma frase, pero con una oración explicativa, no presenta ninguna anomalía:

Mi esposa, que vive en Nueva York, es dentista.
My wife, who lives in New York, is a dentist.

Esto se debe a que en la construcción con la oración especificativa se entiende que se especifica o limita el sujeto gramatical "mi esposa", lo cual deja abierta la suposición de que existe otra o más esposas residiendo en diferentes lugares. Por supuesto, esas construcciones serían semánticamente aceptables con otros sujetos como "mi hermano, -a, mi primo, -a, mi amigo, -a" o cualquier otro sujeto del que puede haber más de uno.

7. Los pronombres **el cual, la cual, los cuales, las cuales** pueden sustituir a **que, quien, quienes** en las oraciones explicativas, pero no en las especificativas.
   a. Mi familia, **la cual** es muy numerosa, está muy unida.

   My family, which is very large, is very close.

   b. Los jugadores, **los cuales** estaban cansados, perdieron el partido en la prórroga.

   The players, who were very tired, lost the game in overtime.

8. El pronombre **lo cual** puede sustituir a **que** en las oraciones explicativas, referidas a conceptos, pero no en las especificativas.

   Que haya niebla, **lo cual** me molesta, no impide que yo salga de viaje.
   The fact that it's foggy, which/that bothers me, is not stopping me from leaving on this trip.

II. Los pronombres relativos con preposiciones

1. Los pronombres relativos pueden seguir a ciertas preposiciones. Así, con **que** y el artículo determinado se forman: **el que, la que, los que**; y se emplean después de las siguientes preposiciones:

a + el > al (al que), a la que, etc.	*to*
de + de > del (del que), etc.	*of*
ante	*before*
bajo	*under*
con	*with*
contra	*against*
en	*on, in*
entre	*between, among*
hacia	*towards, to*
hasta	*until*
para	*for*

por	*for, through, by*
sin	*without*
sobre	*about*
tras	*behind*

Veamos unos ejemplos:

a. al que: Tu primo, al que vi ayer, es muy simpático.
Your cousin, whom/that I saw yesterday, is very nice.

b. ante: Los edificios ante los que estamos se construyeron hace siglos.
The buildings before which we are standing were built centuries ago.
The buildings we are standing before were built centuries ago.

c. con: Las amigas con las que salgo asisten a la universidad.
The friends with whom I go out go to the university.
The friends I go out with go to the university.

d. contra: El equipo contra el que jugamos está invicto.
The team (that) we're playing against is unbeaten.

e. de los que: Los discos de los que te hablé ya han aparecido.
The records I told you about have appeared.

f. en: La situación en la que se encuentra es delicada.
The situation in which he finds himself is delicate.

g. hacia: La ciudad hacia la que se dirige el tren está inundada.
The city toward which the train is headed is flooded.
The city the train is headed toward is flooded.

h. hasta: El extremo hasta el que llegó le endureció el carácter.
The extreme to which he had to go hardened his character.

i. para: Las enfermedades para las que no hay remedio deben investigarse con más afán.
The sicknesses for which there are no cures should be investigated more aggressively.

j. por: Los ideales por los que lucharon se habían mantenido.
The ideals for which they fought were maintained.

2. La preposición **según** no admite el uso de **el que** y sus derivados, pero sí el de **el cual** y sus derivados:

*Las direcciones, según las que debíamos torcer a la derecha, estaban equivocadas.
Las direcciones, según las cuales debíamos torcer a la derecha, estaban equivocadas.

3. Dichas preposiciones pueden ir seguidas también por la combinación del artículo determinado + **cual/cuales**. Igualmente, **quien/quienes** se combina con cualquiera de las preposiciones arriba indicadas.

Ésa es la razón por la que/la cual terminé la carrera.
Ésa es la persona por quien/la que/la cual terminé la carrera.

4. Sin embargo, **que** puede ir seguido de tan sólo tres preposiciones: **con, de** y **en**.

El hacha con que cortó el árbol es muy afilada.
El maestro de que te hablé no imparte clases este semestre.
El avión en que vine era bastante cómodo.
Pero no es gramaticalmente correcto decir:
*Ésa es la razón/persona **por que** terminé la carrera.

5. En frases preposicionales largas (de más de una palabra) se emplea **el cual** y sus derivados en vez de **el que/quien/que**: por causa de, al lado de, delante de, enfrente de, etc.

a. La nieve, por causa de la cual no pude salir de casa, tardó varios días en derretirse.
The snow, the cause of which I couldn't leave the house, took some days to melt.

b. El viajero, al lado del cual me sentaba, no cesaba de fumar.

The traveller that I sat next to didn't stop smoking.

6. El pronombre neutro **lo que** se refiere a conceptos.
   a. Todo lo que tengo es tuyo. *All I have is yours.*
   b. Lo que me dices es increíble. *What you're telling me is incredible.*

III. "el que" y derivados vs. "el cual" y derivados

1. Se debe considerar que existen diferencias semánticas entre estos pronombres relativos.
   a. Mi primo, **el que** estudia derecho, es mayor que yo.

   *My cousin, **the one who studies law,** is older than I am.*

   b. Mi primo, **el cual** estudia derecho, es mayor que yo.

   *My cousin, **who** studies law, is older than I am.*

   El que y sus derivados no es un equivalente exacto de **el cual** y sus derivados, puesto que **el que** señala individuos o elementos que contrastan con otros individuos o elementos similares. **El cual,** por otro lado, simplemente repite el antecedente sin contrastarlo.

2. Los pronombres relativos **quien, quienes** y **el que** y sus variantes pueden aparecer solos, funcionando como sus propios antecedentes.
   a. Los que/quienes lleguen tarde no tendrán asiento.

   Those who arrive late won't have a seat.

   b. Quien bien te quiere te hará llorar.

   He who really loves you will make you cry.

   Sus equivalentes en inglés son "*Those who…*" y "*He who…*" respectivamente.

3. Concordancia con el sujeto del verbo **ser** o con el de la oración de relativo. Cuando el sujeto del verbo **ser** es la primera o la segunda persona del singular, el verbo en la oración de pronombre relativo puede concordar con una de esas personas o con la tercera persona del singular.
   a. Fui yo quien rompí los platos.

   It was I who broke the plates.

   b. Fui yo quien rompió los platos.

   I was the one who broke the plates.

   En el primer ejemplo **rompí** concuerda con **yo**, en el segundo **rompió** concuerda con **quien**.

   a. Eres tú la que tienes la culpa.   *It is you who is to blame.*
   b. Eres tú la que tiene la culpa.   *You are the one who is to blame.*

   En el primer ejemplo **tienes** concuerda con **tú,** en el segundo **tiene** concuerda con **la que**.

4. Cabe mencionar que los adverbios relativos **como, cuando** y **donde** actúan también como pronombres relativos.
   a. La forma **como** lo trataban era injusta.

   Cf. La forma **en que** lo trataban era injusta.

   The way how/in which they treated him was unfair.

   b. El mes pasado, **cuando** me fui de vacaciones, me divertí mucho.

   Cf. El mes pasado, **en el cual** me fui de vacaciones, me divertí mucho.

   Last month, when/in which I went on vacation, I had a good time.

   c. El hotel **donde** se hospedó era céntrico.

   Cf. El hotel **en el que** se hospedó era céntrico.

   The hotel where/in which he stayed was in a central place.

IV. Los interrogativos

Formas de los interrogativos

qué	*what*
cuál, cuáles	*which, what*
quién, quiénes	*who*
cuánto, cuánta, cuántos, cuántas, cuánto (neutro)	*how many, how much*

1. Aunque normalmente los pronombres interrogativos van flanqueados por los signos de interrogación "¿?", también aparecen sin ellos en preguntas indirectas e igualmente deben acentuarse.

   a. No sabemos quién es.

   We don't know who it is.

   b. Nos preguntaron qué queríamos.

   They asked us what we wanted.

2. **Quién, quiénes** se usan únicamente para personas y **qué** para cosas. Pero **cuál** y **cuáles** sirven para referirse a personas y cosas.

3. Diferencias entre **qué** y **cuál**. Se emplea **qué** para pedir una definición. Por otra parte, con **cuál** esperamos recibir un dato concreto o específico.

   a. ¿Qué es el número de acceso personal? Es un número que el banco asigna a sus clientes para poder utilizar el cajero automático.

   What is a pin code? It's the number the bank assigns to each client to use an ATM.

   b. ¿Cuál es tu número de acceso personal? Es el 6373.

   What is your pin code? It's 6373.

   De la misma manera:

   a. ¿Qué desea? Quisiera un refresco.

   What do you want? I'd like a soft drink.

   b. ¿Cuál desea? El de naranja.

   Which one? Orange.

   En el primer caso se define el objeto deseado, respondiendo a la pregunta "¿qué?"; en el segundo ejemplo se especifíca el tipo de refresco, respondiendo así a la pregunta "¿cuál?".

V. Los exclamativos

Los pronombres exclamativos ponen énfasis en los sustantivos, adjetivos, adverbios o verbos que ponderan. Siempre se acentúan. Las combinaciones son:

¡qué! + sustantivo, adjetivo o verbo	*What...! How...!*
¡quién! + verbo	*Who...!*
¡cómo! + verbo	*How...!*
¡cuánto! + verbo	*How much...!*
¡cuánto, -a, -os, -as! + sustantivo	*How many...!*

Ejemplos:

a. ¡Qué suerte tienes!	*What luck you have! How lucky you are!*
b. ¡Qué bonito!	*How pretty!*

c. ¡Qué bien!　　　　　　　　*How great!*

d. ¡Cómo corren!　　　　　　*How fast they run!*

e. ¡Cuánto cuesta!　　　　　 *How much it costs!*

Ejercicios

A. Identifica la función gramatical de cada una de las siguientes palabras:
¿Cómo como? Como como como.

B. Los siguientes son trozos de conversación en el vestíbulo del Hotel Miramar. Hay muchas personas en el vestíbulo. El conserje contesta a muchas preguntas y escucha las conversaciones espontáneas de otros. Completa las oraciones con uno de los siguientes pronombres:

que, quien, quienes, lo que, la que, el que, los que, las que, lo cual, la cual, el cual, cuyo, cuya, cuyos, cuyas.

1. "La señora a _____ se le perdieron los guantes ha llamado."
2. "El barrio _____ edificios se han derrumbado es muy antiguo."
3. "Gano poco dinero, _____ me impide comprarme un auto nuevo."
4. "¿Con _____ piensas ir al baile esta noche?"
5. "Mi primo, _____ emigró a Australia, es ahora millonario."
6. "¿De _____ son los lentes que hay en el sofá?"
7. "Me pasé la tarde en un atasco que hubo en la autopista, _____ me molestó muchísimo."

C. Los siguientes refranes y expresiones populares necesitan un pronombre relativo en el espacio en blanco. Colócalo y explica brevemente el significado de cada refrán. ¿Hay un equivalente en inglés?

1. No hay mal _____ por bien no venga.
2. A _____ le pique que se rasque.
3. ¿ _____ se atreverá a ponerle el cascabel al gato?
4. _____ calla, otorga.
5. _____ se va a Sevilla pierde su silla.
6. A _____ madruga, Dios lo ayuda.
7. _____ teme, algo debe.
8. Donde fueres, haz _____ vieres.
9. _____ roba a un ladrón, tiene cien años de perdón.
10. _____ tiene boca, se equivoca, _____ tiene pies, anda al revés.

VI. Los falsos cognados

Muchas palabras del español se corresponden con las del inglés al tener una raíz común. Por ejemplo: **inteligente = intelligent, libertad = liberty**. Otras, a pesar de tener una forma similar, no significan lo mismo. Tales palabras reciben la calificación de "falsos cognados". A continuación, presentamos un listado de los más relevantes. Naturalmente, la lista no es exhaustiva y los hablantes de español e inglés deberán estar siempre atentos a los posibles falsos cognados.

Inglés =	Español	(Significado del falso cognado)
to accord	ponerse de acuerdo	acordar *'to decide'*
accost	abordar	acostar *'to put to bed'*
actual	verdadero, -a	actual *'present'*
to advise	aconsejar	avisar *'to warn'*
affluence	riqueza	afluencia *'influx'*
alumnus	antiguo alumno	alumno *'student'*
ancient	antiguo	anciano, -a *'elderly'*
apology	excusa	apología *'eulogy, defense'*
application	solicitud	aplicación *'effort'*
arena	estadio	arena *'sand'*
argument	discusión	argumento (teatro) *'plot'*
assist	ayudar	asistir a *'to attend'*
to attend	asistir a	atender *'to look after'*
attested	corroborado	atestado, -a *'crowded'*
bizarre	extraño	bizarro *'gallant'*
bland	suave	blando, -a *'soft'*
border	frontera	borde *'rim'*
camp	campamento	campo *'countryside'*
casual (ropa)	informal	casual *'fortuitous'*
casualty	baja (militar o civil)/víctima/accidente	casualidad *'coincidence'*
character	personaje (en película)	carácter *'personality'*
collar	collar	collar *'necklace, collar'*
college	universidad	colegio *'elementary school'*
command (gramática)	imperativo	comando *'commando'*
commercials	anuncios, propagandas	comerciales *'salesmen'*
commodity	producto	comodidad *'comfort'*
commotion	confusión	conmoción *'shock'*
complacent	satisfecho, despreocupado	complaciente *'helpful'*
comprehensive	completo	comprensivo, -a *'understanding'*
to concede	reconocer, admitir	conceder *'to grant'*
concourse	explanada	concurso *'contest'*
condescending	soberbio, -a	condescendiente *'kind'*
conditioner	suavizante	condicionante *'conditioning'*
conductor (trenes)	revisor	conductor *'driver'*
to contest	impugnar	contestar *'to answer'*
corpulent	gordo	corpulento *'well-built'*
custodian	conserje	custodio *'guardian'*
deception	engaño	decepción *'disappointment'*
to demand	exigir, reclamar	demandar *'to sue'*
demonstration (política)	manifestación	demostración *'display'*
disgusted	asqueado, -a	disgustado, -a *'upset'*

Inglés =	Español	(Significado del falso cognado)
dismay	consternación	desmayo *'fainting'*
distinctive	característico	distinto *'different'*
domestic flights	vuelos nacionales	doméstico *'domestic'*
douche	ducha medicinal	ducha *'shower'*
education	educación escolar	educación *'manners'*
embarrassed	avergonzado, -a	embarazada *'pregnant'*
exhibition (arte)	exposición	exhibición *'display'*
exit	salida	éxito *'success'*
extravagant	derrochador, -a	extravagante *'eccentric'*
fabric	tejido	fábrica *'factory'*
faculty	profesorado	facultad *'school (university), department'*
fastidious	delicado	fastidioso, -a *'annoying'*
fatality	víctima	fatalidad *'misfortune'*
figures	cifras	figuras *'images'*
fracas	gresca	fracaso *'failure'*
gallant	valiente	galante *'polite'*
gracious	cortés	gracioso *'funny'*
grades (escuela)	notas	grados *'degrees'*
groceries	comestibles	groserías *'rude remarks'*
to ignore	no hacer caso de	ignorar *'to be unaware of'*
informal	familiar, de confianza	informal *'unreliable'*
injury	herida	injuria *'insult'*
instance	ejemplo	instancia *'petition'*
intoxicated	borracho	intoxicado *'poisoned'*
to invest (finanzas)	invertir	investir *'to give rank to'*
involved	involucrado, -a	envuelto *'wrapped'*
jubilation	alegría	jubilación *'retirement'*
large	grande	largo *'long'*
library	biblioteca	librería *'bookstore'*
manners	modales	maneras *'ways'*
mantel	repisa	mantel *'tablecloth'*
mascara	mascarilla	máscara *'mask'*
mayor	alcalde	mayor *'bigger, older'*
miserable	triste, desdichado	miserable *'mean, stingy'*
to molest	abusar sexualmente de	molestar *'to bother'*
to move	mudarse (de residencia)	mover *'to move (something)'*
to negotiate (obstáculo)	salvar	negociar *'to do business'*
to order	pedir	ordenar *'to command'*
occurrence	acontecimiento	ocurrencia *'witty remark'*
ordinary	común	ordinario, -a *'vulgar'*
parade	desfile	parada *'stop'*

Inglés =	Español	(Significado del falso cognado)
parent	padre o madre	pariente *'relative'*
patron	cliente	patrón *'boss'*
picture	fotografía, retrato, grabado	pintura *'painting'*
policy	política, normas	policía *'police'*
to presume	suponer	presumir *'to show off'*
privacy	intimidad	privación *'deprivation'*
to process	preparar, procesar	procesar *'to put on trial'*
promotion (rango)	ascenso	promoción *'class, year'*
to propitiate	apaciguar, conciliar	propiciar *'to favor'*
protester	manifestante	protestante *'protestant'*
to quit	dejar	quitar *'to take away'*
quiet	callado, -a	quieto *'motionless'*
to realize	darse cuenta de	realizar *'to do, to fulfill'*
recipient	destinatario	recipiente *'container'*
to record	grabar	recordar *'to remember'*
to register	inscribirse, matricularse	registrar *'to search'*
to remove	retirar	remover *'to stir'*
rendition	interpretación	rendición *'surrender'*
resignation	dimisión	resignación *'conformity'*
to resume	reanudar	resumir *'to sum up'*
to retire	jubilarse	retirar *'to remove'*
sane	cuerdo, -a	sano, -a *'healthy'*
scenario	guión	escenario *'stage'*
sensible	cabal, sensato	sensible *'sensitive'*
sequestered	aislado, -a	secuestrado, -a *'kidnapped'*
suave	fino, -a	suave *'smooth, bland'*
subject	tema	sujeto *'individual'*
to submit	presentar, entregar	someter *'to subject'*
suburb	periferia, zona residencial	suburbio *'slum'*
success	éxito	suceso *'incident'*
to support	mantener, sostener	soportar *'to put up with'*
sympathetic	compasivo, -a	simpático, -a *'pleasant'*
syndicate	sociedad, agencia editorial	sindicato *'labor union'*
tariff	arancel	tarifa *'price'*
tense (gramática)	tiempo	tenso *'tight'*
to trace	rastrear	trazar *'to design'*
to trespass	allanar	traspasar *'to go through'*
union (laboral)	sindicato	unión *'union, unity'*
vicious (crimen)	atroz	vicioso *'depraved'*

Escritor escritor

PASO 1 ¡A CONVERSAR!

Ampliar el vocabulario

Ejercicios basados en la lectura de "La cámara oscura" de Angélica Gorodischer.

A. *Comparaciones.* Compara mediante adjetivos las personalidades de las dos mujeres de don León: Gertrudis y Ruth Bucman.

GERTRUDIS	RUTH

B. *En contraste.* ¿Cómo caracteriza el personaje que narra la historia (el nieto) a su abuela Gertrudis? ¿Cómo la caracteriza Jaia?

NIETO	JAIA

NIETO	JAIA

C. *Con tus propias palabras.* ¿Cómo caracterizarías con tus propias palabras el personaje de Gertrudis y su actuación? Utiliza otros adjetivos diferentes a los del texto para justificar tu respuesta.

Hablemos personalmente: Estilos de comunicación

Explora estas preguntas con un/a compañero/a:

1. ¿Cómo es el estilo de comunicación entre los personajes del cuento? ¿Cómo se compara con los estilos de comunicación de las parejas de hoy en día?
2. ¿Cuándo y para qué se usa el silencio?
3. ¿Puedes definir tu estilo de comunicación típico? ¿Siempre encuentras fácil la comunicación? ¿En qué situaciones? ¿Te gusta usar el silencio?

PASO 2 ¡A REDACTAR!

Estrategias para editar: El escritor sabio y la autocrítica

En este último capítulo se ofrecen cuatro modelos estudiantiles. Los primeros tratan de la autocrítica como escritores y los otros tratan del análisis literario de la lectura.

1. La autocrítica

Los dos estudiantes se han enfocado en aspectos distintos del desarrollo del tema. Al leer estas autocríticas escritas por otros estudiantes, piensa en tus propios ensayos y reflexiona cómo mejorar tu escritura. ¿Cuáles son los aspectos más desarrollados y cuáles quedan por desarrollar? Piensa en las sugerencias al final del Capítulo l0: ¿Cuáles son los aspectos más interesantes para desarrollar en tu escritura? ¿Escribir con coherencia gramatical o escribir con mucho énfasis estilístico?

Práctica de redacción

A. Proceso infinito

¶1. Después de leer y evaluar los ensayos y trabajos escritos a lo largo del semestre, me he dado cuenta de cuáles son mis aspectos fuertes y aspectos débiles en mi escritura. Sin duda alguna uno de los problemas que tenía a lo largo del semestre fue la ortografía. No encontré ningún ensayo ni trabajo donde este problema no sobresaliera ante los demás. Mi mayor problema en este aspecto son las palabras que contienen las letras *c, s, z, v, b, y*. En todos mis ensayos he escrito mal más de una palabra que contiene una de estas letras. Creo que la mejor solución para este problema sería mantener una lista de palabras mal deletreadas y dedicar más tiempo a este aspecto cuando corrija mis trabajos.

¶2. En el aspecto de la organización mi mayor problema han sido las transiciones. Generalmente el problema viene cuando cambio de un punto a otro en el ensayo. El problema se origina en la falta de una oración temática que relacione los dos puntos diferentes. Sin embargo a lo largo del semestre, en mis ensayos se puede ver que este problema fue disminuyendo. En los últimos trabajos he mejorado en este aspecto. El problema ya no es tan obvio como al principio. Creo que a lo largo fui entendiendo que la escritura es como una cadena compuesta de eslabones. Los eslabones serían los párrafos que están ligados unos a los otros para formar una entidad más completa y fuerte que es un ensayo.

¶3. Otro problema, de menor índole, que he encontrado en mis trabajos tiene que ver con el vocabulario. En varios ensayos he usado palabras que hasta cierto punto no son adecuadas. Muchas de estas palabras son palabras que han sido traducidas directamente del inglés al español. La solución a este problema es tener varias opciones para ver cuál palabra da más concordancia. También, el uso cuidadoso del diccionario puede solucionar el problema.

¶4. En el lado positivo, he visto que mi escritura ha mejorado. Al principio los problemas mencionados arriba eran muy obvios y siempre estaban presentes en cantidades grandes. Sin embargo, poco a poco he ido disminuyendo estos problemas. De igual manera, creo que un aspecto positivo de mi escritura ha sido el hecho de que las tesis en los ensayos han sido claras y creo que han sido apoyadas independientemente de los problemas ya mencionados. En conclusión, la clase me ha ayudado a desarrollar y a mejorar mi escritura; y creo que se refleja en el mejoramiento de mis trabajos a lo largo del semestre.

B. Cuestiones personales

¶1. Entre los problemas que he verificado en mi escritura durante este curso, elaborar una tesis clara y específica fue el más difícil. He notado que escribir el primer párrafo de los trabajos me costaba más tiempo y esfuerzo, ya que el cuerpo del ensayo debía estar necesariamente conectado con la tesis. Para solucionar este problema, leo el cuento por lo menos dos veces y empiezo a pensar en argumentos posibles que puedan apoyar la tesis general. Estilísticamente, ahora la introducción es el último párrafo que repaso. Haciendo todo esto, empiezo a deslindar un camino retórico en que yo pueda utilizar el propio relato para apoyar mi punto de vista.

¶2. En términos de estilo, empecé a mirar las oraciones en mis párrafos y llegué a la conclusión de que las quería escribir con más fuerza retórica. Para esto, decidí evitar la voz pasiva al mismo tiempo que empecé a crear una lista de verbos de acción que expresa mis ideas con más vigor. Además he intentado ampliar y variar la sintaxis de las oraciones para dar a mis ensayos un ritmo más agradable e interesante. Creo que me quedé mucho más consciente del proceso de escribir y que empecé a describir herramientas para mejorar mi escritura en general. Ya veo cuándo la escritura representa mi voz o no, con más poder de elegir distintas opciones.

¶3. También he notado que los que critican mis trabajos suelen tener los mismos comentarios, que no tengo un enfoque muy claro dentro de mi trabajo, porque tengo tantas cosas que decir y a veces floto en algún tren de pensamiento que solamente funciona y tiene relación con la tesis dentro de mi mente. Mejor, debo fijarme en menos ideas y apoyarlas mucho. Si dejo mi trabajo por un rato y vuelvo a revisarlo después de unas horas, puedo ver —y cambiar— estos problemas. Mi conclusión a veces es solamente un resumen del trabajo y sería más interesante si pudiera incorporar una nueva idea, como un "bang" para alcanzar la fuerza retórica.

¶4. Gramaticalmente, he observado que tengo problemas con algunas preposiciones, y muchas las utilizo como en inglés o portugués. Me he fijado en tales errores y creo que con tiempo empezaré a mejorar. A veces, hay interferencia semántica, pero creo que esto también se pude mejorar con el tiempo.

2. Análisis

Estos dos modelos tratan del tema de la mujer en el cuento "La cámara oscura". Usémoslos de nuevo para repasar todo lo estudiado durante el curso en términos del propósito y de las ideas de apoyo; como siempre, es posible volver a escribir el ensayo mejorando el contenido y nuestro estilo.

A. Género y perspectiva en "La cámara oscura"

¶1. "La cámara oscura" de Angélica Gorodischer presenta dos perspectivas sobre una mujer, Gertrudis, quien es la abuela del narrador, Isaac. Una perspectiva es de Isaac que piensa que su abuela fue una mujer mala porque dejó a sus hijos y a su marido. La otra perspectiva es de la esposa del narrador, Jaia, para quien Gertrudis simboliza el esfuerzo de una mujer que tomó control de su vida y escapó de una situación mala en un tiempo en que fue muy difícil hacerlo. La diferencia de opinión parece venir de una perspectiva diferente sobre el papel de las mujeres en la sociedad. Isaac, aunque ama a su esposa, tiene ideas muy tradicionales sobre el papel de una mujer y Jaia es una mujer con sus propias opiniones más progresivas que obviamente están en conflicto con las de su esposo.

¶2. El cuento es relatado por Isaac, y su versión presenta su misma perspectiva de su abuela en una manera chistosa y sin respeto; es obvio que a Jaia le parece un escándalo hablar así. Isaac habla de la fealdad de su abuela y su carácter antipático en contraste con el abuelo guapo y bien conectado socialmente. Cree que Gertrudis, entonces, tiene muy buena suerte al casarse con un hombre como él. Isaac parece creer que fue el papel de Gertrudis, como mujer, servir a su esposo y a sus hijos todo el tiempo sin quejarse. Este punto de vista tradicional sobre lo que es (o debe ser) el papel de una mujer es la raíz del enojo de Jaia en contra de Isaac. Desafortunadamente, Isaac no puede entender que sus opiniones son ofensivas a su mujer, y nunca resuelve el problema ni aprende la razón por los sentimientos de Jaia.

¶3. Los detalles del cuento nos dejan ver posibles razones por las que a Jaia le parece justo que Gertrudis se saliera. La descripción de la vida diaria de Gertrudis nos revela que ella trabajaba duro todo el día, cada día, sin quejarse y sin pausa. Parece que ella fue como una esclava para la familia, pero nunca menciona en el cuento que eso no fue justo. Isaac no parece pensar que su abuelo fue tirano; en cambio parece que piensa que éste fue el papel de la abuela porque tuvo tan buena suerte de casarse. Casi parece que piensa que Gertrudis, por su fealdad y carácter sencillo, tuvo la responsabilidad de servir al hombre que se bajó al nivel de ella al casarse con ella. Jaia, tan bella y agradable, probablemente nunca había visto el aspecto sexista del carácter de su esposo hasta que oyó su perspectiva sobre su abuela.

¶4. Aunque Isaac trata bien a su esposa y la ama mucho, no tiene respeto por las mujeres en general, y Jaia lo aprende cuando Isaac le relata el cuento y se enoja tanto por eso. Jaia dice, "… para mí es una desgracia venir a enterarme a esta altura de mi vida que estoy casada con un bruto sin sentimientos." Isaac no entiende por qué se siente así. Para él, su abuela Gertrudis representa una desgracia a la familia porque la abandonó, pero Jaia ve que Gertrudis fue mujer, una persona con sentimientos y esperanzas como todas, pero por su fealdad nadie la quería. Jaia entiende que la vida de Gertrudis fue muy dura y sin mucha diversión ni amor. Entonces, la decisión de salir parece venir de la desesperación de tener una vida mejor con su esposo que no la amaba, pero Isaac no puede ver este punto de vista feminista; entonces se enoja mucho Jaia.

¶5. La falta de comunicación y la abilidad de ver otros puntos de vista complica mucho la situación entre Isaac y Jaia. Isaac no entiende el punto de vista de Jaia, y ella tampoco entiende el de él. Gertrudis, desde el punto de vista de Jaia, simboliza esta falta de entendimiento entre ella e Isaac; para él no simboliza nada menos que la idea que es una desgracia tener un retrato de una mujer tan mala en la chimenea, y no entiende por qué Jaia la quiere allí. Entonces, Gertrudis es un símbolo de todo lo que falta en la relación entre Isaac y Jaia. Jaia quiere que su esposo tenga más respeto por las mujeres, especialmente con su abuela, Isaac no puede comprender la situación porque no sabe que está actuando en una manera sexista, y Jaia cree que es tan obvio que si él no lo entiende, "no mereces que te lo explique."

¶6. Además de los problemas entre Isaac y Jaia, el conflicto sobre el retrato de Gertrudis viene de la diferencia de opinión entre los dos si fue ella buena mujer o no. Aunque Isaac confiesa que su abuelo tampoco "... no era ningún santo y cierto que le gustaban las mujeres y que él les gustaba a ellas," le parece a él peor lo que hizo Gertrudis al dejar su responsabilidad de cuidar a su familia. De la perspectiva de Jaia, Gertrudis tuvo el derecho de salir y buscar una vida mejor porque fue tratada tan mal por su esposo, y entonces ella no fue mala mujer. Esta diferencia de opinión también está basada en la diferencia de género porque Isaac apoya el derecho del hombre a tener una mujer para cuidar a la casa y a la familia, en cambio Jaia apoya el derecho de la mujer a tener una vida más divertida y feliz que la que tuvo Gertrudis con su marido.

¶7. Entonces, Gertrudis es un símbolo de lo que falta entre Isaac y Jaia. Representa el contraste entre las opiniones de los dos, la falta de comunicación sobre estos sentimientos, y la falta de entendimiento entre las dos sobre las perspectivas diferentes que tienen. Isaac simpatiza con su abuelo, quien tuvo que vivir sin esposa para cuidar a los ocho hijos, y Jaia se relaciona con la pobre mujer que trabajaba siempre para su esposo y nunca tuvo ninguna diversión en la vida. Lo que es irónico es que Isaac, aunque le enoja ver la foto, no protesta más a Jaia sobre esto, y que la foto queda en la chimenea siempre en su casa. Tiene ideas tradicionales, y no entiende el enojo de Jaia, pero verdaderamente tiene respeto y amor para ella, y le deja a ella tener la autoridad de tomar esta decisión sobre la casa, aunque a él no le gusta la decisión.

B. La belleza

¶1. El cuento, "La camara oscura", escrito por Angélica Gorodischer, es una crítica sobre la tendencia social de apreciar la apariencia física más que cualquier otro atributo. En el cuento la autora le presenta al lector dos opiniones contrarias, una implícita y una explícita, sobre un suceso que es considerado, especialmente durante esa época, muy polémico. En el cuento el lector utiliza a Isaac, el narrador, como una cámara oscura que le permite vislumbrar una imagen aunque introvertida y tal vez distorsionada, de la abuela Gertrudis. Esta imagen es trascendental por las implicaciones sociales a las que alude. Gorodischer usa las imágenes opuestas de belleza y fealdad para representar el contraste entre los beneficios o castigos para la sociedad, sugiriendo últimamente que la belleza es el atributo más importante de la mujer.

¶2. Para entender el argumento, es notorio tomar en cuenta el hecho de que el tema de "apariencia física" incluye una serie de sub-temas que deben ser explorados. Entre éstos hay la diferencia entre la clase de respeto que recibe una mujer fea versus una mujer hermosa. También, los derechos que se les permiten o se les prohiben son importantes explorar. Estos derechos no sólo son dados por la sociedad sino que también por sus propias familias antes y después de casarse. Al final de recorrer los elementos antes mencionados el lector podrá concluir que la belleza hace un papel fundamental porque determina si una mujer va a tener el papel de sirvienta o el de mujer poderosa.

¶3. En el caso de la abuela Gertrudis, la apariencia física sirve para permitir que Isaac, quien puede ser representativo de la sociedad, mire a la abuela a través de una cámara oscura porque según el comportamiento de sus bisabuelos, se debería sentir agredecido de que León se hubiera casado con alguien tan fea como ella. Las palabras que usa Isaac para describir a su abuela Gertrudis son influyentes en la manera que el lector la percibe. Según su descripción, Gertrudis es una mujer "fea con ganas, chiquita, flaca, negra, chueca, [y] bizca."

Las palabras que usa para describir a Gertrudis son muy simbólicas porque aluden a algo más profundo. Por ejemplo, el hecho de que le pone tanto interés en la apariencia física de su abuela es representativo del consenso social de esa época, lo cual se refiere implícitamente al hecho de que las mujeres feas no merecen recibir el mismo respeto y los mismos derechos que las mujeres hermosas. Es evidente en el modo en que Isaac habla de su esposa y de su abuela. Cuando habla de Jaia, su mujer, lo primero que menciona es que es muy bella y muchos hombres la buscaban. Por contraste, cuando habla de su abuela, el énfasis está en su fealdad. Habla de ella sin darle el respeto que se suele demostrar a una abuela. Es importante notar porque apoya el argumento de la autora sobre el hecho de que las mujeres bellas reciben más respeto y derechos.

¶4. Por otra parte, la apariencia física de Jaia es completamente diferente que la de Gertrudis. Isaac describe a su esposa con palabras positivas y favorables. El dice que "su" Jaia era muy bella y hasta más ya que era una mujer avanzada de edad. El hecho de que nunca menciona ningún otro atributo de Jaia excepto que es hermosa refuerza el mensaje del cuento porque cuando habla de Gertrudis, Isaac se asegura de mencionar lo trabajadora que fue, por lo tanto dando a entender que Jaia no necesita ser trabajadora porque es bella.

¶5. Ya que el contraste sobre la apariencia física de las dos mujeres ha sido establecido, es necesario notar el comportamiento de sus familias antes y después de casarse. Antes de que se casara, la familia de Gertrudis la veía como un estorbo. Los padres de ella, según Isaac, se pusieron muy felices cuando se enteraron de que Leon se quería casar con ella. Isaac describe este momento como "[m]is abuelos tiraron la casa por la ventana con gusto. Hay que ver que no era para menos, si habían conseguido sacarse de encima semejante clavo y casarla con el mejor candidato en cien leguas a la redonda." Este pasaje es muy simbólico porque no solamente se refiere a Gertrudis como una molestia sino también como una posesión. El hecho de que era una molestia para sus padres merece un análisis más profundo. Durante todo el tiempo que Isaac describe a su abuela, dice que fue muy trabajadora. Por lo tanto es sorprendente que para sus padres ella sea una molestia. El propósito de describirla así es para que el lector se dé cuenta de que la apariencia física otra vez juega el papel más saliente en la vida de la mujer. Por ser fea les molestaba a sus padres en vez de ser una ayuda por ser trabajadora.

¶6. Aunque Isaac no describe con tantos detalles a la familia de Jaia antes de que se casaran, sí se asegura de mencionar el hecho de quién escogió a quien; ella lo pudo escoger como esposo. A diferencia de Gertrudis, a quien la casaron con el primer hombre que le ofreciera la mano, la belleza de Jaia le permitió ser más selectiva. La desigualdad de tanta libertad a la cual son expuestas las dos mujeres indica mucho de la sociedad: el hecho de que Jaia, una mujer hermosa, tenga más libertad que Gertrudis, una mujer muy trabajadora, es notorio porque personifica la opinión general de la sociedad que la belleza es el atributo más importante de la mujer.

¶7. Desafortunadamente, no solamente cuando vive en la casa de sus padres echan de menos a Gertrudis, sino también ya de casada. Lo único que hace Gertrudis en la casa de León es trabajar. Ni siquiera come con su familia porque está alistando la comida para ellos. Ahora su situación ha cambiado un poco en que antes era molestia y ahora es sirvienta. Por el modo en que la dejan hacer todo el trabajo pertinente a la casa se ve que no la respetan ni piensan en ella como si fuera miembro verdadero de la familia. Por el mismo motivo Isaac no habla de la consecuencia del abandono en términos emocionales. La familia no siente su ausencia como la de madre o esposa, sino como la de una buena ama de casa.

¶8. La situación de Jaia ya de casada es distinta de la de Gertrudis por muchas razones: Isaac la aprecia como mujer y no como sirvienta. Se ve esto en el modo que, aunque no está de acuerdo con sus acciones, le permite que tenga la foto de la familia sobre la chimenea. Cuando él se queja, ella lo amenaza con irse de casa y llevarse a sus hijos. Solamente el hecho de que pueda amenazar es notorio porque muestra el poder de Jaia en esta relación, un poder que ella aseguró en el momento cuando escogió a Isaac como esposo. A diferencia de Gertrudis, quien fue afortunada de haberse casado aunque era tan fea, para Jaia no lo es. Ella escogió a Isaac de entre todos los hombres que la querían, por lo tanto él es el afortunado, no ella. También él la describe como más hermosa ya que antes, lo cual lo pone más susceptible a sus amenazas porque si ella se fuera, se le supondría una capacidad de encontrar otro esposo, otra indicación de que la belleza le ofrece más libertad.

¶9. A través del cuento, la autora señala muchos de los beneficios de ser bella y usa los personajes de Jaia y Gertrudis para personificar la belleza y la fealdad. Por lo tanto, es muy claro que el ser trabajadora no la ayuda a Gertrudis tanto como la daña el ser fea. La implicación social a la que alude la autora es apoyada por el comportamiento de Jaia y con el respeto que le da Isaac. Por lo tanto, el lector ve que si Isaac es representativo del consenso explícito de esa época, la belleza era el atributo más importante de la mujer, y la autora ha expuesto una crítica de este consenso de manera implícita por el papel de Jaia.

Práctica

Con uno de los modelos de análisis, repasa todos los pasos del redactor:

1. Considera el título y la primera oración.

2. Evalúa el propósito y el uso y la organización de las ideas de apoyo: ¿Son suficientes las ideas de apoyo, y la introducción y la conclusión?

3. Evalúa los aspectos de composición: variedad de oraciones, buen uso de las transiciones, coherencia de los tiempos verbales, variedad de vocabulario.

4. Evalúa los aspectos estilísticos: ¿Atrae y mantiene la atención del lector el uso de técnicas personales?

5. Ofrece sugerencias específicas sobre estos aspectos y un comentario general del ensayo.

PASO 3 ¡A MEJORAR!

Repaso de gramática

I. Los verbos compuestos

1. Los tiempos compuestos se forman con un verbo auxiliar, **haber** por lo general, y con el participio de pasado. La terminación de los participios al combinarse con **haber** es la siguiente: **-ado** para los verbos de la 1ª conjugación e **-ido** para los de la segunda y la tercera.

comprar > comprado   beber > bebido   vivir > vivido

También hay algunos participios irregulares.

abrir > abierto   morir > muerto

cubrir > cubierto   poner > puesto

decir > dicho   romper > roto

escribir > escrito   ver > visto

hacer > hecho   volver > vuelto

En el Apéndice se halla una lista de los demás participios pasados con sus variantes.

2. Las combinaciones de los verbos compuestos son:

Infinitivo compuesto	Lamentaba **haber ofendido** a su amigo.
Pretérito perf. comp. de indic.	Ya **hemos comprado** los libros.
Pretérito pluscuamp. de indic.	El enemigo **había roto** la tregua.
Pretérito anterior (Poco usado a nivel hablado)	Apenas **hubo salido,** se dio cuenta de su olvido.
Futuro perfecto de indic.	Para cuando se levante, yo ya **habré llegado.**
Condicional perfecto	Si pudiera, lo **habría hecho.**
Pretérito perf. de subj.	No creo que **hayan visto** el regalo.
Pretérito pluscuamp. de subj.	Si lo **hubiera/hubiese sabido,** no habría ido.
Futuro perfecto de subj. (En desuso en la actualidad)	Si lo **hubiere necesitado,** se lo habríamos dado.

3. Además de **haber,** otros verbos como **tener, llevar** y **traer** se combinan con el participio de pasado, con función adjetival, para indicar más que la conclusión de una acción, el estado de esa acción. En tales construcciones, el participio concuerda con el complemento.

 a. Hemos terminad**o** los ejercicios. Tenemos terminad**os** los ejercicios.

 b. He escrit**o** tres páginas.   Llevo escrit**as** tres páginas.

 c. Han visitad**o** muchos parajes. Traen visitad**os** muchos parajes.

4. La diferencia de significado en inglés se obtiene en este tipo de construcciones con la inversión del complemento de objeto directo:

 a. *I have written the letters.* (acción terminada) He escrito las cartas.

 b. *I have the letters written.* (estado de la acción) Tengo escritas las cartas.

5. Estos verbos auxiliares solamente se usan con verbos transitivos. Por lo tanto, oraciones cuyo participio es un verbo intransitivo no son gramaticalmente correctas.

 a. *Tengo ido de viaje.

 b. *Llevamos venido al parque.

6. Nótese además la importancia de la sintaxis en estas oraciones. En español los verbos auxiliares con participio adjetival deben seguir la siguiente secuencia:

Verbo auxiliar	Participio adjetival	Complemento directo
A. *Tengo*	*reservadas*	*las entradas.*

Pero si cambiamos el orden sintáctico, obtendremos otro significado:

Verbo auxiliar	Complemento directo	Participio adjetival
B. *Tengo*	*las entradas*	*reservadas.*

En A comentamos sobre el estado en que se encuentran las entradas y **tengo** actúa como verbo auxiliar. Pero en B, **tengo** es el verbo principal y únicamente afirma que "yo tengo las entradas", mientras el adjetivo **reservadas** modifica al sustantivo **entradas,** como podría hacerlo el adjetivo **caras** o **baratas,** por ejemplo: "Tengo las entradas caras".

Ejercicios

A. Completa las siguientes oraciones conjugando los verbos en paréntesis.

Antonio no había (1) _____ (estar) en un estadio de fútbol tan grande y le impresionó el tamaño. Era de noche, se habían (2) _____ (encender) los focos y los jugadores estaban a punto de saltar al campo. Nunca había (3) _____ (ver) tanta gente junta en un espectáculo. Se había (4) _____ (poner) una bufanda de su equipo y se había (5) _____ (cubrir) el cuello porque hacía frío. No sabía si ya habían (6) _____ (abrir) la cantina, pero decidió acercarse allí para tomarse una taza de chocolate bien calentito. Después, regresó a su asiento y se dispuso a gozar del partido. Sus amigos le habían (7) _____ (decir) que aunque el encuentro era amistoso, siempre había (8) _____ (existir) mucha rivalidad entre los equipos. La velada discurrió tal como se la había (9) _____ (imaginar) y se divirtió muchísimo. Después de haber (10) _____ (volver) a casa, decidió que se abonaría a todos los partidos de la temporada.

B. Antonio, aunque está muy contento con su vida, piensa en otros caminos que podría haber tomado pero que son imposibles de realizar en este momento. Llena el espacio en blanco con la forma verbal adecuada.

1. Si yo lo _____ (haber) sabido, se lo _____ (haber) dicho a mi hermana.
2. Por _____ (haber) venido tarde a la clase varias veces este semestre, me _____ (haber) bajado la nota el profesor.
3. Tenía _____ (preparar) todos los documentos, pero yo no tenía _____ (firmar) el cheque.
4. Si yo _____ (terminar) los estudios para el verano, me _____ (dar) el puesto.
5. Yo la _____ (visitar) en su casa, si me _____ (avisar) con unos días de anticipación.
6. No sé si _____ (tener) éxito o no.
7. Si lo _____ (haber) hecho, _____ sido porque me _____ (haber) obligado.

II. Verbos del tipo *gustar*

1. El orden de las palabras en español es similar al orden que se sigue en otros idiomas, incluido el inglés:

Sujeto	Verbo	Objeto
She	*has*	*two degrees.*
Ella	tiene	dos títulos.

2. No obstante, en español hay una serie de verbos que siguen un orden distinto del de sus equivalentes en inglés. Se trata de verbos comunes como **gustar**. Entre ellos se hallan los siguientes:

asustar *(scare)*	Me asustaban los truenos.
caer bien/mal *(like, suit)*	Me cae bien mi cuñado.
dar *(give)* rabia, envidia, celos, etc.	Le da rabia su actitud.
doler *(hurt)*	Le dolía la muela.
encantar *(like, enjoy)*	Les encantan los peces.
faltar *(lack)*	Le faltará un año para jubilarse.
fascinar *(fascinate)*	Les fascinan las películas de intriga.
fastidiar *(bother)*	Me fastidian los mosquitos.

hacer falta *(lack, need)*	Me harían falta mil dólares.
indignar *(bother, make upset)*	Le indignan las injusticias.
inquietar *(bother)*	Le inquieta la tardanza.
interesar *(interest)*	Le interesa la arqueología.
irritar *(bother, irritate)*	Me irritan los gritos.
molestar *(bother)*	Me molestó el humo.
preocupar *(worry)*	Nos preocupaba la situación económica.
quedar *(remain, have)*	Nos quedan seis créditos para graduarnos.
sobrar *(have leftover, extra)*	Me sobró dinero para comprar el piso.

3. El orden

Inglés:

Sujeto	Verbo	Objeto directo
I	*like*	*you.*
I	*need*	*six credits.*

Español:

Objeto indirecto	Verbo	Sujeto
Me	gustas	tú.
Me	faltan	seis créditos.

Así, pues, en verbos como los anteriores, se colocan los pronombres de complemento indirecto al comienzo de la oración. Dichos pronombrespueden ir precedidos por frases de objeto indirecto para indicar énfasis o clarificación:

(A mí)	me gusta la música clásica.
(A ti)	te gusta la música clásica.
(A él, ella, Ud.)	le gusta la música clásica.
(A nosotros)	nos gusta la música clásica.
(A vosotros)	os gusta la música clásica.
(A ellos, ellas, Uds.)	les gusta la música clásica.

4. Se advierte que el objeto puede ser singular o plural y que el verbo concuerda con el sujeto, no con el pronombre de objeto indirecto.

Me gust**o** (yo). (Me encuentro elegante, atractivo, etc.)
Me gust**as** (tú).
Me gust**a** Ud., él, ella.
Me gust**a** el fútbol.
Me gust**áis** (vosotros, -as).
Me gust**an** Uds., ellos, ellas.
Me gust**an** los deportes.

5. Si el sujeto es un infinitivo, el verbo irá siempre en singular. Esta misma regla se aplicará si se trata de dos o más infinitivos.

a. Me gusta cantar. *I like to sing/singing.*
b. Nos gusta cantar y bailar. *We like to sing/singing.*
c. Les gusta pasear por el parque. *They like to walk through/walking in the park.*

6. También se puede usar el verbo **gustar** como transitivo, pero con el significado específico de **catar** o **probar** comida o bebida. Por lo general, sólo se emplea en preguntas con la segunda persona.

  a. ¿Gustas? (¿Deseas probarlo?)

  b. ¿Ustedes gustan? (¿Desean probarlo?)

7. En otras construcciones se utilizaría **probar** en vez de **gustar.**

  a. No han probado la ensalada.

  b. He probado la limonada y está deliciosa.

Ejercicios

A. En parejas, comenta los siguientes enunciados.

  1. algo que te asuste a ti: _____

  2. alguien que te caiga bien: _____

  3. algo que te dé coraje: _____

  4. algo que te encante: _____

  5. algo que te falte: _____

  6. algo que te preocupe: _____

B. Completa cada una de las siguientes afirmaciones.

  Modelo: El café (no gustar) a ella. > No le gusta el café.

  1. El ruido (molestar) a él.

  _____

  2. Bailar tango (encantar) a ellos.

  _____

  3. La rodilla (doler) a Luisa.

  _____

  4. El profesor de inglés (caer bien/mal) a mí.

  _____

  5. Dos años para graduarnos (quedar) a nosotros.

  _____

  6. Un buen diccionario de español (hacer falta) a ella.

  _____

  7. Los vaivenes de los aviones (asustar) a mí.

  _____

  8. Los chismes (no interesar) a Uds.

  _____

  9. Los cuentos de hadas (encantar) a ella.

  _____

  10. Créditos para graduarme (sobrar) a mí.

  _____

C. Sonia tiene muchos ensayos que escribir, sin embargo, busca disculpas para no tener que cumplir con sus obligaciones como estudiante.

1. Me _____ (sobrar) créditos para graduarme.

2. Le _____ (molestar) el ruido a mi perro.

3. A todos _____ (caer bien/mal) el profesor de inglés.

4. Siempre le _____ (interesar) los chismes que le cuento.

5. Me _____ (doler) el codo.

6. También me _____ (faltar) un buen diccionario.

ACTFL PROFICIENCY GUIDELINES FOR WRITING*

The ACTFL Proficiency Guidelines, first published in 1986, are global characterizations of integrated performance in each of four language skills: speaking, writing, reading, and listening. Writing refers to both spontaneous and reflective writing.

Superior

Writers at the Superior level are able to produce most kinds of formal and informal correspondence, complex summaries, precis, reports, and research papers on a variety of practical, social, academic, or professional topics treated both abstractly and concretely. They use a variety of sentence structures, syntax, and vocabulary to direct their writing to specific audiences, and they demonstrate an ability to alter style, tone, and format according to the specific requirements of discourse. These writers demonstrate a strong awareness of writing for the other and not for the self.

Writers at the Superior level demonstrate the ability to explain complex matters, provide detailed narrations in all time frames and aspects and present and support opinions by developing cogent arguments and hypotheses. They can organize and prioritize ideas and maintain the thrust of a topic through convincing structure and lexicon and skillful use of writing protocols, especially those that differ from oral protocols, to convey to the reader what is significant. Their writing is characterized by smooth transitions between subtopics and clear distinctions between principal and secondary ideas. The relationship among ideas is consistently clear, evidencing organizational and developmental principles such as cause and effect, comparison, chronology, or other orderings appropriate to the target language culture. These writers are capable of extended treatment of a topic which typically requires at least a series of paragraphs but can encompass a number of pages.

Writers at the Superior level demonstrate a high degree of control of grammar and syntax, both general and specialized/professional vocabulary, spelling or symbol production, cohesive devices, and punctuation. Their vocabulary is precise and varied with textured use of synonyms, instead of mere repetition of key words and phrases. Their writing expresses subtlety and nuance and is at times provocative. Their fluency eases the reader's task.

Writers at the baseline of the Superior level will not demonstrate the full range of the functional abilities of educated native writers. For example, their writing may not totally reflect target language cultural, organizational, syntactic, or stylistic patterns. At the baseline Superior level, occasional errors may occur, particularly in low-frequency structures, but there is no pattern. Errors do not interfere with comprehension and they rarely distract the native reader.

---

*Used by permission of American Council on the Teaching of Foreign Languages, Inc.

Advanced-High

Writers at the Advanced-High level are able to write about a variety of topics with significant precision and detail. They can handle most social and informal correspondence according to appropriate conventions. They can write summaries, reports, precis, and research papers. They can also write extensively about topics relating to particular interests and special areas of competence, but tend to emphasize the concrete aspects of such topics. Advanced-High writers can describe and narrate in all major time frames, with good control of aspect. In addition, they are able to demonstrate some ability to incorporate the functions and other criteria of Superior level, showing some ability to develop arguments and construct hypotheses. They cannot, however, sustain those abilities and may have difficulty dealing with a variety of topics in abstract, global, and/or impersonal terms. They often show remarkable ease of expression when writing at the Advanced level, but under the demands of the Superior-level writing tasks, patterns of error appear. Although they have good control of a full range of grammatical structures and a fairly wide general vocabulary, they may not use these comfortably and accurately in all cases. Weaknesses in grammar, syntax, vocabulary, spelling or symbol production, cohesive devices, or punctuation may occasionally distract the native reader from the message. Writers at the Advanced-High level do not consistently demonstrate flexibility to vary their style according to different tasks and readers. Their writing production often reads successfully but may fail to convey the subtlety and nuance of the Superior level.

Advanced-Mid

Writers at the Advanced-Mid level are able to meet a range of work and/or academic writing needs with good organization and cohesiveness that may reflect the principles of their first language. They are able to write straightforward summaries and write about familiar topics relating to interests and events of current, public, and personal relevance by means of narratives and descriptions of a factual nature. Advanced-Mid writers demonstrate the ability to narrate and describe with detail in all major time frames. Their writing is characterized by a range of general vocabulary that expresses thoughts clearly, at times supported by some paraphrasing or elaboration. Writing at the Advanced-Mid level exhibits some variety of cohesive devices in texts of several paragraphs in length. There is good control of the most frequently used target language syntactic structures, e.g., common word order patterns, coordination, subordination. There may be errors in complex sentences, as well as in punctuation, spelling, or the formation of non-alphabetic symbols and character production. While features of the written style of the target language may be present, Advanced-Mid writing may at times resemble oral discourse or the writing style of the first language. Advanced-Mid writing incorporates organizational features both of the target language or the writer's first language. While Advanced-Mid writers are generally aware of writing for the other, with all the attendant tailoring required to accommodate the reader, they tend to be inconsistent in their aims and focus from time to time on the demands of production of the written text rather than on the needs of reception. When called on to perform functions or to treat topics at the Superior level, Advanced-Mid writers will generally manifest a decline in the quality and/or quantity of their writing, demonstrating a lack of the rhetorical structure, the accuracy, and the fullness of elaboration and detail that would be characteristic of the Superior level. Writing at the Advanced-Mid level is understood by natives not used to the writing of non-natives.

Advanced-Low

Writers at the Advanced-Low level are able to meet basic work and/or academic writing needs, produce routine social correspondence, write about familiar topics by means of narratives and descriptions of a factual nature, and write simple summaries. Advanced-Low writers demonstrate the ability to narrate and describe in major time frames with some control of aspect. Advanced-Low writers are able to combine and link sentences into texts of paragraph length and structure. Their writings, while adequate to satisfy the criteria of the Advanced level, may not be substantive. Writers at the Advanced-Low level demonstrate an ability to incorporate a limited number of cohesive devices but may resort to much redundancy, and awkward repetition. Subordination in the expression of ideas is present and structurally coherent, but generally relies on native patterns of oral discourse or the writing style of the writer's first language. Advanced-Low writers demonstrate sustained control of simple target-language sentence structures and partial control of more complex structures. When attempting to perform functions at the Superior level, their writing will deteriorate significantly. Writing at the Advanced-Low level is understood by natives not used to the writing of non-natives, although some additional effort may be required in the reading of the text.

Intermediate-High

Writers at the Intermediate-High level are able to meet all practical writing needs such as taking notes on familiar topics, writing uncomplicated letters, simple summaries, and compositions related to work, school experiences, and topics of current, general interest. Intermediate-High writers connect sentences into paragraphs using a limited number of cohesive devises that tend to be repeated, but with some breakdown in one or more features of the Advanced level. They can write simple descriptions and narrations of paragraph length on everyday events and situations in different time frames, although with some inaccuracies and inconsistencies. For example, they may be unsuccessful in their use of paraphrase and elaboration and/or inconsistent in the use of appropriate time markers, resulting in a loss of clarity. In those languages that use verbal markers to indicate tense and aspect, forms are not consistently accurate. The vocabulary, grammar, and style of Intermediate-High writers essentially correspond to those of the spoken language. The writing of an Intermediate-High writer, even with numerous and perhaps significant errors, is generally comprehensible to natives not used to the writing of non-natives, but gaps in comprehension may occur.

Intermediate-Mid

Writers at the Intermediate-Mid level are able to meet a number of practical writing needs. They can write short, simple communications, compositions, descriptions, and requests for information in loosely-connected texts that are based on personal preferences, daily routines, common events, and other topics related to personal experiences and immediate surroundings. Most writing is framed in present time, with inconsistent references to other time frames. The writing style closely resembles the grammar and lexicon of oral discourse. Writers at the Intermediate-Mid level show evidence of control of syntax in non-complex sentences and in basic verb forms, and they may demonstrate some ability to use grammatical and stylistic cohesive elements. This writing is best defined as a collection of discrete sentences and/or questions loosely strung together; there is little evidence of deliberate organization. Writers at the Intermediate-Mid level pay only sporadic attention to the reader of their texts; they focus their energies on the production of the writing rather than on the reception the text will receive. When Intermediate-Mid writers attempt Advanced-level tasks, the quality and/or quantity of their writing declines and the message may be unclear. Intermediate-Mid writers can be understood readily by natives used to the writing of non-natives.

Intermediate-Low

Writers at the Intermediate-Low level are able to meet some limited practical writing needs. They can create statements and formulate questions based on familiar material. Most sentences are recombinations of learned vocabulary and structures. These are short and simple conversational-style sentences with basic subject-verb-object word order. They are written mostly in present time with occasional and often incorrect use of past or future time. Writing tends to be a few simple sentences, often with repetitive structure. Vocabulary is limited to common objects and routine activities, adequate to express elementary needs. Writing is somewhat mechanistic and topics are limited to highly predictable content areas and personal information tied to limited language experience. There may be basic errors in grammar, word choice, punctuation, spelling, and in the formation and use of non-alphabetic symbols. When Intermediate-Low writers attempt to perform writing tasks at the Advanced level, their writing will deteriorate significantly and their message may be left incomplete. Their writing is understood by natives used to the writing of non-natives, although additional effort may be required.

Novice-High

Writers at the Novice-High level are able to meet limited basic practical writing needs using lists, short messages, postcards, and simple notes, and to express themselves within the context in which the language was learned, relying mainly on practiced material. The writing is generally writer-centered and is focused on common, discrete elements of daily life. Novice-High writers are able to recombine learned vocabulary and structures to create simple sentences on very familiar topics, but the language they produce may only partially communicate what is intended. Control of features of the Intermediate level is not sustained due to inadequate vocabulary and/or grammar. Novice-High writing is often comprehensible to natives used to the writing of non-natives, but gaps in comprehension may occur.

Novice-Mid

Writers at the Novice-Mid level are able to copy or transcribe familiar words or phrases and reproduce from memory a modest number of isolated words and phrases in context. They can supply limited information on simple forms and documents and other basic biographical information, such as names, numbers, and nationality. Novice-Mid writers exhibit a high degree of accuracy when writing on well-practiced familiar topic using limited formulaic language. With less familiar topics, there is a marked decrease in accuracy. Errors in spelling or in the representation of symbols may be frequent. There is little evidence of functional writing skills. At this level, the writing may be difficult to understand even by those accustomed to reading the texts of non-natives.

Novice-Low

Writers at the Novice-Low level are able to form letters in an alphabetic system and can copy and produce isolated, basic strokes in languages that use syllabaries or characters. Given adequate time and familiar cues, they can reproduce from memory a very limited number of isolated words or familiar phrases, but errors are to be expected.

APÉNDICE

II

LA PUNTUACIÓN

I. NOMBRES DE LOS SIGNOS

,	coma		( )	paréntesis
;	punto y coma		[ ]	corchetes
.	punto		" "	comillas dobles
:	dos puntos		' '	comillas sencillas
…	puntos suspensivos		..	diéresis
¿ ?	interrogación		-	guión
¡ !	exclamación		—	raya
			=	dos rayas

II. EL USO DE LAS MAYÚSCULAS

En español se escriben mayúsculas en:

a. La primera letra de la primera palabra de un párrafo.

b. Después de un punto

c. En los nombres propios de personas y en los apellidos, en títulos honoríficos, en los nombres geográficos.

d. Al contrario del inglés, no se usan mayúsculas en el pronombre personal de primera persona del singular 'yo', ni en los adjetivos de nacionalidades o procedencia geográfica, por ejemplo: '**guatemalteco, costarricense, madrileño**', ni tampoco en los nombres de los meses: **enero, febrero, marzo**…

e. Se escribirá con mayúscula la primera letra de atributos divinos como 'el **Creador**', así como '**Dios**', pero 'los dioses'.

f. En el caso de títulos honoríficos, se escriben con mayúscula '**Sr.**', '**D.**', '**Ud.**' y sus femeninos y plurales cuando van abreviados, pero cuando le sigue el nombre '**don**' suele ir en minúscula. Por ejemplo: '**Ya llegó don Adrián**'. '**Ud.**' se escribe con minúscula si no se abrevia: '**Iremos cuando usted quiera**'.

g. La primera letra del título de un libro, artículo o película. (Al contrario del inglés, no se escribirá el resto de las palabras de un título con mayúsculas.)

h. Nombres y cargos de carácter único: **el Papa, el Rey, el Presidente**

i. Acontecimientos de gran importancia o trascendencia: **la Segunda República, la Revolución Industrial**.

j. Los nombres de los puntos cardinales cuando se abrevian: **S.** (sur), **NE.** (nordeste).

III. EL USO DE LA COMA

La coma se utiliza normalmente para separar oraciones dentro del discurso escrito.

a. En el caso de oraciones subordinadas:
   Los niños, que pasaron un día muy divertido en la playa, llegaron a casa cansadísimos.
b. No obstante, si se trata de una oración restrictiva o especificativa tendremos:
   Los niños que pasaron un día muy divertido en la playa llegaron a casa cansadísimos.

En la primera oración, a través del uso de comas explicamos la razón por la que los niños llegaron a casa cansadísimos. Por otra parte, en la segunda el sentido es restrictivo, pues afirma que los niños que llegaron a casa cansadísimos son los que fueron a la playa.

c. Para separar elementos paralelos o en oraciones coordinadas, siempre que no aparezcan las conjunciones **y, o, ni.**
   Para hacer mantecados se necesita manteca, azúcar, aceite y harina.
   No quiero café, sino té.
d. Cuando hay interjecciones:
   ¡Vamos, hombre, eso es imposible!
   Vaya, chico, hacía mucho que no te veía.
e. Las palabras y frases con conjunciones causales y con adverbios de enlace:
   Vemos, pues, cómo se desarrollaron los sucesos.
   Por lo tanto, se debe admitir la evidencia.
   Finalmente, revisaremos el material que nos queda.
f. Para separar la cláusula subordinada condicional en oraciones con **si:**
   Si no pudiera ir, te lo diría.
   Te lo diría si no pudiera ir.

Téngase en cuenta que en español la coma separa las unidades de los decimales, mientras que los puntos se utilizan para separar los millares: :
   453.628,33 *(en inglés: 453,628.33)*
   1.000.000,00 *(en inglés: 1,000,000.00)*

El uso correcto de las comas es esencial en la escritura, pues el significado a veces depende de ellas. Se dice que uno de los zares hizo mandar una nota, de estilo telegráfico, condenando al exilio a un prisionero y que la zarina salvó a éste cambiando el lugar de la coma. La nota, traducida, decía:
Perdón imposible, mandar a Siberia.
Y después del cambio: **Perdón, imposible mandar a Siberia.**

IV. EL PUNTO Y COMA

a. Sirve para señalar pausas más marcadas que las producidas por la coma, pero menos, marcadas que las que indica el punto. Por ejemplo: **El aire está podrido; el sol, enfermo; el agua, envenenada. Los pájaros tienen cárcel; las flores también.** (Wenceslao Fernández Flórez "El bosque animado")
b. Además, se emplea antes de conjunciones adversativas (**aunque, no obstante, pero, sin embargo…**) cuando las oraciones son extensas. Por ejemplo: **Los campesinos se habían preparado a conciencia y esperaban contener la inundación ese año; pero de nada les sirvieron sus desvelos.**

V. EL PUNTO

a. El punto y aparte se emplea para separar párrafos; el punto y seguido para separar oraciones dentro del párrafo.
b. También se utiliza el punto al final de abreviaturas. Por ejemplo: **Dr.** *(Doctor)*; **P. ej.** *(por ejemplo)*.

VI. LOS DOS PUNTOS

a. Sirven para presentar una enumeración. Por ejemplo: **Había viajeros de todas partes: ingleses, japoneses, franceses, rusos, escandinavos…**
b. También introducen una causa o conclusión de una oración previa. Por ejemplo:
La caída de sus acciones en la bolsa sólo le traían un pensamiento: ya no podría comprar la casa.
c. Se usan igualmente para introducir una cita literal. Por ejemplo:
El maestro anunció: "Mañana tendremos examen".
d. En el encabezamiento de las cartas. Por ejemplo: **Estimada amiga:**

VII. LOS PUNTOS SUSPENSIVOS

a. Representan una pausa que oralmente se percibiría como un tono sostenido. Por ejemplo: **Tengo que admitir que… no sé la respuesta.**
b. Se utiliza a menudo en enumeraciones incompletas o abiertas que equivalen al concepto de "etcétera". Por ejemplo: **Podemos ir al cine, al teatro, a bailar…**

En casos en los que se conoce el final de la oración y no se considera necesario terminarla. Por ejemplo: **Al buen entendedor… (pocas palabras)**

Para indicar que se ha eliminado una parte de un párrafo se pondrán puntos suspensivos entre corchetes. Por ejemplo: **El Presidente afirmó que "Se espera un mayor crecimiento económico para el próximo año […] Las relaciones con los países vecinos han mejorado después de los acuerdos comerciales […] Todos debemos colaborar en el ahorro de energía".**

VIII. EL APÓSTROFO

El uso del apóstrofo no se acepta en español, pero se ve escrito a menudo en la prensa, probablemente por influencia del inglés, en la abreviatura de números de años. Por ejemplo: **Expo '92, Japón '02.** Se recomienda evitar su uso.

IX. LAS COMILLAS

Se pondrán entre comillas:

a. Los títulos de publicaciones, películas, obras de teatro, canciones, etc.
b. Los apodos. Por ejemplo: **Ernesto "Che" Guevara**
c. Los nombres de naves, aviones y otros vehículos que los tengan, aunque no las marcas Por ejemplo: **El "Apolo XIII", la "Pinta", el "Titanic"**

d. Los neologismos o palabras todavía no aceptadas formalmente en español. Por ejemplo: "**escanear**", "**clonar**" o "**clonear**", el "**input**", el "**output**", "**trazabilidad**" (del **inglés** "**traceability**")

e. Las palabras que expresan un doble sentido o escritas con intención irónica. Por ejemplo: **Fuimos en el "coche de San Fernando". Un ratito a pie y otro andando.**
El referido "niño" ya tenía casi veinte años.

f. Las citas de palabras, oraciones o párrafos. Por ejemplo: **Un almirante dijo: "Más vale honra sin barcos que barcos sin honra".**

X. LOS SIGNOS DE INTERROGACIÓN Y DE EXCLAMACIÓN

a. En español se marca el inicio y el final de la interrogación y de la exclamación con los signos: ¿ ? y ¡ !.

b. Algunos autores para dar énfasis colocan dos o más signos de exclamación; pero en la actualidad esa práctica es rara.

XI. LOS GUIONES

Sirven para unir palabras compuestas, fechas y para separar las palabras al final de renglones. Por ejemplo: **trágico-cómico; 23-4-2001; repetidamen-te.**

XII. LOS PARÉNTESIS

a. Sirven para incluir un inciso o comentario relacionado, pero no ligado, a la cláusula en que se enlazan. Por ejemplo:
El número de habitantes ha disminuido considerablemente en algunos países europeos (sin contar con el influjo de immigrantes), hasta el punto de provocar la alarma en estudios demográficos.

b. También se utilizan para citar fechas de publicaciones. Por ejemplo:
Según el "Diccionario de la Real Academia Española" (1992), se incluyen en esa edición 83.500 vocablos.

XIII. LOS CORCHETES

a. Se utilizan dentro de paréntesis si se quiere hacer un inciso o comentario relacionado, pero no ligado a la cláusula en que se enlazan. Por ejemplo:
Las cifras de desempleo son aún muy bajas (el 4% o el 5% [depende de las fuentes consultadas] en el último semestre) comparadas con las de otros países industrializados.

b. También en comentarios editoriales en citas. Por ejemplo: "**Pronto habrán [sic] más secciones**".

Al indicar [sic] señalamos que el error gramatical "**habrán**" proviene de la cita original y no es error nuestro.

c. Como se señaló en la sección sobre los puntos suspensivos, los corchetes con tres puntos suspensivos indican que se ha eliminado una parte de un párrafo. Por ejemplo:
El Presidente afirmó que "Se espera un mayor crecimiento económico para el próximo año [...]
Las relaciones con los países vecinos han mejorado después de los acuerdos comerciales [...]
Todos debemos colaborar en el ahorro de energía".

XIV. LA DIÉRESIS

a. Los dos puntos encima de la *ü* sirven para indicar que la *u* suena como tal cuando precede a una i o una e. Por ejemplo: **vergüenza, pingüino, ungüento, nicaragüense.**
b. De lo contrario, la combinación ortográfica de **u** + **e** o de **u** + **i** sin diéresis daría una pronunciación sin **u**, como en **guitarra** y **guerra**
c. Naturalmente, **Nicaragua** no llevará tilde, pues la **u** no precede a una **e** o **i**.

XV. COMILLAS SENCILLAS

Se utilizan para encasillar la traducción de una palabra de otro idioma o para definir un concepto en español. Por ejemplo: *book* 'libro', *badil* 'paleta de hierro para recoger la lumbre'.

XVI. RAYA

a. Se utiliza con valor de paréntesis. Por ejemplo:
Eran las nueve de la tarde, pero todavía lucía el sol —recordemos que era verano— y las tiendas aún permanecían abiertas.
b. También sirve para señalar el comienzo del diálogo de un personaje. Por ejemplo:
Entonces Holmes asintió y dijo: —Elemental, querido Watson.

XVII. DOS RAYAS

Este signo matemático de igualdad se emplea también en la escritura para denotar equivalencia. Por ejemplo: *ib., ibíd.* > *ibídem* = **en el mismo lugar**

Se indica que la palabra latina *ibídem* es igual o se corresponde con la frase del español **en el mismo lugar**.

LAS ABREVIATURAS

a. de C.	antes de Cristo
admón.	administración
affmo.	afectísimo
apdo.	apartado
atto.	atento
Avda.	Avenida
Barna.	Barcelona
B. L. M.	besa la mano
Bs. As.	Buenos Aires
C/	Calle
cap.	capítulo
c. c.	centímetros cúbicos
cf.	confer = compárese
Cía.	compañía
cm.	centímetros
C. V.	caballos de vapor ~ currículum vitae
D.	Don
Dª	Doña
D. m.	Dios mediante
dcha.	derecha
d. de C.	después de Cristo
derº., derª	derecho, derecha
dha., dho.	dicha, dicho
Dr.	Doctor
Drª.	Doctora
dupdo.	duplicado
E.	Este (punto cardinal)
entlo.	entresuelo
etc.	etcétera
Excmo.	Excelentísimo

fª	factura
fha.	fecha
fº	folio
Fr.	Fray
g/.	giro
g.p.	giro postal
Gral.	General
grs.	gramos
Hnos.	Hermanos
ib., ibíd.	ibídem = en el mismo lugar
íd.	ídem
Ilmo.	Ilustrísimo
izqª., izqº.	izquierda, izquierdo
J. C.	Jesucristo
Kg.	kilogramo
Km.	kilómetro
Km./h.	kilómetros por hora
l.	litros
Lda., Ldo.	Licenciada, Licenciado
m.	metros
mm.	milímetros
N.	Norte
NE.	Nordeste
NO.	Noroeste
nº.	número
O.	Oeste
P. A.	Por autorización
pág., p.	página
pp.	páginas
P. D.	posdata
p. ej.	por ejemplo
P. O.	Por orden
Pl.	plaza
pral.	principal
P.V.P.	precio de venta al público
q. b. s. m.	que besa su mano
q. e. p. d.	que en paz descanse
rte.	remite, remitente
S.	Sur
S. A.	Sociedad Anónima
S. A. R.	Su Alteza Real
SE.	Sudeste
S. E.	Su Excelencia

s. e. u. o.	salvo error u omisión
S. L.	Sociedad Limitada
S. M.	Su Majestad
SS. MM.	Sus Majestades
SO.	Sudoeste
Sr.	Señor
Sra.	Señora
Srta.	Señorita
S.R.C.	se ruega contestación
s. s. s.	su seguro servidor
S. S.	Su Santidad
Sto.	Santo
Sta.	Santa
V., Vd., Ud.,	usted
Vds., Uds.,	ustedes
V., Vid.,	véase
Vda.	viuda
v. gr.	verbigracia
Vº. Bº.	visto bueno

ABREVIATURAS DE SIGLAS

AA	Aerolíneas Argentinas
ACAN	Agencia Centroamericana de Noticias
ADN	Ácido desoxirribonucleico (DNA en inglés)
AEE	Agencia Europea del Espacio (ESA en inglés)
ALALC	Asociación Latinoamericana de Libre Comercio
ALADI	Asociación Latinoamericana de Integración
ARN	Ácido ribonucleico (RNA en inglés)
AVE	(Tren de) Alta Velocidad Español
AVIANCA	Aerovías Nacionales de Colombia
BOE	Boletín Oficial del Estado (España)
DAC	Diseño Asistido por Computador (CAD en inglés)
CC	Cuerpo Consular
CD	Cuerpo Diplomático
CE	Comunidad Europea (EC en inglés)
CEA	Compañía Ecuatoriana de Aviación
CELAM	Consejo Episcopal Latinoamericano
CEPAL	Comisión Económica de las Naciones Unidas para América Latina
CGT	Confederación General de Trabajadores
CMM	Conferencia Mundial sobre la Mujer
CODECA	Confederación de Estados Centroamericanos
COI	Comité Olímpico Internacional (IOC en inglés)

DF	Distrito Federal (México)
DRAE	Diccionario de la Real Academia Española
EGB	Educación General Básica (España)
ESO	Enseñanza Secundaria Obligatoria (España)
ETA	Euskadi ta Askatasuna (Patria Vasca y Libertad) (España)
EE. UU.	Estados Unidos (USA en inglés)
EZLN	Ejército Zapatista de Liberación Nacional (México)
FARC	Fuerzas Armadas Revolucionarias Colombianas
FC	Fútbol Club
FF. CC.	Ferrocarriles
FIDA	Fondo Internacional de Desarrollo Agrícola
FIFA	Federación Internacional de Fútbol Asociación
FM	Frecuencia modulada
FMI	Fondo Monetario Internacional
FMLN	Frente Farabundo Martí para la Liberación Nacional (El Salvador)
FSLN	Frente Sandinista de Liberación Nacional (Nicaragua)
IHS~JHS	Compañía de Jesús
INEM	Instituto Nacional de Empleo (España)
INRI	Iesus Nazarenus Rex Iudaeorum (Jesús Nazareno Rey de los Judíos)
ISBN	International Standard Book Number (Número Internacional Normalizado en Libros)
IVA	Impuesto sobre el valor añadido
M-19	Movimiento 19 de Abril (Colombia)
MOPU	Ministerio de Obras Públicas y Urbanismo (España)
NAFTA	North American Free Trade Agreement (Acuerdo de Libre Comercio de los Países de Norteamérica)
NN. UU.	Naciones Unidas (lo mismo que ONU)
OCDE	Organización de Cooperación y Desarrollo Económicos
OEA	Organización de Estados Americanos
OLP	Organización de Liberación de Palestina
OMC	Organización Mundial de Comercio
OMS	Organización Mundial de la Salud (WHO en inglés)
ONCE	Organización Nacional de Ciegos Españoles
ONG	Organizaciones no gubernamentales
ONU	Organización de las Naciones Unidas (UN en inglés)
ONUDI	Organización de las Naciones Unidas para el Desarrollo Industrial
OPA	Oferta Pública de Adquisición (IPO en inglés)
OPEP	Organización de los Países Exportadores de Petróleo
OPS	Organización Panamericana de la Salud
OTAN	Organización del Tratado del Atlántico Norte (NATO en inglés)
OUA	Organización para la Unidad Africana
OVNI	Objeto volante no identificado (UFO en inglés)
PAFN	Programa de Acción Forestal Nacional
PAN	Partido de Acción Nacional (México)

PBIDA	Países de Bajos Ingresos y con Déficit de Alimentos
PEMEX	Petróleos Mexicanos
PIB	Producto Interno Bruto
PM	Policía Militar
PNUD	Programa de las Naciones Unidas para el Desarrollo
PNUMA	Programa de las Naciones Unidas para el Medio Ambiente
PNV	Partido Nacionalista Vasco (España)
PP	Partido Popular (España)
PRI	Partido Revolucionario Institucional (México)
PSOE	Partido Socialista Obrero Español
RAE	Real Academia Española
RENFE	Red Nacional de Ferrocarriles Españoles
RU	Reino Unido
SIDA	Síndrome de inmunodeficiencia adquirida (AIDS en inglés)
UVI	Unidad de Vigilancia Intensiva (España)

LOS NÚMEROS

I. NÚMEROS CARDINALES

A. 1 a 20

1	uno, una, un (apócope de *uno*)	11	once
2	dos	12	doce
3	tres	13	trece
4	cuatro	14	catorce
5	cinco	15	quince
6	seis	16	dieciséis, diez y seis
7	siete	17	diecisiete, diez y siete
8	ocho	18	dieciocho, diez y ocho
9	nueve	19	diecinueve, diez y nueve
10	diez	20	veinte

B. Las formas compuestas. Las formas compuestas del 16 al 29 son las más usadas.

16	dieciséis, diez y seis	24	veinticuatro, veinte y cuatro
17	diecisiete, diez y siete	25	veinticinco, veinte y cinco
18	dieciocho, diez y ocho	26	veintiséis, veinte y seis
19	diecinueve, diez y nueve	27	veintisiete, veinte y siete
21	veintiuno, veintiuna, veintiún	28	veintiocho, veinte y ocho
22	veintidós, veinte y dos	29	veintinueve, veinte y nueve
23	veintitrés, veinte y tres		

C. 31 a 99. Ya a partir del 31 hasta el 99 solamente se usan las formas separadas por la conjunción *y*. Por ejemplo:

31 treinta y uno

42 cuarenta y dos

53 cincuenta y tres

64 sesenta y cuatro

75 setenta y cinco

86 ochenta y seis

97 noventa y siete

99 noventa y nueve

D. Los números siguientes son:

30	treinta
40	cuarenta
50	cincuenta
60	sesenta
70	setenta
80	ochenta
90	noventa
100	ciento, cien (apócope de *ciento*)

E. La Real Academia mantiene que el uso de <u>cien</u> como sustantivo es incorrecto. Por ejemplo:
   –¿**Cuántas páginas tiene el libro?**
   –***Cien.**

Debe decirse **"ciento"**. Sin embargo, el uso está tan extendido que parece una causa perdida el tratar de proscribir **cien** con valor de sustantivo. Al conjunto de cien unidades se le denomina centenar.

200 doscientos, -as
300 trescientos, -as
400 cuatrocientos, -as
500 quinientos, -as
600 seiscientos, -as

700 setecientos, -as
800 ochocientos, -as
900 novecientos, -as
1000 mil

F. Al conjunto de mil unidades se le denomina **millar.**

No se añade la conjunción *y* ni después de las centenas ni de los millares. Por ejemplo:

343 trescientos cuarenta y tres
1.326 mil trescientos veintiséis
100.000 cien mil
200.000 doscientos, -as, mil
1.000.000 un millón
2.000.000 dos millones
1000.000.000 mil millones. Obsérvese que en Estados Unidos esta cantidad se llama **billion.**
1.000.000.000.000 un billón. En Estados Unidos se llama **trillion,** ya que el **billion** se asigna a los mil millones. En español, un *trillón* es 'un millón de billones'.

G. En los números cardinales compuestos con **un, una** se deberá observar la concordancia de género. Por ejemplo:

veintiún libros   **veintiuna sillas** (no es correcto* *veintiún sillas*)

II. NUMERALES ORDINALES

A. En las fechas, se emplean los números cardinales, a excepción del 1°, que puede usarse con el ordinal o con el cardinal. Por ejemplo:

El primero de mayo se celebra la Fiesta del Trabajo.
Uno de enero, dos de febrero...
El cinco de mayo es una fiesta mexicana.

Apéndice IV

1°	primero (apocopado *primer*) -a
2°	segundo, -a
3°	tercero, (apocopado *tercer*) -a, tercio, -a. Esta última forma en la actualidad se usa por lo general sólo con uso partitivo. Así, por ejemplo, *un tercio de cerveza* es 'la tercera parte de un litro'.
4°	cuarto, -a
5°	quinto, -a
6°	sexto, -a
7°	séptimo, -a
8°	octavo, -a
9°	noveno, -a, nono, -a (esta última forma ha quedado anticuada)
10°	décimo, -a,
11°	undécimo, -a,
12°	duodécimo, -a
13°	decimotercero, -a, decimotercio, -a
14°	decimocuarto, -a
15°	decimoquinto, -a
16°	decimosexto, -a
17°	decimoséptimo, -a
18°	decimoctavo, -a
19°	decimonoveno, -a, decimonono, -a (véase comentario s. v. *nono, -a*)

B. Notemos que, en la expresión oral, a partir del 10° los cardinales suelen sustituir a los ordinales. Por ejemplo:
   Piso doce, capítulo once, la calle diecisiete.

C. También existen las formas **onceno, -a** (11°), **doceno, -a** (12ª), **treceno, -a** (13°), **catorceno, -a** (14°), **quinceno, -a,** (15°), **dieciseiseno, -a** y **dieciocheno, -a** (18°), pero no son muy usadas.

D. Naturalmente, los sustantivos *docena* y *quincena* sí que tienen plena divulgación, 12° **duodécimo, -a.** Es incorrecto usar *decimoprimero* y *decimosegundo* por **undécimo** y **duodécimo,** respectivamente.

E. Téngase en cuenta que **dieciseisavo, -a** no es un número ordinal, sino partitivo. O sea que un **dieciseisavo** es una fracción de un todo dividido en dieciséis partes. También existen denominaciones para otras fracciones. Por ejemplo: **diecisieteavo, -a, dieciochoavo, -a, diecinueveavo, -a.**

20°	vigésimo, -a
21°	vigésimo primero, -a
22°	vigésimo segundo, -a, etc.
30°	trigésimo, -a, trecésimo, -a (esta última forma ha quedado anticuada)
31°	trigésimo primero, -a, etc.
40°	cuadragésimo, -a
50°	quincuagésimo, -a
60°	sexagésimo, -a
70°	septuagésimo, -a
80°	80° octogésimo, -a
90°	nonagésimo, -a

100°	centésimo, -a
200°	ducentésimo, -a
300°	tricentésimo, -a
400°	cuadringentésimo, -a
500°	quingentésimo, -a
600°	sexcentésimo, -a
700°	septingentésimo, -a
800°	octingentésimo, -a
900°	noningentésimo, -a, nongentésimo, -a
1.000°	milésimo, -a
10.000°	diezmilésimo, -a
100.000°	cienmilésimo, -a
1.000.000°	millonésimo, -a
1.000.000.000.000°	billonésimo, -a

III. NUMERALES ROMANOS

A. En ocasiones se utilizan numerales romanos. Así ocurre en capítulos de libros, en el orden de nombres de monarcas y papas, en las fechas de películas, etc.

I	uno, a	XXX	treinta
II	dos	XL	cuarenta
III	tres	L	cincuenta
IV	cuatro	LX	sesenta
V	cinco	LXX	setenta
VI	seis	LXXX	ochenta
VII	siete	XC	noventa
VIII	ocho	C	ciento
IX	nueve	CI, etc.	ciento uno, -a, etc.
X	diez	CC	doscientos, -as
XI	once	CCC	trescientos, -as
XII	doce	CCCC CD	cuatrocientos, -as (menos común) o cuatrocientos, -as
XIII	trece	D	quinientos, -as
XIV	catorce	DC	seiscientos, -as
XV	quince	DCC	setecientos, -as
XVI	dieciséis	DCCC	ochocientos, -as
XVII	diecisiete	DCCCC CM	novecientos, -as (menos común) novecientos, -as
XVIII	dieciocho	M	mil
XIX	diecinueve	MM	dos mil
XX	veinte	MMI, etc.	dos mil uno, etc.
XXI	veintiuno	MCMXCIX	mil novecientos noventa y nueve
XXII, etc	veintidós, etc.	MMX	dos mil diez

APÉNDICE

V

GENTILICIOS

I. ESPAÑA

Álava	alavés, -esa
Albacete	albacetense; albaceteño, -a
Alcalá de Henares	complutense; alcalaíno, -a
Alicante	alicantino, -a
Almería	almeriense (ambos géneros)
Andalucía	andaluz, -a
Aragón	aragonés, -esa
Asturias	asturiano, -a
Ávila	abulense, avilense (ambos géneros)
Badajoz	pacense, badajocense (ambos géneros)
Baleares	balear (ambos géneros)
Barcelona	barcelonés, -esa
Burgos	burgalés, -esa
Cádiz	gaditano, -a
Cáceres	cacereño, -a
Canarias	canario, -a
Cantabria	cántabro, -a
Castellón	castellonense (ambos géneros)
Castilla	castellano, -a
Cataluña	catalán, -ana
Ciudad Real	ciudadrealeño, -a
Córdoba	cordobés, -esa
Cuenca	conquense (ambos géneros)
Extremadura	extremeño, -a
Galicia	gallego, -a
Gerona	gerundense (ambos géneros)
Granada	granadino, -a

Guadalajara	guadalajareño, -a
Guipúzcoa	guipuzcoano, -a
Huelva	onubense (ambos géneros)
Huesca	oscense (ambos géneros)
Jaén	jiennense (ambos géneros)
La Coruña	coruñés, -esa
La Mancha	manchego, -a
La Rioja	riojano, -a
León	leonés, -esa
Lérida	leridano, -a; ilerdense
Logroño	logroñés, -esa
Lugo	lucense (ambos géneros)
Madrid	madrileño, -a
Málaga	malagueño, -a
Murcia	murciano, -a
Navarra	navarro, -a
Orense	orensano, -a
Oviedo	ovetense (ambos géneros)
País Vasco	vasco, -a; vascongado, -a
Palencia	palentino, -a
Pamplona	pamplonés, -esa, -ica (ambos géneros)
Pontevedra	pontevedrés, -esa
Salamanca	salmantino, -a
San Sebastián	donostiarra (ambos géneros)
Santander	santanderino, -a
Santiago de Compostela	santiagués, -esa; compostelano, -a
Segovia	segoviano, -a
Sevilla	sevillano, -a
Soria	soriano, -a
Tarragona	tarraconense (ambos géneros)
Tenerife	tinerfeño, -a
Teruel	turolense (ambos géneros)
Toledo	toledano, -a
Valencia	valenciano, -a
Valladolid	vallisoletano, -a
Vizcaya	vizcaíno, -a
Zamora	zamorano, -a
Zaragoza	zaragozano, -a

Por razones de espacio, hemos incluido las provincias de España, pero han quedado fuera muchas poblaciones españolas cuyo gentilicio se remonta a nombres ibéricos, celtas o vascuences que guardan poca o ninguna relación con el topónimo actual. Tal es el caso de, por ejemplo, Ciudad Rodrigo: **mirobrigense** o Guadix: **accitano** que habrán de aprenderse según aparezcan en la experiencia idiomática del hablante.

II. MÉXICO

Acapulco	acapulqueño, -a; acapulcano, -a
Aguascalientes	aguascalentense; hidrocálido, -a
Baja California	bajacaliforniano, -a
Campeche	campechano, -a
Coahuila	coahuilense (ambos géneros)
Colima	colimense, colimeño; -a, colimeco, -a
Culiacán	culiacanense (ambos géneros)
Chiapas	chiapaneco, -a
Chihuahua	chihuahuense (ambos géneros)
Durango	duranguense (ambos géneros)
Guanajuato	guanajuatense (ambos géneros)
Guerrero	guerrerense (ambos géneros)
Hidalgo	hidalguense (ambos géneros)
Jalisco	jalisciense (ambos géneros)
León	leonés, -esa
Matamoros	matamorense (ambos géneros)
Mazatlán	mazatleco, -a
Mérida	meridano, -a
México	mexicano, -a
Michoacán	michoacano, -a
Monterrey	regiomontano, -a
Morelos	morelense (ambos géneros)
Nayarit	nayaritense (ambos géneros)
Nogales	nogalense (ambos géneros)
Nuevo Laredo	laredense (ambos géneros)
Nuevo León	neoleonés, -esa; nuevoleonés, -esa; nuevoleonense (ambos géneros); norteño, -a,
Oaxaca	oaxaqueño, -a
Puebla	poblano, -a
Querétaro	queretano, -a
Quintana Roo	quintanense (ambos géneros)
San Luis Potosí	potosino, -a
Sinaloa	sinaloense (ambos géneros)
Sonora	sonorense (ambos géneros)
Tabasco	tabasqueño, -a
Tamaulipas	tamaulipeco, -a
Tlaxcala	tlaxcalteca (ambos géneros –cf. azteca–)
Veracruz	veracruzano, -a
Yucatán	yucateco, -a
Zacatecas	zacatecano, -a

Se han incluido los gentilicios de los estados mexicanos y los de algunas ciudades importantes de México. Como ha sucedido con los gentilicios de España, muchos se han quedado fuera por falta de espacio. A los interesados en encontrar otros gentilicios mexicanos, los remitimos al libro de Rafael Domínguez: *Diccionario general de gentilicios*. Preliminar de Francisco J. Santamaría. Contribución de Tabasco a la cultura nacional. Tabasco: Gobierno Constitucional de Tabasco. 1948.

III. LATINOAMÉRICA

Argentina	argentino, -a
Asunción	asunceno, -a; asunceño, -a
Bogotá	bogotano, -a
Bolivia	boliviano, -a
Brasil	brasileño, -a
Buenos Aires	bonaerense (ambos géneros); porteño, -a
Caracas	caraqueño, -a
Colombia	colombiano, -a
Costa Rica	costarricense (ambos géneros); costarriqueño, -a
Cuba	cubano, -a
Chile	chileno, -a
Ecuador	ecuatoriano, -a
El Salvador	salvadoreño, -a
Guadalajara	guadalajarense (ambos géneros); tapatío, -a
Guatemala	guatemalteco, -a
Honduras	hondureño, -a
La Habana	habanero, -a
La Paz	paceño, -a
Lima	limeño, -a
Managua	managüense (ambos géneros)
Montevideo	montevideano, -a
Nicaragua	nicaragüense (ambos géneros)
Panamá	panameño, -a
Paraguay	paraguayo, -a
Perú	peruano, -a
Puerto Rico	puertorriqueño, a
Quito	quiteño, -a
República Dominicana	dominicano, -a
Rio de Janeiro	carioca; fluminense (ambos géneros)
San José	josefino, -a
San Juan	sanjuanero, -a
Santiago de Cuba	santiaguero, -a
Santiago de Chile	santiaguino, -a
Santo Domingo	dominicano, -a
Sucre	sucrense (ambos géneros)
Tegucigalpa	tegucigalpense (ambos géneros)
Uruguay	uruguayo, -a
Venezuela	venezolano, -a

IV. RESTO DEL MUNDO

Afganistán	afgano, -a
Albania	albanés; albano, -a
Alemania	alemán, -a
América	americano, -a
Andorra	andorrano, -a
Angola	angoleño, -a
Arabia Saudí	saudí (ambos géneros)
Argelia	argelino, -a
Armenia	armenio, -a
Aruba	arubeño, -a
Australia	australiano, -a
Austria	austríaco, -a
Azerbaiyán	azerbaiyano, -a
Bahamas	bahameño, -a; bahamense; bahamés, -esa
Bahráin	bahrainí (ambos géneros)
Bangladesh	bangladeshí; bengalí (ambos géneros)
Barbados	de Barbados
Baviera	bávaro, -a
Bélgica	belga (ambos géneros)
Belice	beliceño, -a
Benín	beninés, -esa; aboense (ambos géneros)
Berbería	bereber; berebere
Bermudas	de Bermudas
Bielorrusia	bielorruso, -a
Birmania	birmano (el nuevo nombre es Myanmar: de Myanmar)
Bosnia-Herzegovina	bosnio, -a
Botsuana	botsuanés, -esa; botsuano, -a
Brunéi	de Brunéi
Bulgaria	búlgaro, -a
Burkina Faso	de Burkina Faso
Burundi	burundés, -esa; burundiano, -a
Bután	butanés, -esa
Cabo Verde	caboverdiano, -a
Camboya	camboyano, -a
Camerún	camerunés, -esa
Canadá	canadiense (ambos géneros)
Ceilán	cingalés, -esa
Cerdeña	sardo, -a
Comoras	comorano, -a
Congo	congoleño, -a
Córcega	corso, -a
Costa de Marfil	marfilense; marfileño, -a

Croacia	croata (ambos géneros)
Curasao	curazoleño, -a
Chad	chadiano, -a; chadí
República Checa (Chequia)	checo, -a
Chechenia	checheno, -a
China	chino, -a
Chipre	chipriota (ambos géneros)
Dinamarca	danés, -esa; dinamarqués, -esa
Dominica	de Dominica
Egipto	egipcio, -a
El Vaticano	vaticano, -a
Emiratos Árabes Unidos	de los Emiratos Árabes Unidos
Eritrea	eritreo, -a
Escocia	escocés, -esa
Eslovaquia	eslovaco, -a
Eslovenia	esloveno, -a
Estados Unidos	estadounidense (ambos géneros)
Estonia	estonio, -a; estoniano, -a
Etiopía	etíope (ambos géneros)
Fiji	fijiano, -a
Filipinas	filipino, -a
Finlandia	finlandés, -a; finés, -a
Florencia	florentino, -a
Florida	floridiano, -a
Francia	francés, -esa
Gabón	gabonés, -esa
Gales	galés, -esa
Gambia	gambiano, -a
Georgia	georgiano, -a
Ghana	ghanés, -esa
Granada (Antillas)	granadense (ambos géneros)
Grecia	griego, -a (*greco, -a* se emplea en palabras compuestas)
Groenlandia	groenlandés, -esa
Guadalupe (Antillas)	guadalupeño, -a
Guam	guameño, -a
Guayana Francesa	guayanés, -esa
Guinea	guineo, -a
Guinea Ecuatorial	guineano, -a; ecuatoguineano, -a
Guyana	guyanés, -esa
Haití	haitiano, -a
Holanda	holandés, -esa (Países Bajos: neerlandés, -esa)
Hungría	húngaro, -a
India	hindú; indio, -a

Indonesia	indonesio, -a
Inglaterra	inglés, -esa
Irak	iraquí (ambos géneros)
Irán	iraní (ambos géneros)
Irlanda	irlandés, -esa
Islandia	islandés, -esa
Islas Caimanes	caimanés, -esa
Islas Malvinas	malvinense (ambos géneros)
Islas Vírgenes	de las Islas Vírgenes
Israel	israelí (ambos géneros)
Italia	italiano, -a
Jamaica	jamaicano, -a; jamaiquino, -a
Japón	japonés, -esa
Jordania	jordano, -a
Kazajistán (Kazakhstan)	kazako, -a; kazajo, -a
Kenia	keniano, -a
Kirguizistán	kirguizo, -a
Kiribati	kiribatiano, -a
Kurdistán	kurdo, -a
Kuwait	kuwaití (ambos géneros)
República Popular Democrática de Laos	laosiano, -a
Lesoto	basuto, -a
Letonia	letón, -a
Líbano	libanés, -esa
Liberia	liberiano, -a
Libia	libio, -a
Liechtenstein	liechtenstiano, -a
Lisboa	lisboeta (ambos géneros)
Lituania	lituano, -a
Londres	londinense (ambos géneros)
Luxemburgo	luxemburgués, -esa
Macedonia	macedonio, -a
Madagascar	malgache (ambos géneros)
Malasia	malayo, -a; malasio, -a
Malawi	malawiano, -a
Maldivas	maldivo, -a
Mali	maliense (ambos géneros)
Malta	maltés, -esa
Marruecos	marroquí (ambos géneros)
Martinica	martiniqueño, -a
Mauricio	mauriciano, -a
Mauritania	mauritano, -a

Moldavia	moldavo, -a
Mónaco	monegasco, -a
Mongolia	mongol, -a
Montenegro	montenegrino, -a
Mozambique	mozambiqueño, -a
Namibia	namibio, -a
Nauru	nauruano, -a
Nepal	nepalés, -esa
Niger	nigerino, -a
Nigeria	nigeriano, -a
Noruega	noruego, -a
Norteamérica	norteamericano, -a
Nueva Caledonia	neocaledonio, -a
Nueva Zelanda	neozelandés, -esa
Omán	omaní (ambos géneros)
Palaos	de Palaos
Palestina	palestino, -a
Paquistán	paquistaní (ambos géneros)
Papúa-Nueva Guinea	papú, papúa (ambos géneros)
París	parisino, -a; parisiense; parisién (ambos géneros)
Polinesia	polinesio, -a
Polonia	polaco, -a
Portugal	portugués, -esa
Qatar	qatarí (ambos géneros)
Reino Unido, Gran Bretaña	británico, -a
República Árabe del Yemen	yemení (ambos géneros)
República Centroafricana	centroafricano, -a
República de Corea	coreano, -a
Ruanda	ruandés, -esa
Rumania	rumano, -a
Rusia	ruso, -a
Sáhara Occidental	saharaui (ambos géneros)
Samoa	samoano, -a
San Marino	sanmarinense (ambos géneros)
Santa Lucía	santalucense (ambos géneros)
Santo Tomé y Príncipe	de Santo Tomé y Príncipe
Senegal	senegalés, -esa
Serbia	serbio, -a
Seychelles	de Seychelles
Sierra Leona	sierraleonés, -esa
Singapur	singapurense (ambos géneros)
Siria	sirio, -a
Somalía	somalí (ambos géneros)

Sri Lanka (Ceilán)	cingalés, -esa
Suazilandia	suazi (ambos géneros)
Sudáfrica	sudafricano, -a
Sudán	sudanés, -esa
Suecia	sueco, -a
Suiza	suizo, -a
Surinam	surinamés, -esa
Tailandia	tailandés, -esa
Taiwan	taiwanés, -esa
Tanzania	tanzano, -a
Tayikistán	tayiko, -a
Timor	timorense (ambos géneros)
Togo	togolés, -esa
Tonga	tongano, -a
Trinidad y Tobago	trinitario, -a
Túnez (Tunicia)	tunecino, -a
Turkmenistán	turkmenio, -a; turcomano, -a
Turquía	turco, -a
Tuvalu	tuvaluano, -a
Ucrania	ucraniano, -a; ucranio, -a
Uganda	ugandés, -esa
Uzbekistán	uzbeko, -a
Vanuatu	de Vanuatu
Vietnam	vietnamita (ambos géneros)
Yemen	yemení (ambos géneros)
Yibuti	yibutiense (ambos géneros)
Yugoslavia	yugoslavo, -a
Zaire	zaireño, -a; zairense
Zambia	zambiano, -a
Zimbabue	zimbabuo, -a; zimbabuense

LAS CONJUGACIONES

Empleamos aquí el modelo de la Real Academia Española *Esbozo de una Nueva Gramática de la Lengua Española* (1973:262-335), el cual incorpora también la terminología de Andrés Bello, difundida en muchos países latinoamericanos. Se incluye igualmente la terminología tradicional indicada entre paréntesis por Emilio Alarcos Llorach en su *Gramática de la lengua española de la Real Academia Española* (1994:170–197).

I Primera conjugación

Modelo: amar		
Formas no personales		
	Simples	**Compuestas**
Infinitivo	amar	haber amado
Gerundio	amando	habiendo amado
Participio	amado	

Modo indicativo		
Formas personales:		
	Tiempos simples	**Tiempos compuestos**
	Presente *(Bello: presente)*	**Pretérito perfecto compuesto** *(Bello: Antepresente)* *(Alarcos: Pretérito perfecto)*
Yo	amo	he amado
Tú	amas	has amado
El/Ella/Ud.	ama	ha amado
Nosotros, -as	amamos	hemos amado
Vosotros, -as	amáis	habéis amado
Ellos/Ellas/Uds.	aman	han amado
	Pretérito imperfecto *(Bello: Copretérito)*	**Pretérito pluscuamperfecto** *(Bello: Antecopretérito)*

	amaba	había amado
	amabas	habías amado
	amaba	había amado
	amábamos	habíamos amado
	amabais	habíais amado
	amaban	habían amado
	Pretérito perfecto simple *(Bello: pretérito)* *(RAE: pretérito indefinido)*	**Pretérito anterior** *(Bello: Antepretérito)*
	amé	hube amado
	amaste	hubiste amado
	amó	hubo amado
	amamos	hubimos amado
	amasteis	hubisteis amado
	amaron	hubieron amado
	Futuro *(Bello: Futuro)*	**Futuro perfecto** *(Bello: Antefuturo)*
	amaré	habré amado
	amarás	habrás amado
	amará	habrá amado
	amaremos	habremos amado
	amaréis	habréis amado
	amarán	habrán amado
	Condicional *(Bello: Pospretérito)* *(Alarcos: Potencial)*	**Condicional perfecto** *(Bello: Antepospretérito)* *(Alarcos: Potencial perfecto)*
	amaría	habría amado
	amarías	habrías amado
	amaría	habría amado
	amaríamos	habríamos amado
	amaríais	habríais amado
	amarían	habrían amado

	Modo subjuntivo	
	Presente *(Bello: Presente)*	**Pretérito perfecto** *(Bello: Antepresente)*
	ame	haya amado
	ames	hayas amado
	ame	haya amado
	amemos	hayamos amado
	améis	hayáis amado
	amen	hayan amado

	Pretérito imperfecto *(Bello: Pretérito)*	Pretérito pluscuamperfecto *(Bello: Antepretérito)*
	amase o amara	hubiese o hubiera amado
	amases o amaras	hubieses o hubieras amado
	amase o amara	hubiese o hubiera amado
	amásemos o amáramos	hubiésemos o hubiéramos amado
	amaseis o amaraias	hubieseis o hubierais amado
	amasen o amaran	hubiesen o hubieran amado

**Hay formas del futuro y futuro perfecto, pero son de poco uso.

	Modo imperativo	
	ama tú	
	ame Ud.	
	amemos nosotros	
	amad vosotros	
	amen Uds.	

II Segunda conjugación

Modelo: temer		
Formas no personales:		
	<u>Simples</u>	<u>Compuestas</u>
Infinitivo	temer	haber temido
Gerundio	temiendo	habiendo temido
Participio	temido	

Modo indicativo		
Formas personales:		
	Tiempos simples	**Tiempos compuestos**
	Presente *(Bello: presente)*	**Pretérito perfecto compuesto** *(Bello: Antepresente)* *(Alarcos: Pretérito perfecto)*
Yo	temo	he temido
Tú	temes	has temido
El/Ella/Ud.	teme	ha temido
Nosotros, -as	tememos	hemos temido
Vosotros, -as	teméis	habéis temido
Ellos/Ellas/Uds.	temen	han temido

	Pretérito imperfecto *(Bello: Copretérito)*	Pretérito pluscuamperfecto *(Bello: Antecopretérito)*
	temía	había temido
	temías	habías temido
	temía	había temido
	temíamos	habíamos temido
	temíais	habíais temido
	temían	habían temido
	Pretérito perfecto simple *(Bello: pretérito)* *(RAE: pretérito indefinido)*	**Pretérito anterior** *(Bello: Antepretérito)*
	temí	hube temido
	temiste	hubiste temido
	temió	hubo temido
	temimos	hubimos temido
	temisteis	hubisteis temido
	temieron	hubieron temido
	Futuro *(Bello: Futuro)*	**Futuro perfecto** *(Bello: Antefuturo)*
	temeré	habré temido
	temerás	habrás temido
	temerá	habrá temido
	temeremos	habremos temido
	temeréis	habréis temido
	temerán	habrán temido
	Condicional *(Bello: Pospretérito)* *(Alarcos: Potencial)*	**Condicional perfecto** *(Bello: Antepospretérito)* *(Alarcos: Potencial perfecto)*
	temería	habría temido
	temerías	habrías temido
	temería	habría temido
	temeríamos	habríamos temido
	temeríais	habríais temido
	temerían	habrían temido

	Modo subjuntivo	
	Presente *(Bello: Presente)*	**Pretérito perfecto** *(Bello: Antepresente)*
	tema	haya temido
	temas	hayas temido
	tema	haya temido

	temamos	hayamos temido
	temáis	hayáis temido
	teman	hayan temido
	Pretérito imperfecto *(Bello: Pretérito)*	**Pretérito pluscuamperfecto** *(Bello: Antepretérito)*
	temiese o temiera	hubiese o hubiera temido
	temieses o temieras	hubieses o hubieras temido
	temiese o temiera	hubiese o hubiera temido
	temiésemos o temiéramos	hubiésemos o hubiéramos temido
	temieseis o temierais	hubieseis o hubierais temido
	temiesen o temieran	hubiesen o hubieran temido

**Hay formas del futuro y futuro perfecto, pero son de poco uso.

	Modo imperativo
	teme tú
	tema Ud.
	temamos nosotros
	temed vosotros
	teman Uds.

III Tercera conjugación

Modelo: partir		
Formas no personales		
	Simples	**Compuestas**
Infinitivo	partir	haber partido
Gerundio	partiendo	habiendo partido
Participio	partido	

Modo indicativo		
Formas personales:		
	Tiempos simples	**Tiempos compuestos**
	Presente *(Bello: presente)*	**Pretérito perfecto compuesto** *(Bello: Antepresente)* *(Alarcos: Pretérito perfecto)*
Yo	parto	he partido
Tú	partes	has partido
El/Ella/Ud.	parte	ha partido
Nosotros, -as	partimos	hemos partido

Vosotros, -as	partís	habéis partido
Ellos/Ellas/Uds.	parten	han partido
	Pretérito imperfecto *(Bello: Copretérito)*	**Pretérito pluscuamperfecto** *(Bello: Antecopretérito)*
	partía	había partido
	partías	habías partido
	partía	había partido
	partíamos	habíamos partido
	partíais	habíais partido
	partían	habían partido
	Pretérito perfecto simple *(Bello: pretérito)* *(RAE: pretérito indefinido)*	**Pretérito anterior** *(Bello: Antepretérito)*
	partí	hube partido
	partiste	hubiste partido
	partió	hubo partido
	partimos	hubimos partido
	partisteis	hubisteis partido
	partieron	hubieron partido
	Futuro *(Bello: Futuro)*	**Futuro perfecto** *(Bello: Antefuturo)*
	partiré	habré partido
	partirás	habrás partido
	partirá	habrá partido
	partiremos	habremos partido
	partiréis	habréis partido
	partirán	habrán partido
	Condicional *(Bello: Pospretérito)* *(Alarcos: Potencial)*	**Condicional perfecto** *(Bello:Antepospretérito* *(Alarcos: Potencial perfecto)*
	partiría	habría partido
	partirías	habrías partido
	partiría	habría partido
	partiríamos	habríamos partido
	partiríais	habríais partido
	partirían	habrían partido
	Modo subjuntivo	
	Presente *(Bello: Presente)*	**Pretérito perfecto** *(Bello: Antepresente)*
	parta	haya partido
	partas	hayas partido

	parta	haya partido
	partamos	hayamos partido
	partáis	hayáis partido
	partan	hayan partido
	Pretérito imperfecto *(Bello: Pretérito)*	**Pretérito pluscuamperfecto** *(Bello: Antepretérito)*
	partiese o partiera	hubiese o hubiera partido
	partieses o partieras	hubieses o hubieras partido
	partiese o partiera	hubiese o hubiera partido
	partiésemos o partiéramos	hubiésemos o hubiéramos partido
	partieseis o partierais	hubieseis o hubierais partido
	partiesen o partieran	hubiesen o hubieran partido

**Hay formas del futuro y futuro perfecto, pero son de poco uso.

	Modo imperativo
	parte tú
	parta Ud.
	partamos nosotros
	partid vosotros
	partan Uds.

A. La forma **vosotros** oralmente se utiliza sólo en España. No obstante, se emplea en ocasiones en Latinoaméricas en discursos, arengas patrióticas y en la iglesia.

B. Omitimos de los paradigmas las formas de *vos,* ya que difieren según las zonas y su uso en algunos lugares se encuentra restringido a contextos sociolingüísticos muy concretos. El estudiante que resida en países del Cono Sur o de Centroamérica deberá familiarizarse con las formas y con su uso de acuerdo al contexto sociolingüístico. En general, las formas de *vos* se utilizan en lugar de las formas de **tú**, mientras las formas de **Ud.** indican respeto o distanciamiento, como ocurre en el resto de los países de habla española. Sin embargo, en algunos países las formas verbales procedentes de *vos* alternan con el pronombre personal **tú**. Por ejemplo:

tú tenés 'tú tienes', en contraste con otras zonas que utilizan **vos tenés** 'tú tienes'. Por lo general las formas verbales de *vos* coinciden o se aproximan a las formas verbales de **vosotros** (téngase en cuenta el origen de vosotros: vos + otros). Por ejemplo:

vos sentís 'tú sientes'	Plural de España:	vosotros sentís
vos tenés 'tú tienes'	" "	vosotros tenéis
vos cantás 'tú cantas'	" "	vosotros cantáis
¡Salí vos¡ 'sal tú'	" "	¡Salid vosotros¡

pero **vos** no se utiliza como pronombre de objeto en el voseo latinoamericano, mientras en España sí se emplea con vosotros. Por ejemplo:

¡Sentáte¡ '¡Siéntate¡'	Plural de España:	¡Sentaos¡

Observamos, pues, que el pronombre de objeto es *-te* en Latinoamérica, pero *-os* en España. Además, las formas verbales del *vos* pueden variar según la zona. Mientras en Argentina se oye **tenés,** en Chile se puede escuchar **tenís** 'tú tienes'. Recomendamos, por lo tanto, la consulta de monografías de dialectología sobre los lugares concretos de interés.

C. El uso del pretérito anterior se encuentra muy limitado en la actualidad y suele sustituirse con el pretérito pluscuamperfecto. No obstante, aún se emplea, sobre todo con adverbios como **apenas.** Por ejemplo:

Apenas hubo llegado a casa se sentó a leer.

Las formas simple y compuesta del futuro de subjuntivo (futuro y futuro perfecto), también han caído en desuso. Únicamente ha quedado en frases hechas como, por ejemplo:
Donde fueres, haz lo que vieres.
Fuere lo que fuere, se cumplirá con lo estipulado.

IV Verbos irregulares

Modelo: haber		
Formas no personales		
	Simples	**Compuestas**
Infinitivo	haber	haber habido
Gerundio	habiendo	habiendo habido
Participio	habido	

Modo indicativo				
Formas personales:				
	Tiempos simples		**Tiempos compuestos**	
	Presente *(Bello: presente)*		**Pretérito perfecto compuesto** *(Bello: Antepresente)* *(Alarcos: Pretérito perfecto)*	
	he	hemos	he habido	hemos habido
	has	habéis	has habido	habéis habido
	ha	han	ha habido	han habido
	Pretérito imperfecto *(Bello: Copretérito)*		**Pretérito pluscuamperfecto** *(Bello: Antecopretérito)*	
	había	habíamos	había habido	habíamos habido
	habías	habíais	habías habido	habíais habido
	había	habían	había habido	habían habido
	Pretérito perfecto simple *(Bello: pretérito)* *(RAE: pretérito indefinido)*		**Pretérito anterior** *(Bello: Antepretérito)*	
	hube	hubimos	hube habido	hubimos habido
	hubiste	hubisteis	hubiste habido	hubisteis habido
	hubo	hubieron	hubo habido	hubieron habido

	Futuro (Bello: Futuro)		Futuro perfecto (Bello: Antefuturo)	
	habré	habremos	habré habido	habremos habido
	habrás	habréis	habrás habido	habréis habido
	habrá	habrán	habrá habido	habrán habido
	Condicional (Bello: Pospretérito) (Alarcos: Potencial)		Condicional perfecto (Bello: Antepospretérito) (Alarcos: Potencial perfecto)	
	habría	habríamos	habría habido	habríamos habido
	habrías	habríais	habrías habido	habríais habido
	habría	habrían	habría habido	habrían habido

	Modo subjuntivo			
	Presente (Bello: Presente)		Pretérito perfecto (Bello: Antepresente)	
	haya	hayamos	haya habido	hayamos habido
	hayas	hayáis	hayas habido	hayáis habido
	haya	hayan	haya habido	hayan habido
	Pretérito imperfecto (Bello: Pretérito)		Pretérito pluscuamperfecto (Bello: Antepretérito)	
	hubiera o hubiese		hubiese o hubiera habido	
	hubieras o hubieses		hubieses o hubieras habido	
	hubiera o hubiese		hubiese o hubiera habido	
	hubiéramos o hubiésemos		hubiésemos o hubiéramos habido	
	hubierais o hubieseis		hubieseis o hubierais habido	
	hubieran o hubiesen		hubiesen o hubieran habido	

**Hay formas del futuro y futuro perfecto, pero son de poco uso.

	Modo imperativo	
	he tú	
	haya Ud.	
	hayamos nosotros	
	habed vosotros	
	hayan Uds.	

Modelo: ser		
Formas no personales		
	Simples	Compuestas
Infinitivo	ser	haber sido
Gerundio	siendo	habiendo sido
Participio	sido	

		Modo indicativo		
Formas personales:				
		Tiempos simples	**Tiempos compuestos**	
		Presente *(Bello: presente)*	**Pretérito perfecto compuesto** *(Bello: Antepresente)* *(Alarcos: Pretérito perfecto)*	
		soy	somos	he sido	hemos sido
		eres	sois	has sido	habéis sido
		es	son	ha sido	han sido
		Pretérito imperfecto *(Bello: Copretérito)*	**Pretérito pluscuamperfecto** *(Bello: Antecopretérito)*	
		era	éramos	había sido	habíamos sido
		eras	erais	habías sido	habíais sido
		era	eran	había sido	habían sido
		Pretérito perfecto simple *(Bello: pretérito)* *(RAE: pretérito indefinido)*	**Pretérito anterior** *(Bello: Antepretérito)*	
		fui	fuimos	hube sido	hubimos sido
		fuiste	fuisteis	hubiste sido	hubisteis sido
		fue	fueron	hubo sido	hubieron sido
		Futuro *(Bello: Futuro)*	**Futuro perfecto** *(Bello: Antefuturo)*	
		seré	seremos	habré sido	habremos sido
		serás	seréis	habrás sido	habréis sido
		será	serán	habrá sido	habrán sido
		Condicional *(Bello: Pospretérito)* *(Alarcos: Potencial)*	**Condicional perfecto** *(Bello:Antepospretérito)* *(Alarcos: Potencial perfecto)*	
		sería	seríamos	habría sido	habríamos sido
		serías	seríais	habrías sido	habríais sido
		sería	serían	habría sido	habrían sido
		Modo subjuntivo		
		Presente *(Bello: Presente)*	**Pretérito perfecto** *(Bello: Antepresente)*	
		sea	seamos	haya sido	hayamos sido
		seas	seáis	hayas sido	hayáis sido
		sea	sean	haya sido	hayan sido
		Pretérito imperfecto *(Bello: Pretérito)*	**Pretérito pluscuamperfecto** *(Bello: Antepretérito)*	
		fuera o fuese		hubiese o hubiera sido	
		fueras o fueses		hubieses o hubieras sido	
		fuera o fuese		hubiese o hubiera sido	
		fuéramos o fuésemos		hubiésemos o hubiéramos sido	

fuerais o fueseis	hubieseis o hubierais sido
fueran o fuesen	hubiesen o hubieran sido

**Hay formas del futuro y futuro perfecto, pero son de poco uso.

	Modo imperativo	
	sé tú	
	sea Ud.	
	seamos nosotros	
	sed vosotros	
	sean Uds.	

V Verbos que diptongan la vocal tónica o > ue

Modelo: Almorzar			
	PRESENTE DE INDICATIVO	PRESENTE DE SUBJUNTIVO	MODO IMPERATIVO
Yo	almuerzo	almuerce	- - - - - -
Tú	almuerzas	almuerces	almuerza tú
El/Ella/ Ud.	almuerza	almuerce	almuerce Ud.
Nosotros/Nosotras	almorzamos	almorcemos	almorcemos nosotros
Vosotros/Vosotras	almorzáis	almorcéis	almorzad vosotros
Ellos/Ellas/Uds.	almuerzan	almuercen	almuercen Uds.

**Las demás formas son regulares.

Otros verbos que siguen el mismo modelo son:

(1ª conjugación):			
acordar	contar	poblar	soltar
acostar	costar	probar	sonar
apostar	descollar	recordar	soñar
avergonzar (se)	encontrar	renovar	tostar
colar	engrosar	rodar	tronar
colgar	forzar	rogar	volar
consolar	mostrar	soldar	volcar

(2ª conjugación):			
absolver	doler	promover	revolver
conmover	moler	remover	soler
devolver	morder	resolver	torcer
disolver	mover	retorcer	volver
envolver	oler		

VI Verbos que diptongan la vocal tónica e > ie

Modelo: merendar			
	PRESENTE DE INDICATIVO	PRESENTE DE SUBJUNTIVO	MODO IMPERATIVO
Yo	meriendo	meriende	- - - - - - -
Tú	meriendas	meriendes	merienda tú
El/Ella/ Ud.	merienda	meriende	meriende Ud.
Nosotros/Nosotras	merendamos	merendemos	merendemos nosotros
Vosotros/Vosotras	merendáis	merendéis	merendad vosotros
Ellos/Ellas/Uds.	meriendan	merienden	merienden Uds.
**Las demás formas son regulares.			

A. Otros verbos que siguen el mismo modelo son:

(1ª conjugación):			
acertar	denegar	fregar	regar
alentar	desconcertar	gobernar	remendar
apretar	deshelar	helar	renegar
arrendar	desherrar	herrar	replegar
atravesar	despertar	manifestar	reventar
aventar	desplegar	mentar	segar
calentar	emparentar	negar	sembrar
cegar	empedrar	nevar	sentar (se)
cerrar	empezar	pensar	serrar
cimentar	encerrar	plegar	sosegar
comenzar	encomendar	quebrar	tentar
concertar	enmendar	recomendar	tropezar
confesar	errar	refregar	

(2ª conjugación):			
ascender	defender	encender	perder
atender	desatender	entender	tender
cerner	descender	extender	verter
contender	desentenderse	heder	

(3ª conjugación):		
concernir	hendir	discernir

B. Querer. El verbo **querer** también sigue el mismo modelo e > ie en el presente de indicativo, pero en el presente de subjuntivo y en el imperativo presenta otras variantes.

Modelo: querer			

Formas no personales

	Simples	Compuestas	
Infinitivo	querer	haber querido	
Gerundio	queriendo	habiendo querido	
Participio	querido		

Modo indicativo

Formas personales:

	Tiempos simples		Tiempos compuestos	
	Presente *(Bello: presente)*		**Pretérito perfecto compuesto** *(Bello: Antepresente)* *(Alarcos: Pretérito perfecto)*	
	quiero	queremos	he querido	hemos querido
	quieres	queréis	has querido	habéis querido
	quiere	quieren	ha querido	han querido
	Pretérito imperfecto *(Bello: Copretérito)*		**Pretérito pluscuamperfecto** *(Bello: Antecopretérito)*	
	quería	queríamos	había querido	habíamos querido
	querías	queríais	habías querido	habíais querido
	quería	querían	había querido	habían querido
	Pretérito perfecto simple *(Bello: pretérito)* *(RAE: pretérito indefinido)*		**Pretérito anterior** *(Bello: Antepretérito)*	
	quise	quisimos	hube querido	hubimos querido
	quisiste	quisisteis	hubiste querido	hubisteis querido
	quiso	quisieron	hubo querido	hubieron querido
	Futuro *(Bello: Futuro)*		**Futuro perfecto** *(Bello: Antefuturo)*	
	querré	querremos	habré querido	habremos querido
	querrás	querréis	habrás querido	habréis querido
	querrá	querrán	habrá querido	habrán querido
	Condicional *(Bello: Pospretérito)* *(Alarcos: Potencial)*		**Condicional perfecto** *(Bello: Antepospretérito)* *(Alarcos: Potencial perfecto)*	
	querría	querríamos	habría querido	habríamos querido
	querrías	querríais	habrías querido	habríais querido
	querría	querrían	habría querido	habrían querido

Modo subjuntivo			
Presente *(Bello: Presente)*		**Pretérito perfecto** *(Bello: Antepresente)*	
quiera	queramos	haya querido	hayamos querido
quieras	queráis	hayas querido	hayáis querido
quiera	quieran	haya querido	hayan querido
Pretérito imperfecto *(Bello: Pretérito)*		**Pretérito pluscuamperfecto** *(Bello: Antepretérito)*	
quisiera o quisiese		hubiese o hubiera querido	
quisieras o quisieses		hubieses o hubieras querido	
quisiera o quisiese		hubiese o hubiera querido	
quisiéramos o quisiésemos		hubiésemos o hubiéramos querido	
quisierais o quisieseis		hubieseis o hubierais querido	
quisieran o quisiesen		hubiesen o hubieran querido	
Modo imperativo			
quiere tú			
quiera Ud.			
queramos nosotros			
quered vosotros			
quieran Uds.			

VII Verbos con variación e > i (+ reír y otros)

A. Se cambia la vocal en los siguientes casos:

Modelo: pedir		
Formas no personales		
Gerundio	pidiendo	
	Modo indicativo	
Formas personales:	**Presente** *(Bello: Presente)*	**Pretérito perfecto simple** *(Bello: Pretérito)* *(RAE: Pretérito indefinido)*
Yo	pido	pedí
Tú	pides	pediste
Él/Ella/Ud.	pide	pidió
Nosotros/Nosotras	pedimos	pedimos
Vosotros/Vosotras	pedís	pedisteis
Ellos/Ellas/Uds.	piden	pidieron
Modo subjuntivo		

	Presente *(Bello: Presente)*	Pretérito imperfecto *(Bello: Pretérito)*
	pida	pidiera o pidiese
	pidas	pidieras o pidieses
	pida	pidiera o pidiese
	pidamos	pidiéramos o pidiésemos
	pidáis	pidierais o pidieseis
	pidan	pidieran o pidiesen
	Modo imperativo	
	pide tú	
	pida Ud.	
	pidamos nosotros	
	pedid vosotros	
	pidan Uds.	
**Las demás formas son regulares.		

B. Otros verbos que siguen el mismo modelo son:

competir	corregir	desvestir	expedir
concebir	derretir	elegir	gemir
conseguir	despedir	embestir	impedir
investir	proseguir	rendir	seguir
medir	reelegir	repetir	teñir
perseguir	regir	revestir	vestir

C. Los verbos terminados en **-eír** como **desleír, freír, reír, sofreír** y **sonreír** siguen el modelo anterior pero pierden la **-i** de los diptongos **-io, -ie**. Por ejemplo: **vestir > vistiendo**, pero **reír > riendo**, no ***riiendo**. A continuación, presentamos la conjugación del verbo **reír** que servirá de modelo para los demás verbos terminados en **-eír**.

Modelo: reír			
Formas no personales			
Infinitivo	reír		
Gerundio	riendo		
Participio	reído		
	Modo indicativo		
Formas personales:	**Presente** *(Bello: Presente)*	**Pretérito perfecto simple** *(Bello: Pretérito)* *(RAE: Pretérito indefinido)*	
Yo	río	pedí	
Tú	ríes	pediste	
Él/Ella/Ud.	ríe	pidió	
Nosotros/Nosotras	reímos	pedimos	
Vosotros/Vosotras	reís	pedisteis	
Ellos/Ellas/Uds.	ríen	pidieron	

	Pretérito imperfecto	Pretérito perfecto simple *(Bello: Pretérito)* *(RAE: Pretérito indefinido)*	
	reía	reí	
	reías	reíste	
	reía	rió	
	reíamos	reímos	
	reíais	reísteis	
	reían	rieron	
	Futuro *(Bello: Futuro)*	**Condicional** *(Bello: Pospretérito)* *(Alarcos: Potencial)*	
	reiré	reiría	
	reirás	reirías	
	reirá	reiría	
	reiremos	reiríamos	
	reiréis	reiríais	
	reirán	reirían	
	Modo subjuntivo		
	Presente *(Bello: Presente)*	**Pretérito imperfecto** *(Bello: Pretérito)*	
	ría	riera o riese	
	rías	rieras o rieses	
	ría	riera o riese	
	riamos	riéramos o riésemos	
	riáis	rierais o rieseis	
	rían	rieran o riesen	
	Modo imperativo		
	ríe tú		
	ría Ud.		
	riamos nosotros		
	reid vosotros		
	rían Uds.		
**Las demás formas son regulares.			

VIII Verbos con variación e > i y e > ie en el mismo paradigma

Modelo: sentir			
Formas no personales			
Infinitivo	sentir		
Gerundio	sintiendo		
Participio	sentido		

Modo indicativo			
Formas personales:	**Presente** *(Bello: Presente)*		
Yo	siento		
Tú	sientes		
Él/Ella/Ud.	siente		
Nosotros/Nosotras	sentimos		
Vosotros/Vosotras	sentís		
Ellos/Ellas/Uds.	sienten		
	Pretérito imperfecto	**Pretérito perfecto simple** *(Bello: Pretérito)* *(RAE: Pretérito indefinido)*	
	sentía	sentí	
	sentías	sentiste	
	sentía	sintió	
	sentíamos	sentimos	
	sentíais	sentísteis	
	sentían	sintieron	
	Futuro *(Bello: Futuro)*	**Condicional** *(Bello: Pospretérito)* *(Alarcos: Potencial)*	
	sentiré	sentiría	
	sentirás	sentirías	
	sentirá	sentiría	
	sentiremos	sentiríamos	
	sentiréis	sentiríais	
	sentirán	sentirían	
Modo subjuntivo			
	Presente *(Bello: Presente)*	**Pretérito imperfecto** *(Bello: Pretérito)*	
	sienta	sintiera o sintiese	
	sientas	sintieras o sintieses	
	sienta	sintiera o sintiese	
	sintamos	sintiéramos o sintiésemos	
	sintáis	sintierais o sintieseis	
	sientan	sintieran o sintiesen	
Modo imperativo			
	siente tú		
	sienta Ud.		
	sintamos nosotros		
	sentid vosotros		
	sientan Uds.		

A. Los siguientes verbos siguen el mismo modelo de conjugación:

adherir	desmentir	ingerir	referir
advertir	diferir	invertir	requerir
arrepentirse	digerir	malherir	resentir (se)
asentir	disentir	mentir	revertir
conferir	divertir (se)	pervertir	subvertir
consentir	herir	preferir	sugerir
controvertir	hervir	presentir	transferir
convertir	inferir	proferir	

B. El verbo **erguir** se conjuga como los anteriores, pero presenta algunas variantes que merecen una exposición más detallada:

Modelo: erguir		
Formas no personales		
Infinitivo	erguir	
Gerundio	irguiendo	
Participio	erguido	
Modo indicativo		
Formas personales:	**Presente** *(Bello: Presente)*	
Yo	yergo o irgo	
Tú	yergues o irgues	
Él/Ella/Ud.	yergue o irgue	
Nosotros/Nosotras	erguimos	
Vosotros/Vosotras	erguís	
Ellos/Ellas/Uds.	yerguen o irguen	
	Pretérito imperfecto	**Pretérito perfecto simple** *(Bello: Pretérito)* *(RAE: Pretérito indefinido)*
	erguía	erguí
	erguías	erguiste
	erguía	irguió
	erguíamos	erguimos
	erguíais	erguisteis
	erguían	irguieron
	Futuro *(Bello: Futuro)*	**Condicional** *(Bello: Pospretérito)* *(Alarcos: Potencial)*
	erguiré	erguiría
	erguirás	erguirías
	erguirá	erguiría
	erguiremos	erguiríamos
	erguiréis	erguiríais
	erguirán	erguirían

	Modo subjuntivo	
	Presente *(Bello: Presente)*	Pretérito imperfecto *(Bello: Pretérito)*
	yerga o irga	irguiera o irguiese
	yergas o irgas	irguieras o irguieses
	yerga o irga	irguiera o irguiese
	yergamos o irgamos	irguiéramos o irguiésemos
	yergáis o irgáis	irguierais o irguieseis
	yergan o irgan	irguieran o irguiesen
	Modo imperativo	
	yergue o irgue tú	
	yerga o irga Ud.	
	yergamos o irgamos nosotros	
	erguid vosotros	
	yergan o irgan Uds.	

C. Los verbos en **-irir** (**adquirir** e **inquirir**) tienen la variación **i~ie** en los presentes (de indicativo y de subjuntivo) y en el imperativo:

	Modelo: *adquirir*		
	MODO INDICATIVO TIEMPO PRESENTE	MODO SUBJUNTIVO TIEMPO PRESENTE	MODO IMPERATIVO
Yo	adquiero	adquiera	
Tú	adquieres	adquieras	adquiere tú
Él/ella/Ud.	adquiere	adquiera	adquiera Ud.
Nosotros	adquirimos	adquiramos	adquiramos nosotros
Vosotros	adquirís	adquiráis	adquirid vosotros
Ellos/ellas/Uds.	adquieren	adquieran	adquieran Uds.

D. Verbos con variación **o > u** y **o > ue** en el mismo paradigma (**dormir** y **morir**)

	Modelo: dormir	
Formas no personales		
Infinitivo	dormir	
Gerundio	durmiendo	
Participio	dormido	
	Modo indicativo	
Formas personales:	Presente *(Bello: Presente)*	
Yo	duermo	
Tú	duermes	
Él/Ella/Ud.	duerme	
Nosotros/Nosotras	dormimos	
Vosotros/Vosotras	dormís	

Ellos/Ellas/Uds.	duermen	
	Pretérito imperfecto	**Pretérito perfecto simple** *(Bello: Pretérito)* *(RAE: Pretérito indefinido)*
	dormía	dormí
	dormías	dormiste
	dormía	durmió
	dormíamos	dormimos
	dormíais	dormisteis
	dormían	durmieron
	Futuro *(Bello: Futuro)*	**Condicional** *(Bello: Pospretérito)* *(Alarcos: Potencial)*
	dormiré	dormiría
	dormirás	dormirías
	dormirá	dormiría
	dormiremos	dormiríamos
	dormiréis	dormiríais
	dormirán	dormirían
	**Modo subjuntivo**	
	Presente *(Bello: Presente)*	**Pretérito imperfecto** *(Bello: Pretérito)*
	duerma	durmiera o durmiese
	duermas	durmieras o durmieses
	duerma	durmiera o durmiese
	durmamos	durmiéramos o durmiésemos
	durmáis	durmierais o durmieseis
	duerman	durmieran o durmiesen
	**Modo imperativo**	
	duerme tú	
	duerma Ud.	
	durmamos nosotros	
	dormid vosotros	
	duerman Uds.	

E. El verbo **jugar** presenta la variación **u~ue** en las formas del presente (indicativo y subjuntivo) y en el imperativo únicamente.

Modelo: jugar			
	MODO INDICATIVO TIEMPO PRESENTE	**MODO SUBJUNTIVO** TIEMPO PRESENTE	**MODO IMPERATIVO**
Yo	juego	juegue	
Tú	juegas	juegues	juega tú
Él/ella/Ud.	juega	juegue	juegue Ud.

Nosotros	jugamos	juguemos	juguemos nosotros
Vosotros	jugáis	juguéis	jugad vosotros
Ellos/ellas/ Uds.	juegan	jueguen	jueguen Uds.

F. Verbos con incremento de **z** cuando a la **c** del radical le sigue **-o, -a.** Ocurre en todos los verbos que terminan en **-ecer** y en los verbos:

| complacer | desconocer | pacer | reconocer |
| conocer | nacer | placer | renacer |

G. Otros verbos de la tercera conjugación que siguen este modelo son:

aducir	inducir	producir	seducir
conducir	introducir	reducir	traducir
deducir	lucir	relucir	tra(n)slucir

Modelo: parecer			
	MODO INDICATIVO **TIEMPO PRESENTE**	**MODO SUBJUNTIVO** **TIEMPO PRESENTE**	**MODO IMPERATIVO**
Yo	parezco	parezca	
Tú	pareces	parezcas	parece tú
Él/ella/Ud.	parece	parezca	parezca Ud.
Nosotros	parecemos	parezcamos	parezcamos nosotros
Vosotros	parecéis	parezcáis	pareced vosotros
Ellos/ellas/Uds.	parecen	parezcan	parezcan Uds.

H. El verbo **placer** presenta unas variantes que se indican a continuación:

Modelo: placer		
Formas no personales		
Infinitivo	placer	
Gerundio	placiendo	
Participio	placido	
Modo indicativo		
Formas personales:	**Presente** *(Bello: Presente)*	
Yo	plazco	
Tú	places	
Él/Ella/Ud.	place	
Nosotros/Nosotras	placemos	
Vosotros/Vosotras	placéis	
Ellos/Ellas/Uds.	placen	

	Pretérito imperfecto	Pretérito perfecto simple *(Bello: Pretérito)* *(RAE: Pretérito indefinido)*
	placía	plací
	placías	placiste
	placía	plació o plugo
	placíamos	placimos
	placíais	placisteis
	placían	placieron o pluguieron
	Futuro *(Bello: Futuro)*	**Condicional** *(Bello: Pospretérito)* *(Alarcos: Potencial)*
	placeré	placería
	placerás	placerías
	placerá	placería
	placeremos	placeríamos
	placeréis	placeríais
	placerán	placerían

Modo subjuntivo		
	Presente *(Bello: Presente)*	**Pretérito imperfecto** *(Bello: Pretérito)*
	plazco	placiera o placiese
	plazcas	placieras o placieses
	plazca, plega o plegue	placiera, placiese, pluguiera o pluguiese
	plazcamos	placiéramos o placiésemos
	plazcáis	placierais o placieseis
	plazcan	placieran, placiesen, pluguieran o pluguiesen

Modo imperativo		
	place tú	
	plazca Ud.	
	plazcamos nosotros	
	placed vosotros	
	plazcan Uds.	

I. El verbo **yacer** contiene irregularidades en los presentes de indicativo y de subjuntivo y en el imperativo.

Modelo: yacer			
	MODO INDICATIVO TIEMPO PRESENTE	MODO SUBJUNTIVO TIEMPO PRESENTE	MODO IMPERATIVO
Yo	yazco, yazgo o yago	yazca, yazga o yaga	
Tú	yaces	yazcas, yazgas o yagas	yace o yaz tú

Él/ella/Ud.	yace	yazca, yazga o yaga	yazca, yazga o yaga Ud.
Nosotros	yacemos	yazcamos, yazgamos o yagamos	yazcamos, yazgamos o yagamos nosotros
Vosotros	yacéis	yazcáis, yazgáis o yagáis	yaced vosotros
Ellos/ellas/Uds.	yacen	yazcan, yazgan o yagan	yazcan, yazgan o yagan Uds.

J. El verbo **asir** también registra la inclusión de -g- en los presentes y en el imperativo.

Modelo: asir			
	MODO INDICATIVO TIEMPO PRESENTE	MODO SUBJUNTIVO TIEMPO PRESENTE	MODO IMPERATIVO
Yo	asgo	asga	
Tú	ases	asgas	ase tú
Él/ella/Ud.	ase	asga	asga Ud.
Nosotros	asimos	asgamos	asgamos nosotros
Vosotros	asís	asgáis	asid vosotros
Ellos/ellas/Uds.	asen	asgan	asgan Uds.

IX El verbo hacer y sus derivados (deshacer, rehacer y satisfacer) alternan formas en c~g en los presentes, además de ofrecer otras irregularidades en el resto del paradigma.

Modelo: hacer		
Formas no personales:		
Infinitivo	hacer	
Gerundio	haciendo	
Participio	hecho	
Modo indicativo		
Formas personales:	Presente *(Bello: Presente)*	
Yo	hago	
Tú	haces	
Él/Ella/Ud.	hace	
Nosotros/Nosotras	hacemos	

Vosotros/Vosotras	hacéis	
Ellos/Ellas/Uds.	hacen	
	Pretérito imperfecto *(Bello: Copretérito)*	**Pretérito perfecto simple** *(Bello: Pretérito)* *(RAE: Pretérito indefinido)*
	hacía	hice
	hacías	hiciste
	hacía	hizo
	hacíamos	hicimos
	hacíais	hicisteis
	hacían	hicieron
	Futuro *(Bello: Futuro)*	**Condicional** *(Bello: Pospretérito)* *(Alarcos: Potencial)*
	haré	haría
	harás	harías
	hará	haría
	haremos	haríamos
	haréis	haríais
	harán	harían
Modo subjuntivo		
	Presente *(Bello: Presente)*	**Pretérito imperfecto** *(Bello: Pretérito)*
	haga	hiciera o hiciese
	hagas	hicieras o hicieses
	haga	hiciera o hiciese
	hagamos	hiciéramos o hiciésemos
	hagáis	hicierais o hicieseis
	hagan	hicieran o hiciesen
Modo imperativo		
	haz tú	
	haga Ud.	
	hagamos nosotros	
	haced vosotros	
	hagan Uds.	

Como se ha indicado, **satisfacer** sigue el modelo de **hacer.** Por ejemplo: **yo satisfago, tú satisfaces,** etc. Las diferencias notables radican en la conservación de **f-** en vez de la **h-** en **hacer** y la alternancia del imperativo en la 2ª p. sg.: **satisfaz** o **satisface** tú.

Verbos con variación n~ng

Estos verbos incluyen una **-g-** en la 1ª p. del sg. (por ejemplo: **pongo,** del verbo **poner**) del presente de indicativo y en todo el paradigma del presente de subjuntivo; **ponga, pongas,** etc. Otros verbos con -**g**- intrusiva son:

abstenerse	atenerse	anteponer	componer
contener	contraponer	deponer	descomponer
detener	disponer	entretener	exponer
imponer	indisponer (se)	interponer	mantener
obtener	oponer	posponer	predisponer
presuponer	proponer	recomponer	reponer
retener	sobreponer	sostener	suponer
superponer	tener	tra(n)sponer	yuxtaponer

A continuación, se muestra la conjugación de **poner,** sobre la cual se modelarán sus compuestos (por ejemplo: **componer, proponer, sostener,** etc.).

Modelo: poner			
Formas no personales:			
Infinitivo	poner		
Gerundio	poniendo		
Participio	puesto		
Modo indicativo			
Formas personales:	**Presente** *(Bello: Presente)*		
Yo	pongo		
Tú	pones		
Él/Ella/Ud.	pone		
Nosotros/Nosotras	ponemos		
Vosotros/Vosotras	ponéis		
Ellos/Ellas/Uds.	ponen		
	Pretérito imperfecto *(Bello: Copretérito)*	**Pretérito perfecto simple** *(Bello: Pretérito)* *(RAE: Pretérito indefinido)*	
	ponía	puse	
	ponías	pusiste	
	ponía	puso	
	poníamos	pusimos	
	poníais	pusisteis	
	ponían	pusieron	
	Futuro *(Bello: Futuro)*	**Condicional** *(Bello: Pospretérito)* *(Alarcos: Potencial)*	
	pondré	pondría	

	pondrás	pondrías
	pondrá	pondría
	pondremos	pondríamos
	pondréis	pondríais
	pondrán	pondrían
	**Modo subjuntivo**	
	Presente *(Bello: Presente)*	**Pretérito imperfecto** *(Bello: Pretérito)*
	ponga	pusiera o pusiese
	pongas	pusieras o pusieses
	ponga	pusiera o pusiese
	pongamos	pusiéramos o pusiésemos
	pongáis	pusierais o pusieseis
	pongan	pusieran o pusiesen
	Modo imperativo	
	pon tú	
	ponga Ud.	
	pongamos nosotros	
	poned vosotros	
	pongan Uds.	

XI Los verbos tener y sus derivados

Para mostrar ésas y otras irregularidades, se presenta a continuación el paradigma completo de las formas simples del verbo **tener,** sobre el cual se modelarán sus derivados, (por ejemplo: **componer, mantener, obtener,** etc. además de contener la **-g-** intrusiva diptongan **e > ie.,** por ejemplo: **mantenemos, mantienen**).

Modelo: tener		
Formas no personales:		
Infinitivo	tener	
Gerundio	teniendo	
Participio	tenido	
Modo indicativo		
Formas personales:	**Presente** *(Bello: Presente)*	
Yo	tengo	
Tú	tienes	
Él/Ella/Ud.	tiene	
Nosotros/Nosotras	tenemos	
Vosotros/Vosotras	tenéis	
Ellos/Ellas/Uds.	tienen	

	Pretérito imperfecto (Bello: Copretérito)	Pretérito perfecto simple (Bello: Pretérito (RAE: Pretérito indefinido)
	tenía	tuve
	tenías	tuviste
	tenía	tuvo
	teníamos	tuvimos
	teníais	tuvisteis
	tenían	tuvieron
	Futuro (Bello: Futuro)	**Condicional** (Bello: Pospretérito) (Alarcos: Potencial)
	tendré	tendría
	tendrás	tendrías
	tendrá	tendría
	tendremos	tendríamos
	tendréis	tendríais
	tendrán	tendrían
Modo subjuntivo		
	Presente (Bello: Presente)	**Pretérito imperfecto** (Bello: Pretérito)
	tenga	tuviera o tuviese
	tengas	tuvieras o tuvieses
	tenga	tuviera o tuviese
	tengamos	tuviéramos o tuviésemos
	tengáis	tuvierais o tuvieseis
	tengan	tuvieran o tuviesen
Modo imperativo		
	ten tú	
	tenga Ud.	
	tengamos nosotros	
	tened vosotros	
	tengan Uds.	

XII El verbo venir y sus compuestos

También contienen la -**g**- intrusiva y la diptongación **e** > **ie**, pero también se incluyen todas las formas simples de su conjugación para mostrar sus irregularidades.

Modelo: venir		
Formas no personales:		
Infinitivo	venir	
Gerundio	viniendo	
Participio	venido	

Modo indicativo		
Formas personales:	**Presente** *(Bello: Presente)*	
Yo	vengo	
Tú	vienes	
Él/Ella/Ud.	viene	
Nosotros/Nosotras	venimos	
Vosotros/Vosotras	venís	
Ellos/Ellas/Uds.	vienen	
	Pretérito imperfecto *(Bello: Copretérito)*	**Pretérito perfecto simple** *(Bello: Pretérito)* *(RAE: Pretérito indefinido)*
	venía	vine
	venías	viniste
	venía	vino
	veníamos	vinimos
	veníais	vinisteis
	venían	vinieron
	Futuro *(Bello: Futuro)*	**Condicional** *(Bello: Pospretérito)* *(Alarcos: Potencial)*
	vendré	vendría
	vendrás	vendrías
	vendrá	vendría
	vendremos	vendríamos
	vendréis	vendríais
	vendrán	vendrían
Modo subjuntivo		
	Presente *(Bello: Presente)*	**Pretérito imperfecto** *(Bello: Pretérito)*
	venga	viniera o viniese
	vengas	vinieras o vinieses
	venga	viniera o viniese
	vengamos	viniéramos o viniésemos
	vengáis	vinierais o vinieseis
	vengan	vinieran o viniesen
Modo imperativo		
	ven tú	
	venga Ud.	
	vengamos nosotros	
	venid vosotros	
	vengan Uds.	

 **Verbos con variación l~lg**

Son **salir** y **valer** y sus verbos compuestos (**sobresalir, equivaler** y **prevaler**). Valgan como modelos **salir** y **valer.**

Modelo: salir		
Formas no personales:		
Infinitivo	salir	
Gerundio	saliendo	
Participio	salido	
Modo indicativo		
Formas personales:	**Presente** *(Bello: Presente)*	
Yo	salgo	
Tú	sales	
Él/Ella/Ud.	sale	
Nosotros/Nosotras	salimos	
Vosotros/Vosotras	salís	
Ellos/Ellas/Uds.	salen	
	Pretérito imperfecto *(Bello: Copretérito)*	**Pretérito perfecto simple** *(Bello: Pretérito)* *(RAE: Pretérito indefinido)*
	salía	salí
	salías	saliste
	salía	salió
	salíamos	salimos
	salíais	salisteis
	salían	salieron
	Futuro *(Bello: Futuro)*	**Condicional** *(Bello: Pospretérito)* *(Alarcos: Potencial)*
	saldré	saldría
	saldrás	saldrías
	saldrá	saldría
	saldremos	saldríamos
	saldréis	saldríais
	saldrán	saldrían
Modo subjuntivo		
	Presente *(Bello: Presente)*	**Pretérito imperfecto** *(Bello: Pretérito)*
	salga	saliera o saliese
	salgas	salieras o salieses
	salga	saliera o saliese
	salgamos	saliéramos o saliésemos
	salgáis	salierais o salieseis
	salgan	salieran o saliesen

Modo imperativo		
	sal tú	
	salga Ud.	
	salgamos nosotros	
	salid vosotros	
	salgan Uds.	
Modelo: valer		
Formas no personales:		
Infinitivo	valer	
Gerundio	valiendo	
Participio	valido	
Modo indicativo		
Formas personales:	**Presente** *(Bello: Presente)*	
Yo	valgo	
Tú	vales	
Él/Ella/Ud.	vale	
Nosotros/Nosotras	valemos	
Vosotros/Vosotras	valéis	
Ellos/Ellas/Uds.	valen	
	Pretérito imperfecto *(Bello: Copretérito)*	**Pretérito perfecto simple** *(Bello: Pretérito)* *(RAE: Pretérito indefinido)*
	valía	valí
	valías	valiste
	valía	valió
	valíamos	valimos
	valíais	valisteis
	valían	valieron
	Futuro *(Bello: Futuro)*	**Condicional** *(Bello: Pospretérito)* *(Alarcos: Potencial)*
	valdré	valdría
	valdrás	valdrías
	valdrá	valdría
	valdremos	valdríamos
	valdréis	valdríais
	valdrán	valdrían
Modo subjuntivo		
	Presente *(Bello: Presente)*	**Pretérito imperfecto** *(Bello: Pretérito)*
	valga	valiera o valiese
	valgas	valieras o valieses

	valga	valiera o valiese
	valgamos	valiéramos o valiésemos
	valgáis	valierais o valieseis
	valgan	valieran o valiesen

Modo imperativo		
	vale tú	
	valga Ud.	
	valgamos nosotros	
	valed vosotros	
	valgan Uds.	

XIV Verbos con variación u~uy

El verbo **huir** sirve de modelo. Los siguientes verbos siguen el mismo modelo:

afluir	derruir	fluir	obstruir
argüir	destituir	imbuir	prostituir
atribuir	destruir	incluir	recluir
concluir	diluir	influir	reconstruir
confluir	disminuir	inmiscuir	rehuir
constituir	distribuir	instituir	restituir
construir	estatuir	instruir	retribuir
contribuir	excluir	intuir	sustituir

Modelo: huir		
Formas no personales:		
Infinitivo	huir	
Gerundio	huyendo	
Participio	huido	
Modo indicativo		
Formas personales:	**Presente** *(Bello: Presente)*	
Yo	huyo	
Tú	huyes	
Él/Ella/Ud.	huye	
Nosotros/Nosotras	huimos	
Vosotros/Vosotras	huis	
Ellos/Ellas/Uds.	huyen	

	Pretérito imperfecto *(Bello: Copretérito)*	Pretérito perfecto simple *(Bello: Pretérito)* *(RAE: Pretérito indefinido)*
	huía	huí
	huías	huiste
	huía	huyó
	huíamos	huimos
	huíais	huisteis
	huían	huyeron
	Futuro *(Bello: Futuro)*	**Condicional** *(Bello: Pospretérito)* *(Alarcos: Potencial)*
	huiré	huiría
	huirás	huirías
	huirá	huiría
	huiremos	huiríamos
	huiréis	huiríais
	huirán	huirían
	Modo subjuntivo	
	Presente *(Bello: Presente)*	**Pretérito imperfecto** *(Bello: Pretérito)*
	huya	huyera o huyese
	huyas	huyeras o huyeses
	huya	huyera o huyese
	huyamos	huyéramos o huyésemos
	huyáis	huyerais o huyeseis
	huyan	huyeran o huyesen
	Modo imperativo	
	huye tú	
	huya Ud.	
	huyamos nosotros	
	huid vosotros	
	huyan Uds.	

En el verbo **oír** alternan las variantes **o, oy** y **oig**.

Modelo: oír		
Formas no personales:		
Infinitivo	oír	
Gerundio	oyendo	
Participio	oído	

Modo indicativo		
Formas personales:	**Presente** *(Bello: Presente)*	
Yo	oigo	
Tú	oyes	
Él/Ella/Ud.	oye	
Nosotros/Nosotras	oímos	
Vosotros/Vosotras	oís	
Ellos/Ellas/Uds.	oyen	
	Pretérito imperfecto *(Bello: Copretérito)*	**Pretérito perfecto simple** *(Bello: Pretérito)* *(RAE: Pretérito indefinido)*
	oía	oí
	oías	oíste
	oía	oyó
	oíamos	oímos
	oíais	oísteis
	oían	oyeron
	Futuro *(Bello: Futuro)*	**Condicional** *(Bello: Pospretérito)* *(Alarcos: Potencial)*
	oiré	oiría
	oirás	oirías
	oirá	oiría
	oiremos	oiríamos
	oiréis	oiríais
	oirán	oirían
Modo subjuntivo		
	Presente *(Bello: Presente)*	**Pretérito imperfecto** *(Bello: Pretérito)*
	oiga	oyera u oyese
	oigas	oyeras u oyeses
	oiga	oyera u oyese
	oigamos	oyéramos u oyésemos
	oigáis	oyerais u oyeseis
	oigan	oyeran u oyesen
Modo imperativo		
	oye tú	
	oiga Ud.	
	oigamos nosotros	
	oíd vosotros	
	oigan Uds.	

XV Variación ec~ig + variación vocálica e > i

El verbo **decir** y sus compuestos presentan formas irregulares que se ilustran a continuación:

Modelo: decir		
Formas no personales:		
Infinitivo	decir	
Gerundio	dicendo	
Participio	dicho	
Modo indicativo		
Formas personales:	**Presente** *(Bello: Presente)*	
Yo	digo	
Tú	dices	
Él/Ella/Ud.	dice	
Nosotros/Nosotras	decimos	
Vosotros/Vosotras	decís	
Ellos/Ellas/Uds.	dicen	
	Pretérito imperfecto *(Bello: Copretérito)*	**Pretérito perfecto simple** *(Bello: Pretérito)* *(RAE: Pretérito indefinido)*
	decía	dije
	decías	dijiste
	decía	dijo
	decíamos	dijimos
	decíais	dijisteis
	decían	dijeron
	Futuro *(Bello: Futuro)*	**Condicional** *(Bello: Pospretérito)* *(Alarcos: Potencial)*
	diré	diría
	dirás	dirías
	dirá	diría
	diremos	diríamos
	diréis	diríais
	dirán	dirían
Modo subjuntivo		
	Presente *(Bello: Presente)*	**Pretérito imperfecto** *(Bello: Pretérito)*
	diga	dijera o dijese
	digas	dijeras o dijeses

	diga	dijera o dijese
	digamos	dijéramos o dijésemos
	digáis	dijerais o dijeseis
	digan	dijeran o dijesen

Modo imperativo		
	di tú	
	diga Ud.	
	digamos nosotros	
	decid vosotros	
	digan Uds.	

A. Los compuestos de **decir** siguen el mismo modelo, pero forman el imperativo de manera regular en la 2ª p. sg. **tú,** con la característica **e > i.** Por ejemplo:

bendice tú
contradice tú

B. Compuestos de **decir:**

antedecir	bendecir	contradecir
desdecir	maldecir	predecir

C. Nótese que el futuro y el condicional de **decir** tienen la raíz **dir-,** al igual que sus compuestos, con la excepción de **bendecir** y **maldecir,** según la Real Academia Española, cuyos futuro y condicional son regulares. Por ejemplo:

bendecirá, maldeciría, pero **contradiré, contradiría**

Sin embargo, en la práctica, tanto a nivel oral como escrito, **contradecir** y **predecir** también son usados de manera regular en el futuro y el condicional. Por ejemplo: **contradeciría, prediciré.**

XVI Variación ab~ep

Dos verbos, **caber** y **saber,** contienen estas variantes, aunque con diferentes irregularidades en la 1ª p. sg. del presente de indicativo.

Modelo: caber		
Formas no personales:		
Infinitivo	caber	
Gerundio	cabiendo	
Participio	cabido	
Modo indicativo		
Formas personales:	Presente *(Bello: Presente)*	
Yo	quepo	
Tú	cabes	
Él/Ella/Ud.	cabe	

Nosotros/Nosotras	cabemos	
Vosotros/Vosotras	cabéis	
Ellos/Ellas/Uds.	caben	

	Pretérito imperfecto (Bello: Copretérito)	Pretérito perfecto simple (Bello: Pretérito) (RAE: Pretérito indefinido)
	cabía	cupe
	cabías	cupiste
	cabía	cupo
	cabíamos	cupimos
	cabíais	cupisteis
	cabían	cupieron

	Futuro (Bello: Futuro)	Condicional (Bello: Pospretérito) (Alarcos: Potencial)
	cabré	cabría
	cabrás	cabrías
	cabrá	cabría
	cabremos	cabríamos
	cabréis	cabríais
	cabrán	cabrían

Modo subjuntivo

	Presente (Bello: Presente)	Pretérito imperfecto (Bello: Pretérito)
	quepa	cupiera o cupiese
	quepas	cupieras o cupieses
	quepa	cupiera o cupiese
	quepamos	cupiéramos o cupiésemos
	quepáis	cupierais o cupieseis
	quepan	cupieran o cupiesen

Modo imperativo

	cabe tú	
	quepa Ud.	
	quepamos nosotros	
	cabed vosotros	
	quepan Uds.	

Modelo: saber

Formas no personales:

Infinitivo	saber	
Gerundio	sabiendo	
Participio	sabido	

Modo indicativo		
Formas personales:	**Presente** *(Bello: Presente)*	
Yo	sé	
Tú	sabes	
Él/Ella/Ud.	sabe	
Nosotros/Nosotras	sabemos	
Vosotros/Vosotras	sabéis	
Ellos/Ellas/Uds.	saben	
	Pretérito imperfecto *(Bello: Copretérito)*	**Pretérito perfecto simple** *(Bello: Pretérito)* *(RAE: Pretérito indefinido)*
	sabía	supe
	sabías	supiste
	sabía	supo
	sabíamos	supimos
	sabíais	supisteis
	sabían	supieron
	Futuro *(Bello: Futuro)*	**Condicional** *(Bello: Pospretérito)* *(Alarcos: Potencial)*
	sabré	sabría
	sabrás	sabrías
	sabrá	sabría
	sabremos	sabríamos
	sabréis	sabríais
	sabrán	sabrían

Modo subjuntivo		
	Presente *(Bello: Presente)*	**Pretérito imperfecto** *(Bello: Pretérito)*
	sepa	supiera o supiese
	sepas	supieras o supieses
	sepa	supiera o supiese
	sepamos	supiéramos o supiésemos
	sepáis	supierais o supieseis
	sepan	supieran o supiesen

Modo imperativo		
	sabe tú	
	sepa Ud.	
	sepamos nosotros	
	sabed vosotros	
	sepan Uds.	

XVII Verbos con variación -ío~io

Los verbos terminados en **-iar** usan dos acentuaciones distintas en sus conjugaciones. Hay verbos que acentúan la -í- de la 1ª p. sg. y la 3ª p. pl. de los presentes de indicativo y de subjuntivo y del singular del imperativo, mientras otros diptongan dichas formas. Por ejemplo:

Modelo: criar			
	MODO INDICATIVO TIEMPO PRESENTE	MODO SUBJUNTIVO TIEMPO PRESENTE	MODO IMPERATIVO
Yo	crío	críe	
Tú	crías	críes	cría tú
Él/ella/Ud.	cría	críe	críe Ud.
Nosotros	criamos	criemos	criemos nosotros
Vosotros	criáis	criéis	criad vosotros
Ellos/ellas/Uds.	crían	críen	críen Uds.

Verbos que siguen el mismo modelo que **criar:**

agriar	desafiar	extasiarse	radiografiar
aliar	descarriar	extraviar	recriar
ampliar	desliar	fiar	repatriar
ansiar	desvariar	fotografiar	resfriarse
arriar	desviar	guiar	rociar
ataviar	enfriar	hastiar	telegrafiar
averiar	enviar	inventariar	vaciar
aviar	espiar	liar	variar
chirriar	esquiar	malcriar	vidriar
confiar	estriar	piar	
contrariar	expatriar	porfiar	

XVIII Verbos del tipo -io- en tiempo presente de indicativo

Los siguientes verbos no siguen la ruptura de diptongo de los verbos anteriores. Por ejemplo:

Modelo: abreviar
Presente de indicativo:
abrevio
abrevias
abrevia
abreviamos
abreviáis
abrevian

Otros verbos del mismo modelo son:

acariciar	compendiar	enviciar	negociar
acopiar	conciliar	envidiar	noticiar
acuciar	conferenciar	escanciar	obsequiar
afiliar	congeniar	espaciar	obviar
agenciar	congraciar	estudiar	odiar
agobiar	contagiar	evidenciar	oficiar
agraviar	copiar	exiliar	paliar
agremiar	custodiar	expoliar	parodiar
ajusticiar	denunciar	expropiar	plagiar
aliviar	depreciar	fastidiar	potenciar
anestesiar	desagraviar	feriar	preciar
angustiar	desahuciar	fotocopiar	premiar
anunciar	desgraciar	hipertrofiarse	presagiar
apreciar	desperdiciar	historiar	presenciar
apremiar	despreciar	incendiar	principiar
apropiar	desprestigiar	incordiar	privilegiar
arreciar	desquiciar	ingeniar	promediar
asalariar	diferenciar	iniciar	pronunciar
asediar	disociar	injuriar	propiciar
asfixiar	distanciar	insidiar	rabiar
asociar	divorciar	intermediar	radiar
atrofiar	elogiar	irradiar	reconciliar
auspiciar	encomiar	licenciar	refugiar
auxiliar	endemoniar	lidiar	remediar
beneficiar	engraciar	limpiar	renunciar
calumniar	enjuiciar	lisiar	reverenciar
cambiar	ensuciar	maliciar	rumiar

codiciar	entibiar	mediar	saciar
columpiar	enturbiar	menospreciar	sentenciar
comerciar	enunciar	mustiarse	silenciar
sitiar	tapiar	testimoniar	vendimiar
su(b)stanciar	terciar	vanagloriar	viciar

XVIX Variación en -úo~uo

Los verbos terminados en **-guar** diptongan, pero el resto de los verbos terminados en **-uar,** precedidos por una consonante que no sea **g-** tienen hiato. Por ejemplo:

Modelo: averiguar
Presente de indicativo:
averiguo
averiguas
averigua
averiguamos
averiguáis
averiguan

A. Otros verbos que siguen el mismo esquema son:

amortiguar	apaciguar	atestiguar	desaguar
fraguar	santiguar		

B. El verbo **apropincuar,** de raro uso, también diptonga.

C. Los demas verbos presentan ruptura de diptongo en todas sus formas:

Modelo: graduar
Presente de indicativo:
gradúo
gradúas
gradúa
graduamos
graduáis
gradúan

D. Otros verbos del mismo tipo son:

acentuar	evaluar	insinuar	puntuar
actuar	exceptuar	licuar	tatuar
atenuar	habituar	menstruar	usufructuar
desvirtuar	individuar	perpetuar	

 **Verbos con variación a~aig**

Modelo: caer		
Formas no personales:		
Infinitivo	caer	
Gerundio	cayendo	
Participio	caído	
Modo indicativo		
Formas personales:	**Presente** *(Bello: Presente)*	
Yo	caigo	
Tú	caes	
Él/Ella/Ud.	cae	
Nosotros/Nosotras	caemos	
Vosotros/Vosotras	caéis	
Ellos/Ellas/Uds.	caen	
	Pretérito imperfecto *(Bello: Copretérito)*	**Pretérito perfecto simple** *(Bello: Pretérito)* *(RAE: Pretérito indefinido)*
	caía	caí
	caías	caíste
	caía	cayó
	caíamos	caímos
	caíais	caísteis
	caían	cayeron
	Futuro *(Bello: Futuro)*	**Condicional** *(Bello: Pospretérito)* *(Alarcos: Potencial)*
	caeré	caería
	caerás	caerías
	caerá	caería
	caeremos	caeríamos
	caeréis	caeríais
	caerán	caerían
Modo subjuntivo		
	Presente *(Bello: Presente)*	**Pretérito imperfecto** *(Bello: Pretérito)*
	caiga	cayera o cayese
	caigas	cayeras o cayeses
	caiga	cayera o cayese
	caigamos	cayéramos o cayésemos
	caigáis	cayerais o cayeseis
	caigan	cayeran o cayesen

Modo imperativo		
	cae tú	
	caiga Ud.	
	caigamos nosotros	
	caed vosotros	
	caigan Uds.	

Otros verbos que siguen esta conjugación son:

abstraer	decaer	extraer	retrotraer
atraer	detraer	recaer	su(b)straer
contraer	distraer	retraer	traer

XXI Los verbos dar, estar, ir y ver

Estos verbos (junto a sus compuestos como **entrever** y **prever**) contienen varias irregularidades. A continuación, se incluyen sus conjugaciones.

Modelo: dar		
Formas no personales:		
Infinitivo	dar	
Gerundio	dando	
Participio	dado	
Modo indicativo		
Formas personales:	**Presente** *(Bello: Presente)*	
Yo	doy	
Tú	das	
Él/Ella/Ud.	da	
Nosotros/Nosotras	damos	
Vosotros/Vosotras	dais	
Ellos/Ellas/Uds.	dan	
	Pretérito imperfecto *(Bello: Copretérito)*	**Pretérito perfecto simple** *(Bello: Pretérito)* *(RAE: Pretérito indefinido)*
	daba	di
	dabas	diste
	daba	dio
	dábamos	dimos
	dabais	disteis
	daban	dieron

	Futuro *(Bello: Futuro)*	**Condicional** *(Bello: Pospretérito)* *(Alarcos: Potencial)*
	daré	daría
	darás	darías
	dará	daría
	daremos	daríamos
	daréis	daríais
	darán	darían

Modo subjuntivo

	Presente *(Bello: Presente)*	**Pretérito imperfecto** *(Bello: Pretérito)*
	dé	diera o diese
	des	dieras o dieses
	dé	diera o diese
	demos	diéramos o diésemos
	deis	dierais o dieseis
	den	dieran o diesen

Modo imperativo

	da tú
	dé Ud.
	demos nosotros
	dad vosotros
	den Uds.

Modelo: estar

Formas no personales:		
Infinitivo	estar	
Gerundio	estando	
Participio	estado	

Modo indicativo

Formas personales:	**Presente** *(Bello: Presente)*	
Yo	estoy	
Tú	estás	
Él/Ella/Ud.	está	
Nosotros/Nosotras	estamos	
Vosotros/Vosotras	estáis	
Ellos/Ellas/Uds.	están	
	Pretérito imperfecto *(Bello: Copretérito)*	**Pretérito perfecto simple** *(Bello: Pretérito)* *(RAE: Pretérito indefinido)*
	estaba	estuve
	estabas	estuviste

	estaba	estuvo
	estábamos	estuvimos
	estabais	estuvisteis
	estaban	estuvieron
	Futuro *(Bello: Futuro)*	**Condicional** *(Bello: Pospretérito)* *(Alarcos: Potencial)*
	estaré	estaría
	estarás	estarías
	estará	estaría
	estaremos	estaríamos
	estaréis	estaríais
	estarán	estarían

Modo subjuntivo

	Presente *(Bello: Presente)*	**Pretérito imperfecto** *(Bello: Pretérito)*
	esté	estuviera o estuviese
	estés	estuvieras o estuvieses
	esté	estuviera o estuviese
	estemos	estuviéramos o estuviésemos
	estéis	estuvierais o estuvieseis
	estén	estuvieran o estuviesen

Modo imperativo

está tú	
esté Ud.	
estemos nosotros	
estad vosotros	
estén Uds.	

Modelo: ir

Formas no personales:		
Infinitivo	ir	
Gerundio	yendo	
Participio	ido	

Modo indicativo

Formas personales:	**Presente** *(Bello: Presente)*	
Yo	voy	
Tú	vas	
Él/Ella/Ud.	va	
Nosotros/Nosotras	vamos	
Vosotros/Vosotras	vais	
Ellos/Ellas/Uds.	van	

	Pretérito imperfecto *(Bello: Copretérito)*	**Pretérito perfecto simple** *(Bello: Pretérito)* *(RAE: Pretérito indefinido)*
	iba	fui
	ibas	fuiste
	iba	fue
	íbamos	fuimos
	ibais	fuisteis
	iban	fueron
	Futuro *(Bello: Futuro)*	**Condicional** *(Bello: Pospretérito)* *(Alarcos: Potencial)*
	iré	iría
	irás	irías
	irá	iría
	iremos	iríamos
	iréis	iríais
	irán	irían

	Modo subjuntivo	
	Presente *(Bello: Presente)*	**Pretérito imperfecto** *(Bello: Pretérito)*
	vaya	fuera o fuese
	vayas	fueras o fueses
	vaya	fuera o fuese
	vayamos	fuéramos o fuésemos
	vayáis	fuerais o fueseis
	vayan	fueran o fuesen

	Modo imperativo	
	ve tú	
	vaya Ud.	
	vayamos nosotros	
	id vosotros	
	vayan Uds.	

	Modelo: ver	
Formas no personales:		
Infinitivo	ver	
Gerundio	viendo	
Participio	visto	

	Modo indicativo	
Formas personales:	**Presente** *(Bello: Presente)*	
Yo	veo	
Tú	ves	
Él/Ella/Ud.	ve	

Nosotros/Nosotras	vemos	
Vosotros/Vosotras	veis	
Ellos/Ellas/Uds.	ven	
	Pretérito imperfecto *(Bello: Copretérito)*	**Pretérito perfecto simple** *(Bello: Pretérito)* *(RAE: Pretérito indefinido)*
	veía	vi
	veías	viste
	veía	vio
	veíamos	vimos
	veíais	visteis
	veían	vieron
	Futuro *(Bello: Futuro)*	**Condicional** *(Bello: Pospretérito)* *(Alarcos: Potencial)*
	veré	vería
	verás	verías
	verá	vería
	veremos	veríamos
	veréis	veríais
	verán	verían
Modo subjuntivo		
	Presente *(Bello: Presente)*	**Pretérito imperfecto** *(Bello: Pretérito)*
	vea	viera o viese
	veas	vieras o vieses
	vea	viera o viese
	veamos	viéramos o viésemos
	veáis	vierais o vieseis
	vean	vieran o viesen
Modo imperativo		
	ve tú	
	vea Ud.	
	veamos nosotros	
	ved vosotros	
	vean Uds.	

El verbo **proveer,** compuesto de **ver,** no reduce las vocales **ee > e** como **ver** y sus otros compuestos:

Modelo: proveer		
Formas no personales:		
Infinitivo	proveer	
Gerundio	proveyendo	
Participio	proveído o provisto	

Modo indicativo		
Formas personales:	**Presente** *(Bello: Presente)*	
Yo	proveo	
Tú	provees	
Él/Ella/Ud.	provee	
Nosotros/Nosotras	proveemos	
Vosotros/Vosotras	proveéis	
Ellos/Ellas/Uds.	proveen	
	Pretérito imperfecto *(Bello: Copretérito)*	**Pretérito perfecto simple** *(Bello: Pretérito)* *(RAE: Pretérito indefinido)*
	proveía	proveí
	proveías	proveiste
	proveía	proveyó
	proveíamos	proveímos
	proveíais	proveísteis
	proveían	proveyeron
	Futuro *(Bello: Futuro)*	**Condicional** *(Bello: Pospretérito)* *(Alarcos: Potencial)*
	proveeré	proveería
	proveerás	proveerías
	proveerá	proveería
	proveeremos	proveeríamos
	proveeréis	proveeríais
	proveerán	proveerían
Modo subjuntivo		
	Presente *(Bello: Presente)*	**Pretérito imperfecto** *(Bello: Pretérito)*
	provea	proveyera o proveyese
	proveas	proveyeras o proveyeses
	provea	proveyera o proveyese
	proveamos	proveyéramos o proveyésemos
	proveáis	proveyerais o proveyeseis
	provean	proveyeran o proveyesen
Modo imperativo		
	provee tú	
	provea Ud.	
	proveamos nosotros	
	proveed vosotros	
	provean Uds.	

A. Imperativos singulares apocopados (forma tú):

decir	**di**
hacer	**haz**
poner	**pon**
salir	**sal**
tener	**ten**
venir	**ven**

B. Futuros y condicionales irregulares

Los siguientes verbos y sus compuestos forman el futuro y el condicional con formas irregulares. A continuación, se incluyen las primeras personas del singular de esos verbos.

VERBO	FUTURO	CONDICIONAL
caber	**cabré**	**cabría**
haber	**habré**	**habría**
hacer	**haré**	**haría**
poder	**podré**	**podría**
poner	**pondré**	**pondría**
querer	**querré**	**querría**
saber	**sabré**	**sabría**
salir	**saldré**	**saldría**
tener	**tendré**	**tendría**
valer	**valdré**	**valdría**
venir	**vendré**	**vendría**

C. Perfectos irregulares

Los siguientes verbos emplean perfectos irregulares, así como pretéritos imperfectos de subjuntivo y futuros de subjuntivo irregulares, basados estos últimos en las formas del pretérito perfecto simple. Téngase en cuenta que los compuestos de los verbos también siguen el mismo modelo. Por ejemplo: **aducir, deducir, inducir, introducir, producir, reducir, seducir, traducir** se conjugan como **conducir; deshacer** como **hacer; componer** como **poner; atraer** como **traer,** etc.

andar	anduve, anduviste, anduvo, anduvimos, anduvisteis, anduvieron
caber	cupe, cupiste, cupo, cupimos, cupisteis, cupieron
conducir	conduje, condujiste, condujo, condujimos, condujisteis, condujeron
decir	dije, dijiste, dijo, dijimos, dijisteis, dijeron
estar	estuve, estuviste, estuvo, estuvimos, estuvisteis, estuvieron
haber	hube, hubiste, hubo, hubieron, hubisteis, hubieron
hacer	hice, hiciste, hizo, hicimos, hicisteis, hicieron
poder	pude, pudiste, pudo, pudimos, pudisteis, pudieron
poner	puse, pusiste, puso, pusimos, pusisteis, pusieron
querer	quise, quisiste, quiso, quisimos, quisisteis, quisieron
responder	respondí, respondiste, respondió, respondimos, respondisteis, respondieron

responder (irregular)	repuse, repusiste, repuso, repusimos, repusisteis, repusieron La forma irregular está hoy en desuso.
saber	supe, supiste, supo, supimos, supisteis, supieron
tener	tuve, tuviste, tuvo, tuvimos, tuvisteis, tuvieron
traer	traje, trajiste, trajo, trajimos, trajisteis, trajeron
venir	vine, viniste, vino, vinimos, vinisteis, vinieron

D. Participios pasados irregulares

Algunos participios pasados coinciden con los respectivos adjetivos; aunque otros participios son regulares, pero sus correspondientes adjetivos son fuertes o irregulares. A continuación, los participios se presentan con la forma correspondiente del auxiliar **haber,** mientras los adjetivos van precedidos del verbo **estar,** para mostrar su función adjetival, y del verbo **ser,** para ilustrar su uso con la voz pasiva.

Infinitivo	Pret. perf, comp.	Part. pas. con valor adjetival	Voz pasiva
abrir	Ha abierto	Está abierto	Es abierto por…
absolver	Ha absuelto	Está absuelto	Es absuelto por…
abstraer	Ha abstraído	Está abstraído~abstracto	Es abstraído por…
atender	Ha atendido a	Está atendido~atento	Es atendido por…
bendecir	Ha bendecido	Está bendecido~bendito	Es bendecido por…
circuncidar	Ha circuncidado	Está circunciso	Es circuncidado por…
compeler	Ha compelido	Está compulso	Es compelido por…
concluir	Ha concluido	Está concluido~concluso	Es concluido por…
confesar	Ha confesado	Está confesado~confeso	Es confesado por…
confundir	Ha confundido	Está confundido~confuso	Es confundido por…
contundir	Ha contundido	Está contuso	Es contundido por…
corregir	Ha corregido	Está corregido~correcto	Es corregido por…
corromper	Ha corrompido	Está corrompido~corrupto	Es corrompido por…
cubrir	Ha cubierto	Está cubierto	Es cubierto por…
decir	Ha dicho	Está dicho	Es dicho por…
despertar	Ha despertado	Está despierto	Es despertado por…
difundir	Ha difundido	Está difundido~difuso	Es difundido por…
elegir	Ha elegido	Está elegido~electo	Es elegido por el…
escribir	Ha escrito	Está escrito	Es escrito por…
eximir	Ha eximido	Está exento	Es eximido por…
expresar	Ha expresado	Está expresado~expreso	Es expresado por…
extender	Ha extendido	Está extendido~extenso	Es extendido por…
extinguir	Ha extinguido	Está extinguido~extinto	Es extinguido por…
fijar	Ha fijado	Está fijado~fijo	Es fijado por…
freír	Ha freído~frito	Está frito	Es freído~frito por…
hacer	Ha hecho	Está hecho	Es hecho por…
hartar	Ha hartado	Está harto	Es hartado por…
imprimir	Ha imprimido	Está impreso	Es imprimido por…
insertar	Ha insertado	Está insertado~inserto	Es insertado por…

juntar	Ha juntado	Está junto	Es juntado por...
maldecir	Ha maldecido	Está maldecido~maldito	Es maldecido por...
manifestar	Ha manifestado	Está manifiesto	Es manifestado por...
morir	Ha muerto	Está muerto	–
poner	Ha puesto	Está puesto	Es puesto por...
poseer	Ha poseído	Está poseído~poseso	Es poseído por...
prender	Ha prendido	Está prendido~preso	Es preso por...
presumir	Ha presumido	Está presunto	–
propender	Ha propendido	Está propenso	–
proveer	Ha proveído	Está provisto	Es proveído por...
recluir	Ha recluido	Está recluido~recluso	Es recluido por...
resolver	Ha resuelto	Está resuelto	Es resuelto por...
romper	Ha roto	Está roto	Es roto por...
soltar	Ha soltado	Está suelto	Es soltado por...
sujetar	Ha sujetado	Está sujeto	Es sujetado por...
suspender	Ha suspendido	Está suspendido~suspenso	Es suspendido por...
torcer	Ha torcido	Está torcido~tuerto	Es torcido por...
ver	Ha visto	Está visto	Es visto por...
volver	Ha vuelto	Está vuelto	Es vuelto por...

E. Hay participios pasados que han caído en desuso como:

compreso < comprimir	excluso < excluir	infuso < infundir
consunto < consumir	expulso < expeler	injerto < injertar
converso < convertir	extenso < extender	inverso < invertir
convicto < convencer	incluso < incluir	opreso < oprimir
diviso < dividir	incurso < incurrir	paso < pasar
pretenso < pretender	sepulto < sepultar	sustituto < sustituir
salvo < salvar	supreso < suprimir	tinto < teñir

F. Hay verbos cuyos participios pasados son ahora regulares. Por ejemplo: **convertido, extendido, invertido,** etc. Otros participios deben explicarse por su diferente significado, ya sean regulares o irregulares. Por ejemplo:

atender	Ha atendido a	Está atendido~atento	Es atendido por...

"Él está atendido" significa que alguien cuida de él, mientras "Él está atento" significa que presta atención.

confesar	Ha confesado	Está confesado~confeso	Es confesado por...

En "Está confesado" nos referimos a la condición de aquel que ha confesado sus pecados, mientras en "está confeso" el sentido es de aquel que ha confesado sus culpas o delito.

corregir	Ha corregido	Está corregido~correcto	Es corregido por...

"Corregido" significa 'enmendado', mientras "correcto" es algo 'libre de errores'.

difundir	Ha difundido	Está difundido~difuso	Es difundido por...

Aunque "difundido" tiene el sentido de 'divulgado', "difuso" es más bien 'dilatado'.

| enjugar | Ha enjugado | Está enjugado~enjuto | Es enjugado por... |

"Enjuto" ha cobrado un significado distinto al de "enjugado", 'seco'. "Enjuto" significa en la actualidad 'delgado'.

| prender | Ha prendido | Está prendido~preso | Es preso por... |

"Está prendido" significa que algo 'está sujeto', pero "está preso" se refiere a alguien 'privado de libertad'.

G. Los participios **elegido-electo**, **expresado-expreso**, **extinguido-extinto** *y* **fijado-fijo** tienen un significado cercano en sus respectivos dobletes, aunque no de exacta correspondencia:

"Elegido" 'que ha sido escogido'	"Electo" 'que todavía no ha tomado posesión del cargo'
"Expresado" 'mencionado'	"Expreso" 'claramente especificado'
"Extinguido" 'terminado', 'apagado'	"Extinto" 'muerto', 'desaparecido'
"Fijado" 'firme, asegurado'	"Fijo" 'firme, asegurado' y también 'permanente'

H. Por último, hay dobletes sin aparente diferencia semántica que se usan indistintamente, según la preferencia de los hablantes: Por ejemplo: "El cable está torcido~tuerto", "el agua está bendecida~bendita", "el sistema está corrompido~corrupto".

VII

CLAVE DE RESPUESTAS

CAPÍTULO 1

Paso 1

Ejercicio A. 1. engaño: trampa, astucia 2. lumbre: luz 3. escombro: ruinas, cenizas 4. puñal: cuchillo 5. surtidor: fuente, chorro, manantial 6. amparo: ayuda, auxilio, protección 7. sublime: glorioso, noble

Ejercicio B. 1. engaño: verdad, sinceridad, veracidad 2. sincero: hipócrita, falso, mentiroso 3. valiente: cobarde, gallina, miedoso 4. breve: extenso, largo 5. belleza: fealdad 6. extraño: normal, ordinario, corriente, familiar

Ejercicio C. Respuesta libre

Ejercicio D. Respuesta libre

Ejercicio E. Respuesta libre

Paso 3

I. El presente de indicativo

Ejercicio A. 1. voy 2. conozco 3. tengo 4. estoy 5. quepo

Ejercicio B. 1. tengo 2. estudio 3. aprendemos 4. dice 5. debemos 6. creo 7. voy 8. conozco 9. sé 10. tengo 11. dicen 12. cabemos/cabremos 13. creo 14. quepo 15. prefiero 16. está

Ejercicio C. Respuesta libre

Ejercicio D. Respuesta libre

II. Los adjetivos

Ejercicio A. 1. Adjetivos precedidos por el verbo "ser": "Es exagerado", "Es hostil". 2. Adjetivos determinativos: su nombre, estas preferencias, nuestra relación, su literatura, esa literatura, ciertas páginas, esas páginas, algún instante, su perversa costumbre, todas las cosas, su ser, sus libros, muchos otros, esos juegos, otras cosas, mi vida, esta página. 3. Adjetivos calificativos: diccionario biográfico, páginas válidas, laborioso rasgueo

Ejercicio B. Respuesta libre

Ejercicio C. Respuesta libre

Ejercicio D. Respuesta libre

Ejercicio E. Respuesta libre

CAPÍTULO 2

Paso 1

Ejercicio A. <u>Cirilo</u>: feroz, ceñudo, tronar, zarandearse <u>monja</u>: furia, rabia, gemidos, bufar, gritar

Ejercicio B. 1. feroz: *Sin.* fiero, atroz, inhumano; *Ant.* pacífico, manso, humano, inofensivo 2. facha: *Sin.* apariencia, aspecto, estampa, porte, presencia; *Ant.* mamarracho, adefesio 3. fulminar: *Sin.* matar, aniquilar, eliminar; *Ant.* formar, construir 4. algazara: *Sin.* algarabía, bullicio, bulla, griterío; *Ant.* tranquilidad, paz 5. apaciguar: *Sin.* calmar, pacificar, tranquilizar; *Ant.* enfurecer, irritar, enojar 6. bufar: *Sin.* resoplar, bramar, gruñir, rabiar, rugir; *Ant.* callar, silenciar

Ejercicio C. 1. sombrío: Se refiere a la condición de un lugar, oscuro, umbrío, tenebroso. *La casa era sombría.* 2. tronar: Hace referencia a un ruido grave producido principalmente durante las tormentas. *El cielo tronó.* 3. ventarrón: Hace referencia a un viento muy fuerte producido generalmente en una tormenta. *Se levantó un gran ventarrón.* 4. bufar: Hace referencia al ruido emitido por un animal, especialmente de un toro o un caballo. En una persona, hace referencia a la ira o el enojo manifestado. *El toro bufó en los corrales.* 5. chorro: porción de líquido que sale por un pequeño orificio. *Al abrir el grifo salió un chorro de agua.* 6. fiero: Hace referencia a las fieras. También se utiliza con el significado de dureza, terrible, horroroso. *El perro parecía muy fiero.*

Ejercicio D. Respuesta libre

Paso 3

I. Ser y estar

Ejercicio A. Respuesta libre

Ejercicio B. 1. Mi casa está en el edificio H. 2. La clase de español es en el aula. 3. El auto de mis padres está en el garaje. 4. La Casa Blanca está en Washington. 5. La película es en el cine/está en el cajón/está en el archivo/está en la mesa. 6. La biblioteca está en Washington/está en el edificio H. 7. La fiesta es al aire libre. 8. El concierto es en el teatro/es al aire libre. 9. La entrevista es en el teatro/es en el edificio H/es en Washington/es en el aula. 10. Los libros están en la mesa.

Ejercicio C. 1a. La reunión ocurre en mi casa. 1b. La comida se encuentra en mi casa. 2a. Es de estatura elevada. Ésa es su característica. 2b. La encuentro alta ahora. Tal vez creció. 3a. Se encontraba en ruinas. 3b. Lo destruyeron. 4a. Tiene un sabor muy bueno. Ésa es su condición. 4b. Ése es su carácter. 5a. Ésa es su profesión. 5b. Por el momento ejerce ese trabajo. 6a. Se encuentra aburrido en este momento. 6b. Es una persona aburrida.

Ejercicio D. Respuesta libre

II. Las comparaciones

Ejercicio A. 1. más 2. que 3. de 4. tantas 5. como 6. más 7. que 8. tan 9. como 10. más 11. más 12. que

Ejercicio B. Respuesta libre

Ejercicio C. Respuesta libre

Ejercicio D. Respuesta libre

Ejercicio E. Respuesta libre

Ejercicio F. Respuesta libre

III. Las preposiciones

Ejercicio A: 1. para/por 2. para 3. por 4. por 5. por 6. por 7. por 8. para 9. por 10. por

Ejercicio B: 1. por 2. para 3. por 4. para 5. por 6. para 7. a, en 8. de 9. para 10. a

Ejercicio C: 1. de 2. hacia/a 3. a 4. para 5. a 6. desde 7. tras/después de 8. por 9. para 10. en 11. de/entre 12. por 13. de 14. en 15. a 16. por 17. por 18. en 19. entre 20. por 21. en 22. en 23. Ante/Delante de/Frente a 24. con 25. de 26. a 27. según 28. hacia/para/a

CAPÍTULO 3

Paso 1

Ejercicio A. Respuesta libre

Ejercicio B. 1. aprehender: capturar o detener a alguien 2. malhechor: ladrón o delincuente. Persona que roba o comete algún delito. 3. platicar: mantener una conversación con alguien 4. huella: señal que queda después de pisar algo 5. corral: espacio generalmente reservado para el ganado 6. insortar: buscar a alguien

Ejercicio C. jaúnes, rinche, sherife

Ejercicio D. Respuesta libre

Paso 3

I. Los adverbios

Ejercicio A. 1. recién 2. muy 3. pronto 4. como 5. inteligiblemente 6. nunca 7. tampoco 8. cerca 9. poco 10. dentro

Ejercicio B. Respuesta libre

Ejercicio C. Respuesta libre

Ejercicio D. Respuesta libre

Ejercicio E. Respuesta libre

Ejercicio F. Respuesta libre

II. Los pronombres reflexivos

Ejercicio A. 1. me desperté 2. me levanté 3. me duché 4. me lavé 5. me comuniqué 6. me reuní 7. me quejé 8. me senté 9. me acordé 10. me quedé 11. me acosté 12. me dormí

Ejercicio B. 1. se despertó 2. se levantó 3. se duchó 4. se lavó 5. se comunicó 6. se reunió 7. se quejó 8. se sentó 9. se acordó 10. se quedó 11. se acostó 12. se durmió

Ejercicio C. Respuesta libre

Ejercicio D. Respuesta libre

Ejercicio E. Respuesta libre

III. La acentuación y las tildes

Ejercicio A. 1. mo_d_elo: llana 2. manu_a_l: aguda 3. cami_n_ando: llana 4. f_á_cil: llana 5. presen_t_ar: aguda 6. p_á_jaro: esdrújula 7. o_c_tubre: llana 8. ca_pí_tulo: esdrújula 9. cor_té_s: aguda 10. im_a_gen: llana 11. sar_té_n: aguda 12. M_a_rio: llana

Ejercicio B. 1. río – Combinación de una vocal cerrada (*i*, *u*) tónica, seguida de una vocal abierta (*a*, *e*, *o*), átona. Siempre van acentuadas sin seguir las reglas de acentuación.

2. Cuéntame – palabra esdrújula 3. reloj – palabra aguda terminada en *j* 4. fácil – palabra llana terminada en *l* 5. teléfono – palabra esdrújula 6. lápiz – palabra llana terminada en *z* 7. azúcar - palabra llana terminada en *r* 8. televisión – palabra aguda terminada en *n* 9. café – palabra aguda terminada en *vocal* 10. pared – palabra aguda terminada en *d*

Ejercicio C. 1. se/sé – **se**: pronombre reflexivo, objeto indirecto, recíproco; **sé**: verbo saber, ser (mandato) 2. mas/más – **mas**: conjunción; **más**: adverbio de cantidad 3. el/él – **el**: artículo; **él**: pronombre personal 4. solo/sólo – **solo**: adjetivo: *sin compañía; **sólo**: adverbio: solamente, únicamente* 5. aun/aún – **aun**: cuando tiene el significado de *hasta, también, incluso;* **aún**: cuando puede substituirse por *todavía* 6. de/dé – **de**: preposición; **dé**: verbo dar 7. si/sí – **si**: conjunción condicional; **sí**: adverbio de afirmación o pronombre personal reflexivo

Ejercicio D. *Como agua para chocolate*

Introducción Está basada en la novela de la escritora Laura Esquivel quien también se encargó de adaptar la novela para el cine. La película forma parte de la producción del director Alfonso Arau y fue realizada en México en 1992. Tita (una de las protagonistas) tiene que retrasar su relación con Pedro Musquiz debido a las rígidas costumbres familiares de la época que la obligan a cuidar a su madre hasta que muera. La cocina se convierte en su refugio y en el centro del poder femenino. La obra está entre la comedia, el melodrama y el realismo mágico; la historia está ambientada en la Revolución Mexicana y presenta algunas ideas sobre la condición de la mujer, el machismo y el amor.

CAPÍTULO 4
Paso 1

Ejercicio A. 1. atestado: *Sin.* abarrotar, llenar; *Ant.* vaciar, sacar 2. ostentar: *Sin.* mostrar, exhibir, alardear; *Ant.* moderarse, recatarse, contenerse 3. afable: *Sin.* simpático, cariñoso, afectuoso, cordial; *Ant.* serio, duro, seco, áspero 4. achacoso: *Sin.* enfermizo, delicado, débil, enfermo; *Ant.* sano, saludable, fuerte 5. halagüeñas: *Sin.* halagadoras, mimosas, aduladoras, complacientes; *Ant.* serias, severas, distantes

Ejercicio B. Respuesta libre

Ejercicio C. Respuesta libre

Paso 3

I. Pretérito e imperfecto

Ejercicio A. 1. me dijo 2. me puse 3. hice 4. anduve 5. fui 6. tuve 7. me sentí 8. comencé 9. me di cuenta 10. pude

Ejercicio B. 1. Cada vez que **regresaba** a mi pueblo **solía** hacer lo mismo: Primero **paseaba** lentamente por la alameda que lleva a la entrada de la población. 2. **Miraba** las huertas, las colinas y las casas. 3. Siempre **notaba** algún cambio en el paisaje. 4. Aquí **había** unos nuevos postes eléctricos, allí **estaban** construyendo un nuevo edificio. 5. En esta pared siempre **ponían** carteles de propaganda política, el río **parecía** tener menos peces. 6. Luego **pasaba** al centro del pueblo y **empezaba** a saludar a aquellos que aún **se acordaban** de mí. 7. **Era** agradable detenerse y charlar con viejos amigos. 8. **Recordábamos** nuestra niñez en la escuela y casi siempre **decíamos** que los tiempos **eran** distintos y que ya no se **vivía** como antes. 9. Más tarde, **entraba** a un restaurante y **pedía** un refresco. 10. A continuación, **almorzaba** y **probaba** los platos típicos de mi tierra. 11. ¡Qué sabrosa **sabía** la comida! 12. En seguida el aroma me **traía** a la mente los olores y sabores que casi **había** olvidado…

Ejercicio C. 1. got lost: círculo 2. she came: círculo 3. lived: línea 4. went inside: círculo 5. walked: círculo 6. saw: círculo 7. lived: línea 8. ate: círculo 9. sat: círculo 10. felt: círculo 11. went to sleep: círculo 12. slept: círculo 13. came back: círculo

Ejercicio D. 1. vivía: línea 2. llamaba: línea 3. dormía: línea 4. tenía: línea 5. tenía: línea 6. vino: círculo 7. anunció: círculo 8. quería: línea 9. se prepararon: círculo 10. sabía: línea 11. no podía: línea 12. faltaba: línea 13. apareció: círculo 14. llevaba: línea 15. dio: círculo 16. eran: línea 17. salió: círculo

Ejercicio E. Respuesta libre

Ejercicio F. Respuesta libre

II. Los usos de "se"

Ejercicio A. 1. se lavan: pasiva 2. se les echa: impersonal/pasiva 3. se sitúa: impersonal/pasiva 4. se agrega: impersonal/pasiva 5. se incorpora: impersonal/pasiva 6. se dore: reflexiva 7. se añade: impersonal/pasiva 8. se haya dorado: reflexiva 9. se agregan: pasiva 10. se desea: impersonal/pasiva 11. se añade: impersonal/pasiva 12. se remueve: impersonal/pasiva 13. se echa: impersonal/pasiva 14. se cubre: impersonal/pasiva 15. se echan: pasiva 16. se añade: impersonal/pasiva 17. se cubre: impersonal/pasiva 18. se queme: reflexiva 19. se saca: impersonal/pasiva 20. se deja: impersonal/pasiva 21. se evitará: impersonal/pasiva 22. se engrumezca: reflexiva 23. sírvase: impersonal/pasiva

Ejercicio B: Respuesta libre

Ejercicio C: Respuesta libre

Ejercicio D: 1b. ¡No te la bebas!: "te" incremento, "la" complemento directo 1c. ¡No te me la bebas!: "te" incremento", "me" interés, "la" complemento directo 2b. ¡No te me vayas!: "te" incremento, "me" interés

CAPÍTULO 5

Paso 1

Ejercicio A. 1. guajolote: pavo 2. cebar: engordar, hinchar 3. ameritar: merecer, lograr 4. cadenciosamente: acompasadamente, armoniosamente 5. enardecer: avivar, provocar, animar 6. sortilegio: encanto, hechizo, encantamiento 7. antro: covacha, cueva, cubículo 8. carretela: carruaje, diligencia 9. hinojos: rodilla 10. aplomo: mesura, prudencia, seriedad, madurez

Ejercicio B. 1. "quedarse petrificado" permanecer inmóvil 2. "soportar los cumplidos" aguantar las adulaciones 3. "de pe a pa" saberlo o conocer todo 4. "mirada escrutadora" verificar o comprobar todo con la mirada 5. "pasar los meses *envenenada* con una idea" no dejar de pensar en algo

Ejercicio C. Las respuestas pueden variar.

Paso 3

I. Los pronombres

Ejercicio A. 1. Ella se lo regaló. 2. Ellas se los trajeron. 3. Ellas se lo trajeron. 4. Él se lo da. 5. Ellos me lo prestaron. 6. Ellos se la robaron. 7. Él se la sacará. 8. Ella te lo ha cortado muy bien. 9. Ellos no me la dijeron. 10. Ellos se la cantarán el día de su cumpleaños.

Ejercicio B. 1. Ella se lo contará. 2. Ellos se los marcarán. 3. Él se la pela. 4. Ella se las dedicó. 5. Él se las cargó. 6. Ella se la enseña. 7. Ellos se los mostrarán. 8. Ellos no siempre se las resuelven. 9. Él se lo otorgó. 10. Ellas me los grabarán.

Ejercicio C. "Te" complemento indirecto, se refiere a ti; "la" complemento directo, se refiere a la adivinanza; "lo" complemento directo, "me" complemento indirecto, "lo" complemento directo

II–VII. Los pronombres preposicionales y los pronombres posesivos

Ejercicio A. 1. Ella sale conmigo. 2. Estudio contigo. 3. Hablamos con ellos. 4. Traen el almuerzo consigo.

Ejercicio B. 1. Todo lo que tengo es para/por ti. 2. Pienso para mí. 3. Ella trabajó para/por mí. 4. Decidiremos por ti. 5. Ella no sabe nada de/por ellos.

Ejercicio C. Respuesta libre

Ejercicio D. 1. mía 2. nuestros 3. mi 4. mis 5. sus 6. mis 7. su 8. mi

Ejercicio E. Respuesta libre

CAPÍTULO **6**

Paso 1

Ejercicio A. 1. gabinete: cajón de un escritorio o mueble 2. pantalones sostenidos con cargadores elásticos: pantalones sujetos con tirantes 3. enjuto: persona delgada, flaco 4. fresa: instrumento utilizado por los dentistas 5. umbral: entrada a un lugar 6. cancel: puerta que sirve para separar espacios en una estancia 7. aguamanil: jarrón que sirve para echar agua en una palangana para lavarse

Ejercicio B. Respuesta libre

Paso 3

I. El futuro

Ejercicio A. 1. iré 2. tendré 3. me pondré 4. saldré 5. cabrán 6. habré 7. querrán 8. podré 9. haré 10. saldré 11. me dirán 12. sabré 13. vendrá

Ejercicio B. 1. Voy a estudiar para ingeniero. 2. Voy a vivir en casa de mis padres. 3. Vamos a comprar una impresora. 4. Voy a montar en mi bicicleta para ir a las clases. 5. Voy a sacar buenas notas en cada curso.

Ejercicio C. 1. Compraré la casa de la esquina. 2. ¿Cuántos dormitorios tendrá? 3. Tendrán razón porque tienen más experiencia que nosotros. 4. Costarán un dineral. 5. Será el agente de bienes raíces.

II. El condicional

Ejercicio A. 1. encontrarían 2. habría 3. gustaría 4. cocinarían 5. llevaría 6. traería

Ejercicio B. Respuesta libre

Ejercicio C. Respuesta libre

Ejercicio D. Respuesta libre

III. Voz pasiva con "se"

Ejercicio A. 1. Se cree que el clima está cambiando. 2. Se dice que cada vez hace más calor. 3. Se opina que la causa es el deterioro de la capa del ozono. 4. Se asegura que podemos disminuir el peligro con medidas ambientales. 5. No obstante, se explica la situación como uno de los muchos ciclos naturales que el planeta experimenta. 6. Se sabe que la tierra ha experimentado épocas glaciales y épocas muy cálidas. 7. Tal vez uno no se deba preocupar demasiado. 8. Se piensa que el mundo está en peligro. 9. Por otra parte, se asegura que no hay nada que temer. 10. Se presiente que los seres humanos debemos colaborar con la conservación del medio ambiente, pero tampoco debemos angustiarnos con este tema. 11. Seguramente, no se verá el resultado, pues un cambio en la situación ambiental puede durar siglos.

Ejercicio B. Respuesta libre

Ejercicio C. Respuesta libre

CAPÍTULO 7

Paso 1

Ejercicio A. Respuesta libre

Ejercicio B. Respuesta libre

Paso 3

I. Uso del subjuntivo

Ejercicio A. Respuesta libre

Ejercicio B. Respuesta libre

Ejercicio C. 1. dieran/diesen 2. vinieras/vinieses 3. hiciera/hiciese 4. trajera/trajese 5. dijeran/dijesen 6. buscara/buscase 7. ayudara/ayudase 8. llevara/llevase 9. bajáramos/bajásemos 10. supiéramos/supiésemos

Ejercicio D. 1. recibieras/recibieses 2. fuera/fuese 3. nombrara/nombrase 4. haya salido 5. apoyan/apoyaron 6. decidamos

Ejercicio E. 1. compusiera/compusiese 2. conduce 3. compraran/comprasen 4. sea 5. tuviera/tuviese 6. pongan/pusieran/pusiesen

Ejercicio F. Respuesta libre

II. Los imperativos

Ejercicio A. 1. Sí, pónmelo./No, no me lo pongas. 2. Sí, sal y cómpramelo./No, no salgas y no me lo compres. 3. Sí, ven conmigo./No, no vengas conmigo. 4. Sí, tráigame algo más./No, no me traiga nada más. 5. Sí, tráigame un café./No, no me traiga ningún café. 6. Sí, bailemos esta noche./No, no bailemos esta noche. 7. Sí, espérame en la puerta./No, no me esperes en la puerta. 8. Sí, prepárenos algo más./No, no nos prepare nada más. 9. Sí, dísela./No, no se la digas.

Ejercicio B. 1. ve 2. sal 3. acuérdate de 4. paga 5. vuelve 6. lleva 7. pide 8. escribe 9. di 10. pregunta

Ejercicio C. 1. vayan 2. estacionen 3. sálganse 4. no esperen 5. tuerzan 6. entren 7. no tomen 8. siéntense 9. no se desvíen 10. pidan

CAPÍTULO 8

Paso 1

Ejercicio A. Respuesta libre

Ejercicio B. Respuesta libre

Paso 3

I. El subjuntivo con conjunciones

Ejercicio A. 1. llegue 2. cambie 3. termine 4. te vayas 5. pague

Ejercicio B. Respuesta libre

Ejercicio C. 1. va 2. llueva 3. durará 4. guste 5. pasar

Ejercicio D. Respuesta libre

III. El indicativo y el subjuntivo en otros contextos

Ejercicio A. 1. llegue 2. espero 3. esté 4. buscan 5. sepa 6. hagan 7. sé 8. vivan 9. comprobaran/ comprobasen 10. pague/pagara 11. pudieran/pudiesen 12. termine 13. diera/diese 14. tuviera/ tuviese 15. digan

Ejercicio B. Respuesta libre

CAPÍTULO 9

Paso 1

Ejercicio A. 1. baladí: superficial, insignificante 2. no inmutarse: sosegarse, tranquilizarse 3. ceño: entrecejo 4. fanfarrón: presumido, vanidoso 5. mohíno: triste, melancólico 6. nauseabundo: asque- roso, repugnante 7. ufano: presuntuoso, arrogante 8. pasteurizada: esterilizada, purificada

Ejercicio B. Las respuestas pueden variar.

Ejercicio C. Las respuestas pueden variar.

Paso 3

I. Los pronombres relativos

Ejercicio A. "¿Cómo?" adverbio interrogativo; "como" 1ª persona del singular del presente de indicativo del verbo "comer"; "Como" 1ª persona del singular del presente de indicativo del verbo "comer"; "como" adverbio de modo; "como" 1ª persona del singular del presente de indicativo del verbo "comer"

Ejercicio B. 1. la que/quien/la cual 2. cuyos 3. lo cual/lo que 4. quién/quiénes 5. que/quien/el que/ el cual/ 6. quién/quiénes 7. lo cual/lo que

Ejercicio C. 1. que 2. quien 3. Quién 4. Quien/El que 5. El que/Quien 6. quien 7. El que/Quien 8. lo que 9. Quien/El que 10. Quien/El que....quien/el que

CAPÍTULO 10

Paso 1

Ejercicio A. Las respuestas pueden variar.

Ejercicio B. Las respuestas pueden variar.

Ejercicio C. Las respuestas pueden variar.

Paso 3

I. Los verbos compuestos

Ejercicio A. 1. estado 2. encendido 3. visto 4. puesto 5. cubierto 6. abierto 7. dicho 8. existido 9. imaginado 10. vuelto

Ejercicio B. 1. hubiera/hubiese.... habría/hubiera/hubiese 2. haber... ha 3. preparados... firmado 4. terminara/terminase/hubiera terminado... darían/habrían dado 5. visitaría/habría visitado... avisaran/hubieran avisado 6. tienen 7. he... ha...ha/has/han

II. Verbos del tipo *gustar*

Ejercicio A. Respuesta libre

Ejercicio B. 1. Le molesta el ruido. 2. Les encanta bailar tango. 3. Le duele la rodilla. 4. Me cae bien/mal el profesor de inglés. 5. Nos quedan dos años para graduarnos. 6. Le hace falta un buen diccionario de español. 7. Me asustan los vaivenes de los aviones. 8. No les interesan los chismes. 9. Le encantan los cuentos de hadas. 10. Me sobran créditos para graduarme.

Ejercicio C. 1. sobran 2. molesta 3. les/nos cae bien/mal 4. interesan 5. duele 6. falta